美亚柏科 中锐电子◎资助出版

侦查中电子数据取证

Electronic Data Collection
in Investigation

李双其 林伟 著

申强 审定

知识产权出版社
全国百佳图书出版单位

图书在版编目（CIP）数据

侦查中电子数据取证/李双其，林伟著．—北京：
知识产权出版社，2018.6（2022.12 重印）

ISBN 978-7-5130-5580-2

Ⅰ.①侦… Ⅱ.①李… ②林… Ⅲ.①计算机犯罪—
证据—数据收集—研究—中国 Ⅳ.①D924.364

中国版本图书馆 CIP 数据核字（2018）第 107539 号

责任编辑：庞从容 唐仲江　　　　　　责任校对：谷 洋

责任印制：刘译文

侦查中电子数据取证

李双其 林 伟 著

出版发行：**知识产权出版社** 有限责任公司		网　　址：http://www.ipph.cn	
社　　址：北京市海淀区气象路 50 号院		邮　　编：100081	
责编电话：010-82000860 转 8726		责编邮箱：pangcongrong@163.com	
发行电话：010-82000860 转 8101/8102		发行传真：010-82000893/82005070/82000270	
印　　刷：天津嘉恒印务有限公司		经　　销：各大网上书店、新华书店及相关专业书店	
开　　本：710mm×1000mm　1/16		印　　张：19.5	
版　　次：2018 年 6 月第 1 版		印　　次：2022 年 12 月第 4 次印刷	
字　　数：327 千字		定　　价：55.00 元	
ISBN 978-7-5130-5580-2			

厦门市美亚柏科信息股份有限公司
福建中锐电子科技有限公司 资助出版

前　言

本书将电子数据取证限定在侦查中。也就是说，本书仅论及刑事侦查活动中的电子数据取证，排除了民事、行政及其他诉讼活动中的电子数据取证。

本书使用"电子数据"一词，不用电子证据、数字证据、电子物证等词汇，与现行《刑事诉讼法》保持一致。

本书采用"电子数据取证"一词，不用电子证据取证、数字证据取证、电子证据检查、电子数据收集、电子数据采集、电子物证勘验、计算机犯罪现场勘验等词。我们认为，关于"电子数据取证"，不同时期采用的名称不一样。依据《刑事诉讼法》《民事诉讼法》《行政诉讼法》对于"电子数据"的界定，我们认为现统一称"电子数据取证"较合适。

"在侦查过程中，电子数据取证的目标是'电子数据'，使用的方法是获取和证实。电子数据取证是一个动态的过程。对于电子数据取证来说，取和证是一个闭环的过程。"[1]通常把电子数据界定为案件发生过程中形成的，以数字化形式存储、处理、传输的，能够证明案件事实的数据。通常把电子数据取证理解为采用技术手段，获取、分析、固定电子数据作为认定事实的科学过程。

取证是一个动态复杂的过程，主要包含两方面工作：一是获取，一是证实。获取表现为寻找发现、固定记录、收集提取、保全归档等具体的动作，证实表现为审查、分析、判断、出示等具体的行为。

以数字化形式存储、处理、传输的，能够证明案件事实的数据种类繁多，十分复杂；取证也是一个复合性词汇，两者叠加，可见电子数据取证是一项十分繁杂的活动。

在我国，关于电子数据取证，自计算机犯罪、网络犯罪出现后，便有人开始对其进行研究。特别是 2012 年修改的《刑事诉讼法》实施后，

---

[1]　刘浩阳编著 . 网络犯罪侦查 . 清华大学出版社，2016：350.

研究电子数据取证的人逐渐增多，同时有不少关于"电子数据取证"的著作面世。但相关著作的研究视角大都立足于所谓的"专业技术人士"，而非立足于侦查人员。我们认为，当信息技术与人们的工作生活相融得十分密切之时，电子数据已成为了一种无处不在的"痕迹"。开展侦查活动中，无论面对的是怎样的案件，几乎都要面对、处理电子数据。就是说，电子数据取证不再仅仅是面对计算机犯罪、网络犯罪时要做的事。处理电子数据应成为侦查人员的常态化工作，而非特定人的特殊工作。合法科学地处理电子数据应成为侦查人员的一种基本能力。基于这样的思路，本书立足于侦查，以侦查人员如何合法科学地处理电子数据为研究视角，把侦查人员如何合法科学地处理电子数据取证作为论述的重点。同时，鉴于现有大多数侦查人员的知识结构，本书尽量将复杂的技术问题简单化，尽量将复杂的技术问题进行具有可操作性的论述，让侦查人员在学习中能够尽快明确电子数据取证相关知识，尽快初步掌握电子数据取证技能。可以说，这既是研究本课题的价值，也是撰写本书的基本意图。

作案人在作案过程中会留下电子数据，这不以作案人的意志为转移，电子数据客观存在。在将电子数据作为一种证据写入《刑事诉讼法》之前，侦查人员在取证时并不太注重电子数据的收集提取，收集提取电子数据成了一件可有可无之事。当有能力时取之，无能力时不取。那时，电子数据取证主要是针对计算机犯罪、网络犯罪案件。在其他案件的侦查中，电子数据主要被用于发现侦查线索，还谈不上当作证据使用。随着信息技术的广泛运用，作案人在作案过程中留下电子数据变得十分普遍，因此，电子数据作为证据之一被写入《刑事诉讼法》，至此电子数据的收集提取、审查判断与鉴定运用便成为了一个不得不正视的问题。

但是，在侦查实践中，侦查人员并不能够很好地解决电子数据的收集提取、审查判断等问题。电子数据类证据包括哪些？电子数据类证据的法律地位如何？电子数据具有怎样的证明力？侦查过程中，该由具体的哪个部门去收集提取电子数据？收集提取电子数据需要用到哪些工具和技术？应采用怎样的方法对电子数据进行收集提取？该如何对电子数据类证据进行审查判断？……许多基本问题摆在侦查人员的面前，电子数据被写入《刑事诉讼法》后，它的收集提取和审查判断等就成了侦查工作中的热点和难点。在本课题组成员调研时，各地公安机关侦查部门均有反映：如何应对电子数据是目前侦查工作中最让人头疼的事情之一。因此，对电子数据的收集提取和审查判断等基本问题进行研究是很有实用价值的。

近年来，有不少关于电子数据取证的著作面世，通观已有的研究成果，成果零散性特征较为突出，尤其是缺乏从侦查角度对电子数据类证据的收集提取、审查判断的系统研究。现有研究成果缺乏与侦查工作的密切联系，不能很好地帮助侦查办案人员有效地解决电子数据取证问题。关涉电子数据收集提取和审查判断的若干基本问题尚未厘清，侦查办案人员在面对电子数据时尚未找到可靠的理论依据。同时，现有的侦查学教科书里关于电子数据的收集提取和审查判断仍然是空白点。从这个角度看，对侦查中电子数据取证问题进行研究也是很有价值的。

从世界范围看，有些学者致力于将计算机技术引入电子取证中，例如云存储、数据挖掘、数据文件完整性校验技术等。他们利用先进的电子取证设备进行取证，保证数据的合法性，然后用于法律诉讼。还有些学者专注于电子取证调查过程的标准化和规范化研究，提出跨国间电子数据采集标准的统一，以效力于跨国犯罪案件。国外学者一致认为，区别于传统的调查取证，电子取证对于侦查人员的技术要求更高，这就迫切需要提高相关人员的专业性，并形成规范的证据程序。有学者呼吁，应该尽快利用丰富的电子数据资源，建立结构完整、程序齐全的电子取证体系，以提高破案效率。发达国家在电子取证方面走在了世界的前列。美国及欧洲一些国家均制定了"电子证据规则"。不少学者也致力于电子证据的研究，并有不少成果面世。国内一些学者已将美国及欧洲的电子取证研究成果翻译到国内。国外的研究成果是值得借鉴的，与国内的研究成果相比，其更注重从侦查角度出发对电子取证问题进行研究，但结合得仍然不够。同时，由于法治环境不同，国外的研究成果只能作为参考。

尽管国内外有关人士对电子数据取证的研究取得了一定的成就，但由于电子数据取证问题极其复杂，可以说，目前对这一问题的研究仍然处于初级阶段。大量的基础问题并未得到很好的研究解决，主要表现在：若干基本概念并未得以明确；取证环节依据不足；认证规则并未得以确认；取证标准并未得以统一；电子数据类证据的法律地位并未达成共识；取证工具和技术并未得到有效的权威性认证；电子数据的收集提取并没有具体的依据可循；如何对电子数据进行审查判断并没有有力的理论支持；在面对不同环境中的具体电子数据时，侦查人员常常无从下手。实践中，取证者仍停留于初学者状态。专业的取证者沉浸于技术。办案的侦查人员还只能被动、盲目地应对电子数据。技术与法律、侦查的结合还很不理想、很不到位。

当上述一系列基础问题尚未得以很好回应和解决之时，由于信息技术的升级及犯罪分子的加以利用，犯罪也出现了升级。由于升级版犯罪的出现，新型虚拟空间变得愈发多样，出现了以前从未出现过的虚拟空间，出现了新型的电子数据。这些存在于新型虚拟空间里的新型电子数据，处理时将更加没有依据，处理起来的难度也将大大提高。因此，在研究与电子数据取证有关的基础问题时，还得回应犯罪升级，回应因犯罪升级而引发的犯罪空间及电子痕迹的变化所带来的种种问题。

主要法律法规、司法解释全称与简称对照

《中华人民共和国刑事诉讼法》，简称《刑事诉讼法》

《中华人民共和国刑法》，简称《刑法》

《中华人民共和国电子签名法》，简称《电子签名法》

《中华人民共和国网络安全法》，简称《网络安全法》

《最高人民法院　最高人民检察院　公安部关于办理刑事案件收集提取和审查判断电子数据若干问题的规定》，简称《收集提取和审查判断电子数据问题规定》

《最高人民法院关于民事诉讼证据的若干规定》，简称《关于民事诉讼证据的若干规定》

《最高人民法院关于适用〈中华人民共和国刑事诉讼法〉的解释》，简称《刑事诉讼法解释》

《全国人民代表大会常务委员会关于司法鉴定管理问题的决定》，简称《关于司法鉴定管理问题的决定》

目录

第一章　电子数据及取证概述

一、电子数据的含义

提到"电子数据"一词时，不得不提到"电子证据"一词。在 2012 年修订的《刑事诉讼法》实施之前，大多数人都用"电子证据"一词——不管是研究者，还是实务部门实践者。在与电子数据取证相关的著作、教科书、论文里，"电子证据"一词十分多见，而"电子数据"一词十分少见。但在 2012 年修改的《刑事诉讼法》实施之后，情况发生了变化——"电子数据"一词渐渐多用，而"电子证据"一词渐渐少用。现在的情景是：电子证据与电子数据共用。有的人甚至把两个词混用而不加区分。

我们主张与现行《刑事诉讼法》保持一致，用"电子数据"一词，而不用别的词汇或术语。

当然，由于历史原因，当在理解"电子数据"的含义时，先不得不理解一下"电子证据"的含义。

"电子证据这一术语的出现并不久远，20 世纪 80 年代在西方国家的论著和立法中方才显现，20 世纪 90 年代末输入我国。在西方国家的证据理论和实践中，指代电子证据的表述有很多，诸如'electronic evidence''digital evidence''computer evidence''computer-produced evidence''computer-created evidence''computer-based evidence''computer-related evidence''computer output''computer-stored evidence''evidence from computer record'等。在我国的证据法理论和实践的语境中，电子证据的指称方式亦有多种，譬如'电子数据''电子证据''计算机证据''数据证据''网络证据''数据电文证据''电子数据证据'等。"[1]在我国的侦查学界，有些人还把电子数据称为电子物证。

---

〔1〕　刘显鹏．电子证据认证规则研究——以三大诉讼法修改为背景．中国社会科学出版社，2016：2．

"电子证据与传统证据最大的区别在于，其将人们所要表达的意思转化为信号，并通过特定的数字技术呈现在一定的电子设备或电磁介质之上，可以说基本上是'了无痕迹'，充其量也只是一些打印或保存在电子设备或介质上的数据，而一经从储存系统中删除，便基本上完全'无影无踪'；而打印或保存在电子设备或介质上的数据因易于伪造或删改而使人们对其收集、保存和运用顾虑重重，故电子证据保全的要求较之普通证据要更为严格。"[1]

通常，对电子证据我们可以作这样的理解：电子证据是经由一定的电子设备和技术生成的、以数字信息化的编码形式出现的、用以存储并记载相关信息且可反映特定案情的所有类型的数字化的记录和信息。电子证据通常包含以下三项要素：一是电子证据以电子形式表现出来；二是电子证据必须借用特定的电子设备方能展示；三是电子证据是作为证据使用的材料。

有人将电子证据等同于电子数据，认为电子证据或电子数据是指以电子形式生成，以数字化形式存在于磁盘、光盘、计算机等载体，用以证明案件事实的电磁记录物[2]。

相关人员在论著中对电子数据是这样界定的："电子数据就是信息数字化过程中形成的以数字形式存在的能够证明案件事实情况的数据。"[3]

"电子数据"一词与电子证据、数字证据、电子证据、网络证据等术语没有质的不同。它们只是不同时期、不同行业或不同人群对所谓的电子数据类证据的不同称呼而已。称谓的杂乱，"非但没能使电子数据易于理解，反而加大了理解的复杂度，使得取证领域拘泥于概念的论战，陷入单纯的学派之争，这既不利于法律的实施，也不利于这一领域的发展。"[4]

在我国，2012年修改的《刑事诉讼法》实施之后，尤其是《收集提取和审查判断电子数据问题规定》发布后，关于电子数据称谓的统一已经不再是难题，对电子数据概念的界定也不再是需要多方辨析的问题了。2016年9月20日，最高人民法院、最高人民检察院、公安部为规范电子数据的收集提取和审查判断，提高刑事案件办理质量，根据《刑事诉讼法》等有关法律规定，结合司法实际，制定并发布了《收集提取和审查判断电子数据问题规

[1] 刘显鹏. 电子证据认证规则研究——以三大诉讼法修改为背景. 中国社会科学出版社，2016：202.
[2] 汪振林等编. 电子证据学. 中国政法大学出版社，2016：7.
[3] 刘浩阳编著. 网络犯罪侦查. 清华大学出版社，2016：350.
[4] 刘浩阳，李锦，刘晓宇主编. 电子数据取证. 清华大学出版社，2015：3.

定》，在该规定的第一条对电子数据进行了明确的界定：电子数据是案件发生过程中形成的，以数字化形式存储、处理、传输的，能够证明案件事实的数据。

可以说，这是迄今为止最为权威的界定。本书在论述电子数据时，对电子数据的理解以《收集提取和审查判断电子数据问题规定》的规定为依据。

当然，按照《收集提取和审查判断电子数据问题规定》对电子数据的界定，理解起来仍然会有歧义。这里的问题是：一是电子数据是否一定是"案件发生过程中形成"，值得商榷。比如说，某犯罪嫌疑人注册了一个QQ电子邮箱，一般来说，涉案的QQ电子邮件内容可能是案件发生过程中形成的。但是QQ电子邮箱的用户注册信息，显然是案件发生之前形成的。不能否认的是，QQ电子邮箱的用户注册信息对于案件事实及嫌疑人的认定具有重要的证明价值，属于能够证明案件事实的电子数据。当然，有人还会这样去解释，注册QQ电子邮箱是犯罪的组成部分。注册QQ电子邮箱归于犯罪的预备。如果这样去理解，QQ电子邮箱的注册行为也就属于案件发生过程中形成的了。但是，在现实中的确会遇到某一QQ电子邮箱是某人在很早以前注册的，很久以后这人才利用这个电子邮箱实施犯罪。此时，该QQ电子邮箱是不是"案件发生过程中形成的"就难说了。二是电子数据是否一定以"数字化"的形式存储、处理和传输，值得商榷。"数字化"是一个引自信息技术领域的概念。随着信息技术的发展，绝大多数的信息目前都已经以数字信息的形式来表达。然而，毕竟还存在不少以模拟信号形式表达的数据，比如以磁带、胶片等方式存储的声音、图像信息。这些以模拟信号形式存储的数据信息，是否还是电子数据呢？对这一问题的理解一定会存在争议。当然，如果简单把非数字化的信息资源不归入电子数据，那也就好理解了。用"数字化"形式来归纳电子数据的特点倒是人们所接受的。三是电子数据是"……的数据"，值得商榷。根据逻辑学下定义的范式，对电子数据进行定义需要引用一个属概念。这里采用了"数据"作为"电子数据"的属概念，是否合适也值得讨论。

当然，商榷归商榷，本书还是以《收集提取和审查判断电子数据问题规定》对电子数据的界定来理解电子数据。根据该规定的界定，可以这样理解：只要是在案件发生过程中形成的，以数字化形式存储、处理、传输的，能够证明案件事实的数据都可以称为电子数据。可见，电子数据种类何其多，范围何其广。

在侦查实践中，当面对具体的数据时，究竟能不能将其认定为电子数据仍然不好把握。把实践中认定电子数据的难题——排开并对它们进行比较，我们会发现，在许许多多的难题中，最大的难题是对 2012 年修改的《刑事诉讼法》规定的第八种法定证据形式"视听资料与电子数据"的辨别。

2012 年修改的《刑事诉讼法》将视听资料与电子数据列为第八种法定证据形式，但是该法及相关司法解释却并没有对视听资料与电子数据作出明确的界定，因此导致这两种证据在理论和实务中交叉混淆。根据文理解释，视听资料是指录音、录像等通过视觉和听觉可以直观感受的证据资料。而电子数据是指以数字化形式存储、处理、传输的，能够证明案件事实的数据。在此存在两种定义标准：一个是从对证据感知的角度下定义，一个是从证据保存的方式下定义。两个并列的证据完全没有在同一逻辑层面上。这就不可避免地出现了重叠交叉。比如，监控视频记录下来的某作案人的犯罪视频资料，究竟是属于视听资料还是电子数据？根据视听资料和电子数据的文理解释，这段视频同时符合两个定义的要求，让人难以适从。显然，这种随意性的并列不利于取证、举证、质证和认证等具体实务。尽管《收集提取和审查判断电子数据问题规定》对电子数据类证据进行了具体的分类和列举，但由于上位法的模糊，仍然导致实践中对电子数据类证据难以区分。[1]

不少学者建议，在《刑事诉讼法》规定的第八种法定证据里，将视听资料去除，保留电子数据证据。对此，我们持赞同观点。理由是：在信息技术广泛应用的时代，"电子数据"一词足以囊括视听资料对应的证据范围；以电子数据的取证、质证、认证程序来收集提取视听资料，足以确保其可采性；去除视听资料可以化繁就简，排除干扰混淆。另外，电子数据的命名符合世界潮流，视听资料的证据命名方式在外国证据法中并不多见。

二、电子数据的分类

电子数据与其他证据形式不同，不仅其来源多种多样，存储介质种类繁多，生成机理差异较大，而且其作用也各有不同，因此对电子数据进行分类是一个复杂的问题。电子数据是一种数字化的记录和信息，是 0 与 1 进位记

---

〔1〕 刘思雨. 刑事诉讼中电子数据面临的困境及其对策. 江苏警官学院学报，2015（4）：117.

录，其必须通过屏幕、打印、播放等方式，才能转化为人类所能感知的、产生认知上意义的证据。因此，在讨论电子数据类证据范围时，先要考虑排除电磁记录外的打印、播放、投射之文件、影像、图片及声音等证据。对具体的电子数据类证据可以从以下不同的角度对其进行分类。

最常见的是把电子数据类证据分成两大类：一是计算机数据类证据；二是通信数据类证据。

计算机数据类证据是指在电子计算机运行过程中，其系统生成的以及由于写入或接入而产生的记载相关内容的各类数据。电子计算机运用其存储功能，把需要储存的信息编制成一定的程序并通过输入设备输进计算机主控制系统的中央处理器，由其自身对电信号进行识别和处理后转变成磁信号固定于磁盘，使用时通过输出设备显示于终端显示设备，从而可以为人所感知。

从不同的角度还可以将计算机数据类证据作如下分类：

1. 封闭计算机系统中的电子数据

封闭计算机系统中的电子数据是指单个标准化计算机系统中的特定电子数据。封闭计算机系统中的电子数据的表现形式主要有以下几种：

（1）文字。又称文本文件，是一种由若干字符构成的计算机文件。最常见的文字文件包括两类：一是纯文本文件；二是普通文本文件。

（2）图形和图像。图形，是指以几何线条和符号等反映事物各类特征和变化规律的符号。作为电子计算机系统中的图形，则是表现为上述各类符号的计算机文件。图像，是指通过各类线条和符号的组合，构成反映一定内容、包含一定信息、可使人直观理解的符号。作为电子计算机系统中的图像，亦是表现为上述各类符号的计算机文件。常见的图形、图像文件有三类：一是 bmp（bitmap）格式文件；二是 gif（graphics interchange format）格式文件；三是 jpeg（joint photographic experts group）格式文件。

（3）音频。音频，是指存储声音的计算机文件。从技术角度看，音频文件格式可分两类：一类是有损文件格式，另一类是无损文件格式。常见的音频文件有三种：一是 wav 格式文件；二是 mp3 格式文件；三是 wma 格式文件。

（4）视频。视频，是指通过特定的电子设备对特定的场景进行动态记录、存储并能够借助特定应用程序进行完整动态重现的计算机文件。常见的视频文件有四种：一是 avi 格式文件；二是 mpeg 格式文件；三是 wmv 格式文件；四是 rm 格式文件。

2. 开放计算机系统中的电子数据

通常把开放计算机系统中的电子数据称为网络数据或网络证据。所谓网络数据是指计算机终端之间通过网络获得的电子数据。开放计算机系统中的电子数据种类繁多，常见的有以下几种：

（1）电子邮件（E-mail）。即通过网络进行书写、发送和接收的信件。

（2）电子资金划拨记录（EFT）。是指客户通过电子货币支付手段向金融机构提供的特定网络系统发出支付命令从而实现资金的划拨。

（3）电子数据交换（EDI）记录。电子数据交换，是指按照通信协议，依据各行业特定事务处理模式，形成公认信息标准，经数据通信网络在计算机应用系统之间以电子形式来交换相应数据文件的电子应用系统。电子应用系统在交换相应数据文件中形成的记录就是电子数据交换记录。

（4）网页（web page）。网页，亦称超文本标记语言文件，是指计算机连接网络时浏览器窗口中显示的页面，是可在互联网上传输并被浏览器识别和翻译成页面显示出来的文件。网页是网站的基本构成元素，是承载各种网站功能的应用平台，亦是计算机网络最基本的信息单位。

（5）电子聊天（E-chat）记录。电子聊天，亦称网络聊天，是指用户通过专门的网络聊天工具在互联网和移动通信网络上实时发送文本、图像和声音等信息通信方式。作为即时通信的一种，电子聊天主要有一对一聊天和多人聊天两种。目前国内使用范围最广的电子聊天工具是腾讯 QQ 和微信。聊天过程中会留下电子痕迹，这些所谓的电子痕迹就是电子聊天记录。在现有网络技术框架下，电子聊天记录主要有文字聊天记录、语音聊天录音和视频聊天录像三种。

（6）电子公告牌（BBS）记录。电子公告牌，是利用计算机应用程序在网络上共享和交换信息的交流平台。随着网络技术的飞速发展，电子公告牌的形态也转变为网络论坛或网络社群等综合信息平台。电子公告牌是一种用以发布并交流特定信息的在线系统。该系统在运行过程中会留下记录，其相关记录往往可以对特定案件的证明起到重要的作用。

（7）网络日志（weblog）。网络日志，亦称博客，是一种基于互联网信息发布技术由用户管理并不定期张贴新内容的网站。而随着人们对资讯获取速度的提高，更新更为快捷便利的微型网络日志（microblog）应运而生。微型网络日志，亦称微型博客或微博，是指利用网络通信技术以 140 字左右的文字更新信息并即时分享的网络日志。除了互联网页面外，微博在传统微型网络日志基础上放大了手机用户的使用潜力，通过手机可以随时更新短小的微型网络日志，使得创作方式更为方便和灵活。

（8）电子签名（E-signature）。电子签名，亦称电子签字，是指在电子通信过程中，可以用来证明特定当事人身份信息，以及该当事人对特定文件的内容予以认可的电子数据签字。

（9）嵌入式计算机系统（embedded computer system）证据。嵌入式计算机系统证据，是指在各类电子设备中，在集成电路板或其他类似构件中内嵌的计算机系统在运行中所产生的计算机证据。嵌入式计算机系统通常由嵌入式处理器、相关硬件支持设备和嵌入式软件系统组成。嵌入式计算机系统能够运行于各种不同类型的处理器上，操作系统内核精小、模块化程度高，具有大量的应用程序接口，支持多任务处理，并能进行网络操作。数字电视、移动计算设备、移动电话、汽车、微波炉、数字照相机、数字摄像机、电梯、空调、安全系统、自动售货机、工业自动化仪表及医疗仪器等大多数电气设备均领带嵌入式计算机系统的运行。

通信数据类证据是在电子通信过程中由通信信息构成的证据形态。常见的通信数据类证据有以下几种：

（1）电报（telegraph）记录。电报，就是用电子信号传递的文字信息。

（2）传真（fax）记录。传真，是指运用光电扫描及变换等技术，由发送端通过特定设备把各类静止性的图像转换为电信号并传送到接收端的相应设备，并以书面记录的形式予以展现的电子通信方式。随着网络技术的发展，借助网络系统收发传真的方式已渐渐成为传真的主流方式。

（3）通话记录。通话记录，是指通过电话交流形成的记录。通话记录包括两层含义：一是固定或移动电话中存储的通话历史记录；二是通过专业录音设备录下的固定或移动电话通话内容。

（4）短信（short message）记录。短信，是借助无线通信网络技术在移动网络上储存和转寄的简短信息。短信一旦生成，只要不被删除，其即被固定在发送方和接收方的手机上，形成短信记录。按照内容和应用具体技术的不同，短信可分为传统短信、增强信息和多媒体信息三种[1]

---

〔1〕 对电子数据进行分类，参阅刘显鹏. 电子证据认证规则研究——以三大诉讼法修改为背景. 中国社会科学出版社. 2016；26-42.

除了上述基本分类外，已有的关于电子数据的分类还有以下几种：

1. 静态电子数据证据和动态电子数据证据

依据电子证据存在的状态不同把电子数据分为静态电子数据证据和动态电子数据证据。静态电子数据是指计算机处理、存储、输出设备中存储、处理、输出的数据。动态电子数据是指计算机网络中传输的电子数据。电子数据的静态和动态都只是相对的。放大到足够的时空条件下则根本不存在所谓静态的电子数据，而在特定的时点范围内动态的电子数据也会表现出足够的静态稳定性。区分静态电子数据和动态电子数据的意义在于根据这两类电子数据各自的特征，在相关证据收集措施的设立及其适用上予以区别对待。

2. 电子设备生成的电子数据、电子设备存储的电子数据和电子设备混成的电子数据

依据是否有人为意志的添加，将电子数据分成电子设备生成的电子数据、电子设备存储的电子数据和电子设备混成的电子数据。电子设备生成的电子数据由计算机或相关设备自身自动生成，它完全基于系统的内部指令。常见的如银行柜台交易记录。电子设备存储的电子数据是由计算机及相关设备储存录入的信息而获取的数据。它只是对人为意志的客观记录而并未发生计算机系统的参与处理。常见的如文本或录音文件。电子设备混成的电子数据是在用户录入信息或命令后由计算机内部指令运行而得到的数据，夹杂有用户的人为意志和计算机系统的主动处理。

3. 数字电文数据、附属信息数据与系统环境数据

依据档案学原理和鉴定理论，可以将电子数据分为数字电文数据、附属信息数据与系统环境数据。档案学原理告诉我们，电子文件的完整性、真实性需要通过元数据加以证明；鉴定理论告诉我们，电子文件的可读性依赖于其原始的系统软硬件环境。根据档案学原理和鉴定理论可以将电子数据分为数字电文数据、附属信息数据与系统环境数据。所谓数字电文数据是记载法律关系的发生、变更和灭失的数据，如 E-mail 和 EDI（电子数据交换）正文。所谓附属信息数据是指数据电文在生成、存储、传输、修改、增删过程中引起的相关记录，如系统日志、文件属性信息。所谓系统环境数据是指数据电文运行时所处的硬件和软件环境，尤其是指相关硬件规格或软件的版本等信息。

4. 封闭系统中的电子数据、开放系统中的电子数据与双系统中的电子数据

根据电子数据所处系统的开放程度，可将电子数据分为封闭系统中的电

子数据、开放系统中的电子数据与双系统中的电子数据。封闭系统是由独立的一台计算机组成的系统，或多台以局域网方式连接的计算机组成的系统。封闭系统中的电子数据即指在封闭系统中生成、传输和存储的数据。封闭系统不对外界开放，用户相对固定，能够迅速跟踪查明电子数据的来源。如银行业、证券业、交通运输业的员工均用自己固定的终端进行内部数据的交换。开放系统是由多台计算机组成的广域网、城域网、校园网等系统，开放系统的电子数据即指在开放系统中生成、传输和存储的数据。由于开放系统数据通信的相对人并不固定，因此数据来源不易确定。双系统是封闭系统和开放系统的合称，双系统的电子数据指既能够经常出现于封闭系统，又能经常出现于开放系统的电子数据，如 EDI 证据和电子签名。

5. 原生电子数据和再生性电子数据

依据数据是否拷贝，可以将电子数据分为原生电子数据和再生性电子数据。原生电子数据是指以数字形式创建（如办公系统、传感器、显微照相机、科学仪器）并以数字格式存在的电子数据。如数据库数据、以文字处理软件创建的文本文档数据、以数字媒介记录的音像数据，以及软件数据、网页数据、超文本数据和数码艺术数据等。所谓再生性电子数据也可称数字拷贝，它是物理存在实体的一种数字表现形式。

6. 绝对电子数据和相对电子数据

依据电子数据所含信息是否可以完全形成硬拷贝，可以将电子数据分为绝对电子数据和相对电子数据。绝对电子数据是指所含信息目前无法完全进行硬拷贝的电子数据。它只能在数字环境下运行才能表达该电子数据的思想内容。例如多媒体产品、网页、3D 图像等。非绝对电子数据是指所含信息可以完全进行硬拷贝的电子数据。如以 pdf、word 格式等形成的文件。

7. 电子物证、电子书证、电子视听资料、电子证人语言、电子当事人陈述、关于电子数据的鉴定意见、电子勘验检查笔录

与我国现行法律对证据的分类相一致，电子数据类证据可以分为电子物证、电子书证、电子视听资料、电子证人语言、电子当事人陈述、关于电子数据的鉴定意见、电子勘验检查笔录等七种。（1）电子物证系指以电子形式存在的"实在证据"，其以电子信息的存在和状况来证明该案件的事实。（2）电子书证系指电子形式的"书面证据"，记载了当事人之间的书面意思表示。典型的如电子邮件和 EID 方式签订的合同。（3）电子视听资料系指电子形式的音像证据和纸面形式的音像证据，主要是各种数码摄录材料。（4）电子证人

证言系指以电子方式存在的言词证据。如网聊的记录、电话录音等。（5）电子当事人陈述与电子证人证言相似。（6）关于电子数据的鉴定意见。系指由专家对存在问题的计算机记录进行鉴定后出具的鉴定意见。（7）电子勘验检查笔录。系指司法人员与行政执法人员在办案过程中以电子形式作出的勘验、检查笔录。

随着信息技术的升级，出现了新型的电子数据，所以可以根据新标准对电子数据进行新分类：

1. 存储介质电子数据、电磁辐射电子数据和线路电子数据

这是根据电子数据的来源对电子数据进行的分类。电子数据可以从存储介质中获取，可以从电磁辐射中获取，还可以从线路中获取。不同来源的电子数据其获取方法和技术也不同，且获取的程序也有各自的特点。

（1）存储介质电子数据。存储介质电子数据是指来源于各种存储介质的电子数据。电子数据存储介质的种类很多，这类电子数据主要通过扣押、提存或复制的方式进行收集。

（2）电磁辐射电子数据。电磁辐射数据是指从电磁辐射中获取的电子数据。计算机电磁辐射主要包括四个部分：显示器的辐射、通信线路（连接线）的辐射、主机的辐射及输出设备（打印机）的辐射。电子数据搜集人员只要准备相应的接收设备就可以接收电磁波。

（3）线路电子数据。线路电子数据是指从计算机联网后的传输线路中获取的电子数据。

2. 易失性电子数据、非易失性电子数据

运行中的计算机系统存储的数据是有寿命的。不同数据的生存期差别很大，短的只有几纳秒，长的有几年。寄存器、外围设备内存、缓存等存储的数据寿命只有几纳秒，主内存中的数据约十几纳秒，表示网络状态的数据有几毫秒，表示运行进程的数据寿命为几秒，磁盘数据有几分钟的寿命，软盘、备份设备中的数据寿命可达几年。因此，电子数据可按生存寿命的长短进行分类，易失性数据是指生存寿命较短的电子数据。非易失性数据是指生存寿命较长的电子数据。收集数据的方法最好是按照数据的预计寿命有顺序地进行，先收集易失性数据。

3. 加密电子数据、非加密电子数据

根据电子数据是否加密可以将电子数据分为加密电子数据和非加密电子数据。加密电子数据是利用各种加密技术对明文数据加密后形成的不可读数据（密文）。非加密电子数据是指没有利用加密技术加密的明文数据。

4. 应用层电子数据、表示层电子数据、会话层电子数据等

国际标准化组织发布了 ISO/IEC 7498 标准，该体系结构标准定义了网络互连的七层框架，即物理层、数据链路层、网络层、传输层、会话层、表示层、应用层。各个层次都存在电子数据。因此，可以把网络中的电子数据按层次分类，即应用层电子数据、表示层电子数据、会话层电子数据、传输层电子数据、网络层电子数据、数据链路层电子数据和物理层电子数据。各层电子数据的证据意义并不相同。应用层的电子数据比较多，但容易被破坏。表示层、会话层的电子数据很少。传输层和网络层的电子数据中最有证据价值的是 IP 地址。数据链路层和物理层中的电子数据最为丰富，也最有价值。数据链路层中的 MAC 地址要比网络层中的 IP 地址精确，可以绑定一台特定的计算机。获取物理层的电子数据主要通过网络监听的手段。

5. 看得见的电子数据、看不见的电子数据

根据是否被标记为已删除记号可以将电子数据分为看得见的电子数据和看不见的电子数据。凡是没有删除标记的数据就称为看得见的电子数据，凡是已有删除标记的数据就称为看不见的电子数据。看得见的电子数据可以利用识别软件直接解读。看不见的电子数据需要先使用数据恢复工具进行恢复，然后再利用识别软件进行解读，且恢复数据时有可能不能完全恢复看不见的电子数据。

6. 孤立电子数据、系统电子数据

孤立电子数据是指由一方当事人独立制作或掌握，且大多以本地文件形式存在的数据。系统数据种类繁多，体系庞杂，难以类型化。通常根据控制主体多少将其分为二维数据和多维数据。二维数据是产生、储存于双方当事人的电子设备或系统中的数据类型。多维数据是由当事人双方和第三方主体共同制作、生成或控制的数据类型，或者由当事人意志之外的其他机制确保其真实性的数据形式。不管是二维数据，还是多维数据，又都可以分为单机数据和联网数据。[1]

还有一种分类，即将电子数据分为模拟电子数据和数字电子数据。我们认为，在 2012 年修改的《刑事诉讼法》仍然把视听资料规定为法定证据种类的情况下，把电子数据分成模拟电子数据和数字电子数据并不妥当。电子

---

[1]　汪振林主编 . 电子证据学 . 中国政法大学出版社，2016：22.

数据可以说都是数字的，模拟的可以归入视听资料。

2016 年 9 月 20 日，最高人民法院、最高人民检察院、公安部根据《刑事诉讼法》等有关法律规定，结合司法实际，制定并发布了《收集提取和审查判断电子数据问题规定》。该规定结合司法实务经验，对典型的电子数据形式进行了列举，认为电子数据包括但不限于下列信息、电子文件：①网页、博客、微博客、朋友圈、贴吧、网盘等网络平台发布的信息；②手机短信、电子邮件、即时通信、通讯群组等网络应用服务的通信信息；③用户注册信息、身份认证信息、电子交易记录、通信记录、登录日志等信息；④文档、图片、音视频、数字证书、计算机程序等电子文件。

以数字化形式记载的证人证言、被害人陈述以及犯罪嫌疑人、被告人供述和辩解等证据，不属于电子数据。确有必要的，对相关证据的收集、提取、移送、审查，可以参照适用本规定。

第一类是网页、博客、微博客、朋友圈、贴吧、网盘等网络平台发布的信息。这里值得商榷的问题是，网页、博客、微博客、朋友圈、贴吧、网盘等是不是"网络平台"的问题？我们认为这在表述上欠准确。即便是"网络平台"，这些信息是网络平台"发布"的吗？显然，表述上也不太准确。这些信息绝大多数应该是网络用户发布的。当然，也有一些信息是网站运营人自己发布的。另一个值得商榷的问题是，本规定将朋友圈、网盘的信息纳入了电子数据的范畴。从实体法角度理解，朋友圈、网盘与网页、博客、微博客等的区别在于：网页、博客、微博客等属于公开发布的信息，属于公共空间中的信息，可以类比于公共场所中的信息；而朋友圈不属于公共空间中的信息，属于特定空间中的信息，可以类比于私人住宅中的信息；网盘则属于个人空间中的信息，可以类比于私人电脑、存储介质中的信息。不同性质的信息，不管是在实体法的权利保护上，还是在程序法取证的权力制约上，应当是不同的。按理应该有所分别，区别对待，而本规定却把它们归成了一类，有些不妥。

第二类是手机短信、电子邮件、即时通信、通讯群组等网络应用服务的通信信息。同样，从实体法的角度去理解，手机短信、电子邮件、即时通信、通讯群组等信息是有区别的。微信群、QQ 群等通讯群组属于特定空间中的信息；而手机短信、电子邮件、即时通信等主要属于个人空间中的信息。另外，通讯群组与私聊信息都属于即时通信。这里存在分类上的交叉和不周延。

第三类是用户注册信息、身份认证信息、电子交易记录、通信记录、登录日志等信息。本类中的用户注册信息、身份认证信息、登录日志等主要是用于证明犯罪行为的指向，将犯罪行为与犯罪嫌疑人之间建立"人-数据"之间的关联性连结点。本类中的电子交易记录、通信记录等则主要是用于证明犯罪过程事实本身。值得一提的是，本类中的"通信记录"与第二类中列举的证据形态再次形成交叉。即手机短信、电子邮件、即时通信、通讯群组等证据其具体形态上都是表现为"通信记录"。换言之，第二类中列举的证据形态即是本类中所规定的"通信记录"。

第四类是文档、图片、音视频、数字证书、计算机程序等电子文件。这里值得讨论的是有两种电子文件。第一种是音视频。本规定将音视频直接纳入电子数据的范畴，从实际情况看，这一纳入可能是妥当的。但由于从技术上讲，音视频的表现形式有数字和模拟两种，如果把音视频都归入电子数据，那么是否还有必要在《刑事诉讼法》中将视听资料作为一种证据单列呢？第二种是数字证书。根据《收集提取和审查判断电子数据问题规定》第二十九条规定，数字证书是指包含数字签名并对电子数据来源、完整性进行认证的电子文件。需要提醒的是，这里的数字证书、数字签名，是技术意义上的概念。它们与《电子签名法》《电子商务法》中的"电子签名""数字签名"，不是同一个概念。

本规定将"以数字化形式记载的证人证言、被害人陈述以及犯罪嫌疑人、被告人供述和辩解等"数据排除在诉讼法电子数据范畴之外。这一排除对于指导司法实务具有正面的指导意义，但却对电子数据的学术观念造成了巨大的冲击。从学术意义上讲，任何传统证据都存在电子化形态。即"以数字化形式记载的证人证言、被害人陈述以及犯罪嫌疑人、被告人供述和辩解等"仍属于学术意义上的电子证据范畴。

尽管《收集提取和审查判断电子数据问题规定》仍有缺漏和不足，但是为了更好地指导侦查实践，我们仍主张以该规定对电子数据的分类作为区分电子数据的重要依据。

三、电子数据的特点

从上述对电子数据的分类可以看出，电子数据种类繁多。随着信息技术的发展，新型的电子数据会层出不穷。不过，不管电子数据怎样复杂，它们的来源不外乎两种：一是物理存储而来，一是逻辑存储而来。[1] 与传统证据一样，电子数据具有客观性、合法性、关联性三个基本特性，但与传统证据比，电子数据还有一些自身的特点。

对电子数据具有的自身特点，不同的学者有不同的认识。

有的学者认为电子数据具有记录方式虚拟性、易破坏性、客观性等特点。所谓记录方式虚拟性是指电子数据不具有物理形态，是以虚拟形态保存的。电子数据是将信息按一定的方法转化为磁、电或光的方式记录下来的。同时认为，电子数据记录方式虚拟性是电子数据与传统证据最本质的区别。所谓易破坏性是指电子数据容易灭失和被改变。电子数据的记录方式、介质的特殊性以及网络空间的特性决定了电子数据的易破坏性。所谓电子数据的客观性是指构成电子数据的一些信息隐藏在它的元数据或本身之外，而且这些信息的影响又会留下新的痕迹。这些信息和痕迹被保存了下来，只有借助专用设备和科学方法才能显现。电子数据的客观性使得电子数据作为证据的效力大大提高。[2]

有的学者认为电子数据具有数字化、挥发性、复制的精确性、表现形式的多样性、无形性、可挽救性等特点。[3] 电子数据的数字化是指电子的本质是存在于虚拟空间的各种"0""1"组合。电子数据的挥发性指的是若干种类的电子数据寿命极短，经过很短的时间就失效了，就像"挥发"了一样。电子数据复制的精确性是指只要按照一定的技术规则，使用适当的软硬件和正确的操作，就可以非常精准地对其进行复制和再现。电子数据表现形式的多样性是指电子数据综合了文本、图形、图像、动画、视频等多种媒体信息，而且具有"动态连续性"。电子数据的无形性是指电子数据是以电、磁、光等形式存在于媒体介质上的，它的实体是电磁波和二进位的数据编码，这些信号和编码是肉眼无法直接看到的无形体。电子数据的可挽救性是指电子设备会按照例行程序自行追踪、挽救一些信息，被删除并被覆盖的数据可以通过技术手段认定，并对之进行恢复。

有的学者认为电子数据具有技术性、依赖性、不稳定性、可恢复性和发散性等特点。[4] 电子数据的技术性是指表现电子数据的数据电文是通过科技

〔1〕 刘浩阳，李锦，刘晓宇主编.电子数据取证.清华大学出版社，2015：5.
〔2〕 刘浩阳，李锦，刘晓宇主编.电子数据取证.清华大学出版社，2015：6.
〔3〕 汪振林主编.电子证据学.中国政法大学出版社，2016：13.
〔4〕 刘显鹏.电子证据认证规则研究——以三大诉讼法修改为背景.中国社会科学出版社，2016：16.

手段由特定的符号组成的，电子数据的生成方式、生成过程、运行途径、编辑变更以及安全设置等均具有很强的技术性，电子数据必须通过技术手段才能得以展示。电子数据的依赖性是指电子数据的整个运行过程都须借助一定的硬件设备和软件平台。电子数据的不稳定性是指电子数据的易变与脆弱。电子数据的可恢复性是指被删除、被覆盖、遭破坏的电子数据可以通过技术手段得以恢复。电子数据的发散性是指电子数据可以在虚拟空间里无限地快速传播。

有的学者认为电子数据具有五个特点：一是电子数据的生成、保存、传输和表现依赖于必要的系统支持；二是电子数据的复制和传播极为快速且具备高度精确性；三是电子数据的信息和其所在的载体之间具有可分离性；四是电子数据较为脆弱，易于遭受删改和损坏；五是电子数据的表现形式多种多样，容量可以到达海量规模。[1]

还有一些学者认为电子数据具有无形性、客观真实性、可修改与可破坏性、可保存性、复制性、存在性、多样性、科技性、间接性等特点。[2]

综合以上学者的观点，基本上把电子数据的特点作了全面的概括和把握。比较不同学者对电子数据特点的认识，他们的看法存在着一些差异。而差异源于他们对电子数据特点全面性的把握不同以及表述上的不尽相同。有些学者并没有全面比较传统证据与电子数据证据的不同，只是比较了某些方面的不同。有些学者的比较却是较为全面的。以下我们遵循分类学规则，坚持与传统证据进行全面比较来确认电子数据的特点。与传统证据比，电子数据有以下一些不同之处：

1. 无形性

即电子数据用肉眼看不见，也摸不着。它与传统的物证、书证以及记录在纸张上的证人证言等不同。电子数据要依托特定的软硬件设备，借助特定的技术才能得以生成、展示。通过展示后的电子数据才能被肉眼所见。电子数据的无形性是由电子数据记录方式的虚拟性以及电子数据本质是存在于虚拟空间的各种"0""1"组合所决定的。

2. 脆弱性

即电子数据具有"挥发性"和不稳定性，容易遭受删改和损坏。有些电

〔1〕　王立梅，刘浩阳主编．电子数据取证基础研究．中国政法大学出版社，2016：9.
〔2〕　常艳．侦查与电子证据取证．群众出版社，2010：197.

子数据寿命极短，经过很短的时间就失效了。有些电子数据在生成、保存、传输中会因为某种软硬件方面的因素而遭受变动、损坏。电子数据的脆弱性是由电子数据的记录方式、电子数据介质的特殊性以及网络空间的特性决定的。

3. 潜在性

即与电子数据有关的一些信息隐藏在它的元数据或本身之外，而且这些信息的影响又会留下新的痕迹。这些信息和痕迹被保存了下来，只有借助专用设备和科学方法才能显现。行为人想去除是做不到的。电子数据的潜在性是使脆弱的电子数据具有证据能力的重要原因。

4. 依赖性

即电子数据的生成、保存、传输和表现等依赖于必要的硬件、软件系统支持。没有特定技术的支持，电子数据只是无形的、潜在的。有了技术、软硬件系统支持，电子数据才能被采信。

5. 发散性

即电子数据可以在虚拟空间里无限地快速传播。在极短的时间里，电子数据就可能很轻易地被扩散至多个不特定的位置和场合。分散的电子数据往往具有时空上的连续性。

6. 可恢复性

即被删除、被覆盖、遭破坏的电子数据可以通过技术手段得以恢复。这一点是传统证据很难做到的。

7. 复制的精确性

即只要按照一定的技术规则，使用适当的软硬件和正确的操作，就可以对电子数据进行复制和再现，复制和再现后的复制件与原件可以毫无差别，表现出极高的精确性。

8. 形式的多样性

即电子数据的表现形式多种多样。电子数据综合了文本、图形、图像、动画、视频等多种媒体信息。这种将多种表现形式融为一体的特点是电子数据所特有的。而且多种形式的多媒体信息融为一体，容量可以到达海量规模。

9. 分离性

即电子数据的信息和其所在的载体之间具有可分离性。由于电子数据具备高度精确性复制的特点，所以由此得来的"副本"可以具备和"原件"完全等同的证据功能。分离性特点也使得电子数据的信息分布在网络和单机系统的多个不确定位置，表现为信息与其所在的载体之间的分离。

四、电子数据取证发展概况

关于电子数据取证的发展，可以从国内、国外两条路径进行把握。

（一）国外电子数据取证发展概况

电子数据取证早期称为数据取证（Digital Evidence）。早在 20 世纪 80 年代，数字取证的研究就引起了研究机构的重视。在美国，军方与司法部门最早着手数字取证研究。

在 1984 年 FBI 的计算机分析响应组（CART）成立之时，数字取证的思想、理论、技术和方法得以提出。那时，虽然称之为数字取证，但无论从技术发展还是从思维的角度看，数字取证可以等同于计算机取证。

计算机取证是由于司法实践的需要而出现的。1984 年，美国联邦调查局的实验室开始对计算机取证进行研究。为了应对计算机犯罪，联邦调查局成立了计算机分析响应组。计算机分析响应组的出现意味着计算机取证机构的诞生。后来，世界上许多国家的执法机构效仿美国联邦调查局的做法，在本国成立计算机取证组织。

20 世纪 90 年代初，美国联邦调查局又创建了"数字取证科学工作组"（SWGDE）。这个组织率先提出"计算机潜在证据"的概念，这个概念就是计算机取证概念的雏形。1991 年国际计算机专案联盟在美国波特兰市举行第一次培训会，在此会上提出了计算机取证（Computer Forensics）概念[1]。

20 世纪 90 年代中期，信息技术的渗透加剧，相关技术特别是音视频技术不断由模拟向数字方式转变，在此背景下，"计算机取证"一词在数字化犯罪面前已显出它的局限性。于是，一个新的概念——"数字取证"被提了出来[2]。

---

[1] See Isner J. D. Computer Forensics：An Emerging Practice in the Battle Against Cyber Crime. SANS Institute. 2003.

[2] 1998 年 3 月 2 日，在弗吉尼亚州举行的美国联邦调查局实验室研讨会上提出了"数字取证"。

在数字取证领域，20 世纪 90 年代，美国除了有"数字取证科学工作组"外，还有一个"科学工作组"（SWGs）。这个"科学工作组"初期被称为"技术工作组"，由于与联邦调查局的一个工作组重名，1999 年改为"科学工作组"。SWGs 是由各种相关团体组成的一个规模较大的组织，其成员由美国 50 多个联邦、州的司法机关以及地方团体组成。

1993 年，美国联邦调查局主持举行了关于计算机取证的国际司法会议，来自美国各联邦、州及地方司法机构的 70 多位代表参加了会议，与会代表一致认为有制定计算机取证标准的必要。在这种需求下，SWGDE 在 1998 年 8 月年会中讨论了"数字取证"中的相关概念及标准。这些定义和标准最终在 1999 年 10 月召开的"国际高技术犯罪与取证会议"上发布。[1]

关于数字证据的鉴定，美国罪证化验室主任协会下设的化验室认证委员会制定了鉴定过程，对取证实验操作中必须遵循的标准进行了详细的说明。SWGDE 也公开表示其标准的撰写遵循了 ASCLD/LAB 鉴定指南的要求。为了应对数字证据，美国大量的司法机关建立了自己的数字取证实验室。

20 世纪 90 年代中期，司法机关对电子证据的收集技术以及工具的需求愈发强烈，这导致了数字取证科学特别是计算机取证科学的快速发展。此时，信息安全领域对数字取证技术高度关注，在市场需求下，相继上市了以 EnCase 为代表的各类计算机取证产品。EnCase 由美国 GUIDANCE 软件公司开发，基于各种平台，可在系统运行的情况下，把系统的全部运行环境及数据生成镜像文件，再对该文件进行分析。DIBS 由美国计算机取证公司开发，是对数据进行镜像的备份系统工具。Flight Server 由美国 Vogone 公司开发，是基于 PC、Mac、Unix 等系统的数据收集和分析系统工具。[2] 这个时期，计算机取证技术主要被商家所应用的技术驱动。

20 世纪 90 年代后期，过分关注应用新产品开发而忽视基础理论和方法研究的问题暴露了出来。由于缺乏理论支持，导致取证缺乏一致性和标准。面对这种情形，业内专家开始对取证程序及标准等进行研究。通过研究，提出了五类计算机取证过程模型，分别是：基本过程模型（Basic Process Model）、事件响应过程模型（Incident Response Process Model）、法律执行过程模

---

〔1〕 See Scientific Working Group on Digital Evidence and International Organization on Digital Evidence Digital Evidence：Standards and Principles. Forensic Communications，2000，2（2）.

〔2〕 李双其. 数字化侦查. 群众出版社，2005：168.

型（Law Enforcement Process Model）、过程抽象模型（Abstract Process Model）和其他过程模型。

在计算机程序和标准研究方面，巴西研究人员（Marcelo Abdallados Reis）发表了多篇相关的论文，并于 2002 年 7 月在美国夏威夷召开的第十四届安全事故与响应小组论坛（FIRST）技术论坛上提出了计算机取证协议和程序的标准化思想。美国联邦调查局也制定了计算机取证的程序规范和电子证据的标准。学术界每年都有讨论计算机取证的学术会议召开。国际知名的网络安全站点 Security Focus 也开辟了计算机取证专栏。渐渐地，计算机取证成为了信息安全领域的研究热点。

随着信息技术的升级，"计算机取证"一词显现出它的局限性，这一术语渐渐地被数字取证、电子证据取证所取代。

（二）国内电子数据取证发展概况

国内电子证据在法庭上出现是 21 世纪以后的事。进入 21 世纪，由于网络犯罪的出现，一些法律、法规涉及了电子证据[1]，如《关于检察机关侦查工作贯彻刑诉法若干问题的意见》、《公安机关办理刑事案件程序规定》（公安部令第 127 号）、《计算机软件保护条例》等。但是，初期出现的电子证据还比较简单，如电子邮件、程序源代码等，不需要使用特殊的工具就能得到。

信息技术在我国渗透得十分迅猛，网络在我国发展得十分迅速。在短短的几年时间里，便出现了一个虚拟的社会，虚拟社会里的犯罪现象变得十分严重。为此，国家有关部门十分重视打击网络犯罪的研究。2000 年 5 月，公安部制定了《打击计算机犯罪技术攻关思路》，确立了以办理计算机犯罪案件为主线，以电子证据为核心，以计算机犯罪侦查为主要内容的攻关思路。提出了包括计算机系统运行环境勘查取证技术、计算机系统日志勘查取证技术、常用应用软件默认数据及缓冲数据勘查取证技术、存储介质中残缺数据勘查取证技术、常用软件加密数据的勘查取证技术、常见破坏性程序的搜索与取证技术、计算机犯罪证据固定与保全技术和电子数据证据鉴定技术等课

---

[1]　李双其．网络犯罪防控对策．群众出版社，2001：50.

题[1] 北大、同济、复旦等高校及一些企业也都在进行计算机犯罪侦查技术的研究，开发了多种网络监控系统。2002 年 10 月在深圳市举行的第四届中国国际高新技术成果交易会上，中国科学院高能物理研究所计算中心研究员许榕生教授和他的研究小组推出了一部"取证机"的模拟机器，该机器可以侦探黑客的入侵手段。2002 年，南京市公安局蒋平和他的团队成功开发一种以电子证据提取、保全为主的"网络犯罪取证系统"，并在一些司法机关运用。

关于电子数据取证，不得不提厦门市美亚柏科信息股份有限公司，该公司作为公安部网络警察培训基地，在 21 世纪初期便开发出多种电子取证软硬件。该公司研发的电子取证勘查箱集成多种工具软件，能对密码进行破解，能对被删除的数据进行恢复，能解决网络犯罪证据的提取、分析等问题。其他一些大学也投入人力、物力、财力对电子取证进行研究。

随着研究的不断深入，关于电子数据取证技术（当时称数字取证、电子取证、计算机取证）的全国性会议陆续召开。2004 年 11 月，由北京警察学院、中国科学院软件研究所、北京市公安局网络信息安全监察处联合举办的首届全国计算机取证技术研讨会召开。来自公安部、高校、科研院所及企业的 150 名代表参加了会议。2003 年，江苏省司法鉴定所成立了全国首家电子证据鉴定中心。2005 年初，北京市网络行业协会创办的电子数据司法鉴定中心成立。同年 6 月，山东省计算机中心与美国新泽西州的期蒂文斯理工学院合作创建计算机网络司法取证实验室。同年 6 月，首届中国计算机取证技术峰会在北京召开。该会由中国计算机取证体系架构组（Troop CFAT）、中国电子学会计算机取证专家委员会、北京物证技术学会共同主办，来自世界各地的专家参与了会议，就计算机取证技术进行了交流。随着信息技术的迅猛发展，市场需求日益增多，为此，公安机关及一些社会机构相继建立了计算机取证实验室。中国科学院软件所、国内各公安院校也创建了计算机取证实验室[2] 尽管如此，国内电子取证水平仍然不高，取证工具和技术仍然滞后于网络犯罪，尤其是电子数据取证标准及具体方法远远无法满足实战的需要。

近年来，由于业务的需要，执法部门，包括公安、检察院、海关、工商

[1] 蒋平，黄淑华，杨莉莉编著. 数字取证. 清华大学出版社，中国人民公安大学出版社，2007：17.
[2] 蒋平，黄淑华，杨莉莉编著. 数字取证. 清华大学出版社，中国人民公安大学出版社，2007：18.

的电子数据取证专业机构发展较快，民间的司法鉴定机构也提供相应的电子数据取证服务。在执法部门中，以公安机关的电子数据取证机构发展得最为完善、业务能力最强。在公安机关内部，各业务警种都配备了电子数据取证设备，培养了取证人才以应对各自领域中的电子数据取证需求。网络安全保卫部门和刑事侦查部门都是以实验室的机构来进行电子数据取证。目前，网络安全保卫部门的取证实验室已经超过 100 家，是公安机关业务水平最高、发展最为迅速的电子数据取证机构。

除了执法部门，网络安全行业对电子数据取证的发展给予了实时关注。

我国港澳台地区的网络发展走在大陆地区之前。港澳台地区的电子数据取证发展比大陆早些，水平也略高些，成立电子数据取证机构也比大陆早些。早在 1993 年，香港地区便成立了应对网络犯罪的部门——电脑罪案组。2001 年 9 月 6 日，香港警务处科技罪案组的电脑法证实验室启用。1996 年 12 月，台湾"法务部"调查局创办资安鉴识实验室，这是台湾地区首个电子数据取证机构。2006 年 8 月，台湾"内政部"警政署刑事警察局成立了"数位鉴识实验室"。[1]

近年来，随着信息技术的发展和新型网络犯罪的出现，电子数据取证也迈入了新的阶段：从取证主体看，除了作为打击犯罪主体的执法部门，面向社会的司法鉴定机构也开展电子数据取证服务。电子数据取证的领域在不断拓展，电子数据取证的门槛也在不断提高。单机版的取证工具将被分布式的综合取证系统所替代，辅以大数据挖掘技术进行深度挖掘，结合人工智能、机器学习、神经网络等进行智能化的自动关联、碰撞、比对，获取各种数据源之间的关联性。

五、对侦查中电子数据取证人员的素质要求

总体而言，对侦查中电子数据取证人员的素质要求很高。侦查中电子数据取证人员应该是一种复合型人才，这种人才应具备的知识、能力结构如下：

---

[1]　刘浩阳，李锦，刘晓宇主编 . 电子数据取证 . 清华大学出版社，2015：11.

（一）侦查中电子数据取证人员应具备的知识

1. 侦查学知识

侦查中电子数据取证人员首先应该是侦查人员。他们要像侦查人员那样具备侦查学知识，要明确侦查基本原理，熟悉侦查程序、步骤，掌握现场勘查、施用侦查措施、案件侦查方法。

2. 信息技术知识

作为侦查中电子数据取证人员除了需要具有侦查学知识外，还要熟悉信息技术知识，对与电子数据取证有关的信息技术知识必须掌握。他们必须明确信息技术对侦查工作产生的影响，必须明确电子数据的法律地位，必须明确电子数据的类别、具体形态，必须明确电子数据取证的工具、技术，必须明确电子数据取证的具体方法，还必须明确应用电子数据的程序、方法等。

3. 刑事法律知识

与侦查人员一样，侦查中电子数据取证人员要掌握法律知识，特别是要掌握刑事法律知识。他们必须熟悉《刑法》《刑事诉讼法》《公安机关办理刑事案件程序规定》等的有关规定，特别要吃透《收集提取和审查判断电子数据问题规定》。

（二）侦查中电子数据取证人员应具备的能力

1. 正确处置涉及电子数据的犯罪现场

此能力简称为临场处置能力。处置涉及电子数据现场与处置传统犯罪现场不同。处置涉及电子数据现场时，侦查人员应根据电子数据的特性采取相应的措施才能避免对电子数据造成变动、删除、修改、破坏。关闭电源、关闭存储电子数据的载体、采取具体保护措施时都须考虑能否使电子数据现场及电子数据处于不会被变动的状态。

2. 掌握应用电子数据取证技术

数据取证技术五花八门，而且随着信息技术的发展，电子数据取证技术也在不断进步。侦查中电子数据取证人员必须具备应用电子数据取证技术的能力。当面对具体涉电子数据现场时，取证人员能够灵活地采用适当的技术对电子数据进行保护，收集提取相关的电子数据，对电子数据作出恰当的审查判断。

3. 正确使用电子数据取证工具

同应用电子数据取证技术一样，侦查中电子数据取证人员必须具备正确使用电子数据取证工具的能力，能根据不同的环境，针对不同电子数据采用合适的软硬件工具进行收集提取和审查判断，做到收集提取的快捷、高效、稳定，做到审查判断的准确无误。

4. 明确勘验电子数据的程序、步骤

侦查中，电子数据取证人员应将掌握的电子数据取证知识应用于具体的电子数据勘验中。当收集提取电子数据时，能按照法律、法规所规定的程序、步骤进行。

5. 勘验常见的电子数据

面对常见的电子数据，侦查中电子数据取证人员必须能够正确收集提取并进行审查判断。

6. 明确电子数据证据的证据能力和证明力

当面对具体的电子数据时，取证人员能清晰果断地判断该电子数据是否与犯罪有关，是否可作为证据使用，该电子数据证明力究竟有多大。

7. 正确使用电子数据证据

即侦查中电子数据取证人员能够正确地对电子数据的真实性、合法性、关联性作出审查判断，并利用该电子数据作为侦查的依据。

第二章　电子数据的法律地位、证据能力 与证明力

电子数据与计算机证据存在交叉，但二者并不等同。将电子数据证据等同于计算机证据至少有两处不当：一是从设备看，虽然计算机是进行数字化处理的重要设备，但并非唯一设备。除计算机外，智能手机、数码照相机、扫描仪等设备均可进行一定的数字化处理。二是从载体看，将电子数据证据界定为电磁记录物过于单一。从电子技术的发展历程看，电磁技术无疑占据重要地位，但科学技术的发展使得现代电子技术体系中除了电磁技术外，还包括了光学等其他技术。[1]

我们主张将电子数据界定为信息数字化过程中形成的，以数字形式存在的能够证明案件事实情况的数据。电子数据证据是以电子形式表现的，借助特定电子设备展示的，作为证据使用的材料。

电子数据是科学证据的代表之一。所谓科学证据，是指通过现代科学技术方法所获得的证据。信息技术是当代科学技术发展最为集中的领域之一。电子数据正是伴随着信息技术，尤其是电子计算机和互联网技术的发展应运而生的。电子数据正是通过当代科学技术方法所获得的。

一、电子数据的法律地位

电子数据的法律地位，可以从电子数据入法前后两个时段进行论述。

立法认可电子数据的独立性之前，理论界和实务界存在多种关于电子数

---

〔1〕 刘显鹏. 电子证据认证规则研究——以三大诉讼法修改为背景. 中国社会科学出版社，2016：12.

据证据地位的学说，主流学说有"视听资料说""书证说""独立说"等。这些学说从不同角度揭示了电子数据与其他证据种类在理论上的联系与区别。

"视听资料说"主张将电子数据归入"视听资料"，对"视听资料"作扩大解释，不限于录音带、录像带之类的资料。因为电子数据证据同样可以显示为"可读的形式"，因而也是"可视的"。不少学者赞同这一观点。但是持"书证说""独立说"的学者对把电子数据归入视听资料的主张表示质疑。他们认为："视听资料仅是通过声音、影像的形式被人所感知的证据形式，电子数据所表现的证据形式具有多样性。同时，从证据学角度来看，电子数据在证据收集、证据能力、证明力等方面与视听资料也有很大的区别。"[1]

"书证说"来源于世界各国的惯例。该说认为，将电子数据证据作为一种书证来看待更为科学、妥当。有人援引1982年欧洲理事会的秘书长报告《电子处理资金划拨》以及1982年英国A.克尔曼、R.塞泽的著作《计算机在法庭上的地位》，指出其中已经明确计算机记录相当于书面文件作为证据的看法，进而认为将电子数据证据划入书证更符合其特点和国际规范。有学者进一步论述："虽然电子数据证据可显示为'可读的形式'，是'可视的'，但'可视的'并不都是视听资料；而电子数据证据多用其记载的内容来证明案情，这一特征与书证的本质属性更为相似。"[2]

"独立说"认为电子数据具有其作为证据形态独立存在的价值，不能为其他证据形态所包含，应当认可其独立性。有学者指出，任何一种传统证据都无法将电子数据证据完全囊括进去。电子证据性质上属于混合型的证据，是电子书证、电子物证、电子证言与电子视听资料的混合体。除了要符合《刑事诉讼法》关于证据的定义外，还应支持通过立法形式对电子数据的独立性予以明确。

除了以上三种主流学说外，有少数学者主张将电子数据证据分别划归于不同类型的传统证据，并且指出电子数据证据是一种革新形式的证据。

在对电子数据予以立法确认之前，对电子数据的归属及独立性问题有过激烈的争论。而随着法律对电子数据独立性的确认，关于电子数据证据的归属及独立性的争论可以告一段落了。当然，在法律上解决了的问题在学术上

---

〔1〕 张剑. 对新《刑事诉讼法》中电子数据法律地位的思考. 法制与社会, 2013 (12) 上：188.

〔2〕 汪振林主编. 电子证据学. 中国政法大学出版社, 2016：11.

并不会就此尘埃落定。法律虽已将电子数据证据确认为独立的证据，但新的问题会随之出现。一方面，如何认定电子数据证据与其他证据的关系。如何认识电子形态的音像作品？我国立法上关于视听资料的概念内涵采取了"狭义说"，认为"电子数据是以载体形态所确定的证据种类，视听资料是以其内容表现形式而确定的证据种类"。在 2012 年《刑事诉讼法》未修改之前，通常将此类型的证据形态解释为视听资料，在相关程序法条文修改之后，实际上已经对视听资料的原本性质进行了抽离，视听资料表现的只是数据本身，电子数据的存在才是其法律意义上作为证明的本质所在。此时的视听资料已不再是《刑事诉讼法》修改前的视频资料。因此，在电子数据证据成为一种法定的证据后，应对电子数据进行扩大解释，使其不再局限于表达载体的物理特征或者生物特征。通过取消视听资料的规定，不再作为一种独立的法定证据形态，从而更加方便快捷地解决理论和实务的难题。[1] 另一方面，2012 年《刑事诉讼法》增加"电子数据"为法定的证据种类，电子数据看似取得了合法的"名分"和地位，但法条中又采用将视听资料与电子数据并列的法律条文表述方式。这种表述只是 2012 年《刑事诉讼法》给予电子数据法律地位的"权宜之计"。这样，既不与我国目前刑事诉讼领域的证据相关立法冲突，又解决了学界长期争议的电子数据的法律地位问题。但如此并列并没有真正赋予电子数据完全独立的法律地位。[2]

二、电子数据获得证据能力的要求与规则

证据能力是大陆法系证据理论中的基本概念，相当于英美法系证据理论的"可采性"。证据能力与证据方法相联系，又称证明能力或证据资格，亦称证据适格性，是指"证据方法符合法律的规定可被允许进入诉讼，进而能够作为证明案件事实之用的能力"[3]。凡属可受容许、可被法院接受的证据皆属于适格的证据。

"证据能力的法定是证据规则对案件中所有证据性材料得以进入诉讼程序作为证据方法使用的第一道筛选程序。这就意味着，某些证据性材料即便

〔1〕　郭威威. 电子数据地位的再认识. 法制与社会. 2017（4）上：118.
〔2〕　张剑. 对新《刑事诉讼法》中电子数据法律地位的思考. 法制与社会. 2013（12）上：190.
〔3〕　刘显鹏. 电子证据认证规则研究——以三大诉讼法修改为背景. 中国社会科学出版社，2016：80.

从情理上和逻辑上可以非常清晰地证明待证案件事实，但由于其本身在形式、获取途径以及使用方式上与规则确定的相关要求相悖，则亦不得不予以舍弃。从规则对证据能力提出的各项要求的出发点来看，宏观上乃基于相关司法政策贯彻和落实的考量；中观上乃是基于相关案件类型化处理的考虑；微观上则是基于诉讼细节中各项利益的平衡。从世界各国现有关于证据能力规则的内容来看，一般乃是从三个方面或层次对证据能力予以限制：一是证据方法本身必须具备合法的形式；二是证据方法的来源合法；三是证据方法必须经法定人员依法定程序收集、提取和使用。"[1]

（一）电子数据获得证据能力的要求

如上所述，电子数据证据属于科学证据，对科学证据的证据能力重点把握其合法性、相关性和可靠性。即重点把握电子数据证据是否满足合法性、相关性和可靠性的要求。

1. 电子数据证据的合法性要求

从证据获取主体和获取程序方面进行把握，电子数据证据要具备证据能力就必须在合法性方面满足主体合法和程序合法的要求。就是说，获取电子数据的机构和人员必须符合法律规定，在获取电子数据过程中必须按照《刑事诉讼法》（含《刑事诉讼法解释》）、《公安机关办案刑事案件程序规定》、《收集提取和审查判断电子数据问题规定》的规定获取。主体不符合要求，取证程序不当都可能导致电子数据失去其证据能力。正如《刑事诉讼法解释》第九十四条之规定："视听资料、电子数据具有下列情形之一的，不得作为定案的根据：（一）经审查无法确定真伪的；（二）制作、取得的时间、地点、方式等有疑问，不能提供必要证明或者作出合理解释的。"

当然，实践中如何把握电子数据证据的合法性相当复杂。对于合法性方面不足或有欠缺的证据一般衡量其生成、取得等环节，如不合法的程度足以影响证据的真实性，或足以影响某一种更大的权益的，则可以考虑对其加以排除。比如，没有履行法律手续而窃取的电子数据，通过非法搜查、扣押等方式获取的电子数据，通过种植"木马"而获取的电子数据等一般不予采纳。

---

[1]　刘显鹏. 电子证据认证规则研究——以三大诉讼法修改为背景. 中国社会科学出版社，2016：80.

尽管颁布了《收集提取和审查判断电子数据问题规定》，但是关于电子数据取证的法律依据仍然不足。相关法律、法规的内容过于原则和宽泛，缺少可实施性。为了更好地把握电子数据证据的合法性，必须在立法上加强建设。

2. 电子数据证据的相关性要求

具有相关性的证据即可采，不相关的证据则不可采。究竟是否可采或相关应从经验和逻辑两个方面进行把握。电子数据证据要具备证据能力就必须在逻辑和经验上与案件待证事实具有实际关联。

这种关联性判断一般考虑以下因素：一是电子数据的具体内容；二是电子数据对案件有无实质性意义；三是电子数据与案件事实的关系；四是电子数据与其他证据的关联；五是法律上的具体要求。对于一时不易判明的电子数据，宜采取宁多勿缺的原则，先加以提取收集。

当然，这是一种判断性的把握。取证人员的知识、能力、素质等直接影响对电子数据相关性的判断。知识丰富、能力强、素质高的人通常善于总结经验，能够作出合乎逻辑的判断。相反，知识贫乏、能力弱、素质低的人在经验和逻辑的把握方面就相对欠缺，容易出错。因此，从经验和逻辑方面把握电子数据的相关性时，对取证主体也提取了要求。

3. 电子数据证据的可靠性要求

电子数据证据要具备证据能力就必须经得起在科学方法原理和人类解读方面的一致检验。

对电子数据证据的可靠性需借助专业知识和技能进行把握。对电子数据的可靠性验证通常有四种方式：一是案件双方当事人自认；二是适格证人的具结；三是有效技术或程序手段推定；四是适格专家取证和鉴定。只要通过上述任何一种方式检验的，则认为该电子数据证据经过了鉴证，经过鉴证的电子数据应认定为是可靠的。

实践中，对电子数据的可靠性验证是十分困难的。由于电子数据的无形性、脆弱性、潜内性、发散性、多样性、分离性等特点，人们对它的把握十分不易。要对电子数据实现科学性的把握，必须借助专业人士和专门技术，即要求取证主体是专业人士，而且专业人士要有专业知识和技能。这种专业知识和技能具有特定性，通常是指技术性方面的知识和技能。就电子数据证据的可靠性把握而言，专业知识和技能通常是指信息技术特别是计算机技术、电子技术、网络技术等方面的知识和技能。有些问题必须要有专门的计算机、网络知识和技能才能作出该电子数据是否可靠的认定。[1]

（二）完善电子数据证据能力规则

确立电子数据证据能力规则的目的在于基于电子数据的技术特征和流变性的特点，修正传统取证规则所带来的不确定性。要完善电子数据的证据能力需遵循以下规则：

1. 在场非接触规则

在传统案件侦查中，有时可以允许犯罪嫌疑人在现场指认、清点赃款赃物，但在涉及电子数据的犯罪现场，必须严禁犯罪嫌疑人接触电子设备和关键部位。在这方面，国外的警方制定有同样的规则。比如，英国警方规定，在场时同时要将计算机及电源处的人清散；美国警方规定，将现场利益相关人员分离，记录下他们各自所处的位置，不允许任何人接近计算机或电子设备。当然，这项规则也有例外，如有些网站、账号、数据库需要犯罪嫌疑人当场核实，提供链接、密钥、电子指纹或其他线索，此时接触可能是必要的。当然，此时的接触须在专业人士的严密监控下进行。

2. 同时性规则

在传统案件侦查中，对痕迹物品的收集提取和记录有时是可以分离的，即可以先提取，事后再记录分析。但是，面对易失数据、网络数据，运行相关程序时就需对数据当场进行采集，同时进行完整性校验。否则，时过境迁，电子数据将失去其证据能力。

3. 完整镜像规则

传统案件中对原物本身提取样品或样本分析，大多数电子设备中的数据，不能在原始数据上操作，需要设立镜像并进行哈希值验证完整性之后才能进行具体操作。

4. 鉴示规则

有学者称之为鉴真、鉴证，不但在举出某一证据时能证明是真实可靠的，而且能够让证据背后隐秘的数据、符号、编码通过设备展示在法庭上。就审判而言，电子数据不但要鉴"真"，更要在法庭上被诉讼主体感知，突出证据的"展示"，不但示其鉴真的过程，更要示其显示的过程。鉴于电子

---

[1] 王立梅，刘浩阳主编. 电子数据取证基础研究. 中国政法大学出版社，2016：14.

数据的无形性、潜在性特点，初步收集的电子数据并不能显示数据的证据特性，也基本不具备在法庭上作出可视可听的展示条件。初步的编码、程序、字符不具备证据能力，未通过科学手段和设备所进行的验证和鉴定无法使人信服。即使通过验证和鉴定，也需要规定验证和鉴定的主体、程序。如果这些鉴示规则不确立，很难将初步收集的电子数据作为证据使用。因此，需要严格规范电子数据的验证、鉴定检验程序和相关规则。实践中，侦查与鉴定检验要明确分离，要体现出整个收集过程和证据来源的技术规范性与程序合法性。鉴定检验要由专业权威的鉴定机构进行，通过专业的、权威的鉴定检验人员的工作，展示出真实的、关联的、合法的鉴定检验结果。

5. 有证搜查限制规则

电子数据的获取也需要搜查证，但在特殊情形下可以进行无证搜查。鉴于电子数据的特点及传输方法的开放性和无形性，取证机会稍纵即逝。因此，有证搜查应允许有例外情形。有时，甚至在多数情况下对电子数据可以进行无证搜查。只要是例外的特殊情形，无证搜查不影响电子数据的证据能力。当然，这种对有证搜查的例外是相对的，不能绝对化。

6. 适度取证规则

在电子数据取证时，涉及网络谣言或网络散播恐怖信息等取证时，应当坚守适度取证规则。"例如，诽谤罪中利用信息网络诽谤他人信息被转发次数达到500次以上，点击、浏览到5000次以上，制作、复制、出版、贩卖、传播淫秽物品牟利罪中电子信息实际点击数达到10000次以上，涉及儿童的淫秽信息点击数是5000次以上，对于这些次数，取证时要适度，特别是对于转发的理解，现在资讯发达，一条信息传播出去，转发是不受犯罪嫌疑人意志控制的，分布在各种平台、终端、站点、线路中。如果过于强调收集全部证据，一是降低司法效率，二是可能为追求标准造成惩罚过度，三是可能为凑次数形成潜在的钓鱼执法。实际工作中，在主要媒体上收集有较大影响的相关数据即可。"[1]

7. 例外规则

首先，传闻排除规则的例外规定。传闻排除规则来源于英美法系，在我国还没有真正地确立，出于社会利益的权衡，国外规定了一系列的例外，电子数据如果能引进这一规则，将能详细区分证据能力，通过电子数据的转化

---

〔1〕 陆栋. 试论电子数据取证规则. 北京警察学院学报，2015（5）：28-29.

直接打印或输出结果仍然可以作为证据使用，不用作为复制件或证明来源。其次，最佳证据的例外规则。一般认为，只要能够反映出该电子数据的，通过视觉可读的打印输出或其他输出都是原件。但对于中国来讲，第一种例外规则可以接受，而第二种例外规则在中国司法实践中，通过司法解释对书证类证据进行了有限认可，但是对于电子数据，其被篡改的可能性极大，因为在线即时信息通过技术手段也可修改，即使要用也必须经过上文提到的类似公证方式排除无关数据干扰的规范化和程序化处理。[1]

三、电子数据的证明力

证明力又被称为证据价值，是指法官通过自由心证判断证据资料在多大程度上可以证明案件事实。证明力是大陆法系证据理论中的基本概念，相当于英美法系证据理论的"关联性"。电子数据证据的证明力，"即指按照事物发展的一般进程，有关电子数据资料与案件的特定事实相联系，能在某种程度上证明特定案件事实在过去、现在或将来的存在与否。"[2]电子数据的证明力体现在两个方面：一是形式证明力，是指电子数据真正成立之时所存在的证明力。也就是电子数据的制作者在制作电子数据时的真实意思表示。二是电子数据的实质证明力，是指电子数据的实质内容对案件事实证明作用的大小。

（一）电子数据的证据能力与证明力的关系

如上所述，证据能力是指特定电子数据证据符合法律的规定可被允许进入诉讼，进而能够作为证明案件事实之用的能力。

电子数据证据的证据能力与证明力同是电子数据证据规则中最基本和最重要的内容。

电子数据证据首先必须是法律所允许的，然后才能谈及其所载证据资料的证明力问题。也就是说，具备证据能力的电子数据证据才具有证明力，前者是后者的前提和基础。反之，不具备证据能力的电子数据，即使法官认为

---

〔1〕 陆栋. 试论电子数据取证规则. 北京警察学院学报，2015（5）：29.
〔2〕 刘显鹏. 电子证据认证规则研究——以三大诉讼法修改为背景. 中国社会科学出版社，2016：226.

其内容有可能是真实的，也不能据以作为判断的依据。此即为证据能力对证明力的限制作用，具体体现在积极限制与消极限制两种方式上。积极限制是指法律对电子数据证据的来源、方式和程序加以规定，符合这些限制性要求的电子数据证据才能成为法官判断证明力的对象。消极限制是指法律从否定的角度排除不能作为法官判断证明力对象的电子数据。总之，证据能力规则的设置是为了剔除对证明力判断起消极作用的某些电子数据，使得对证明力的判断更加迅捷和有效。电子数据的证据能力和证明力在某些场合也可能发生转化。例如，某些电子数据材料由于本身的特点导致其虚假的可能性非常高，依经验法则判断，其对案件事实所能起到的证明作用远远小于不采用它所可能带来的弊病，此种情形下，法律便绝对性地否定了其作为证据的能力。这种情况实际上是将证明力的问题转化为证据能力的问题。[1]

证据能力关乎某项电子数据证据材料是否具有证据资格，而证明力则关涉某些电子数据材料证明效果的大小，两者存在诸多方面的不同。第一，性质不同。电子数据的证据能力是一个法律问题，属于可采性的范畴，其所要解决的是电子数据能否允许在法庭上为法官进行证据调查的问题。证明力则是一个事实问题，属于关联性的范畴，其解决的是电子数据证据能够在多大程度上对案件事实起证明作用的问题。第二，要求不同。对于证据能力，法律上多从消极层面对其作限制性规范，法官对电子数据证据能力的判断必须依据法定的证据规则进行，不能作自由判断。第三，表现形式不同。由于证明力之评价乃事实判断范畴，与价值判断无涉，故对于电子数据的证明力的判断法律通常不设统一标准，原则上委诸法官自由心证，与诉讼运作样式也并无关联。第四，规则不同。证据能力的有无，主要从电子数据证据的收集主体、收集程序及形式的完备性等方面是否合法进行判断；而证明力的强弱之判断则是在考虑具有证据能力的电子证据同案件事实的客观、内在联系及其联系的紧密程度的基础上进行。[2]

（二）电子数据证明力审查标准

电子数据证明力审查，是指审查认定电子数据本身或电子数据与案件中

〔1〕 刘显鹏. 电子证据认证规则研究——以三大诉讼法修改为背景. 中国社会科学出版社，2016：226.

〔2〕 刘显鹏. 电子证据认证规则研究——以三大诉讼法修改为背景. 中国社会科学出版社，2016：227.

其他证据一起能否证明待证事实以及在多大程度上能够证明待证事实。

对于电子数据证据之证明力的审查，一般由法官根据案件的实际情况进行，属于法官自由心证的范畴，不应由法律预先规定，即不得违背经验法则，同时也不得违背伦理法则。

综观当前学界的主流观点，对电子数据证明力的审查标准主要有以下几个：可靠性、完整性、关联性、真实性和充分性。这几个标准有重复之处。可靠性是指电子数据在内容上是否具有真实性。真实性是指电子数据在内容上是否可靠。可靠性和真实性其实是同一个意思，表达的都是电子数据的内容要真实可靠，不能有删除、修改、增加等情形。因此，这两个标准可以合并为一个标准。充分性是指与案件事实有关联的电子数据是否全面收集。电子数据收集得充分与否对法官而言其实是无法作出判断的。因此，我们主张审查电子数据的标准主要有三个：可靠性、关联性和完整性。[1]

1. 电子数据的可靠性审查

审查电子数据的可靠性可以参阅《电子签名法》第八条之规定：（1）生成、储存或者传递数据电文方法的可靠性；（2）保持内容完整性方法的可靠性；（3）用以鉴别发件人方法的可靠性；（4）其他相关因素。

根据本条规定，对于电子数据是否真实可靠，需要从电子数据的相关信息来加以核实，确定其内容能够作为证据加以使用。通常从以下几个方面对电子数据的可靠性进行审查：

（1）电子数据形成来源和生成机制是否有效。电子数据的形成跟计算机软件或操作人员的操作有很大的关联，通常需要考虑电子数据的形成系统是否在正常状态下形成，生成电子数据的相关程序是否正常运行。从硬件和软件两方面仔细核实电子数据的来源和生成机制是判断电子数据是否可靠的前提。

（2）电子数据的存储方式是否合法、合理。对电子数据需要考虑其存储的媒介是否合法，存储的方法是否合理，进行储存操作的人员是否公平公正，在存储过程中是否被非法干扰、恣意篡改等。

（3）电子数据的提取过程是否科学。电子数据复杂多样，且无形、潜在、脆弱，在提取过程中，应进行分析判断，有针对性地提取与案件有关联的电子数据，从庞杂的电子信息中提取出具有客观有效、能用作证据的电子

---

〔1〕　柴静．电子数据的证明力研究．成都理工大学学报（社会科学版），2017〔2〕：40.

数据。

（4）电子数据的传送过程是否可靠。电子数据的特点决定了对其传送的严格性。必须严格按程序传送，才能保证电子数据在传送过程中的完整性。对于传送人员应该进行核查，确实其公正公平与独立性，还需考虑在传送过程中有无被截获加密篡改的可能。

（5）电子数据的最终核实是否由专业人士做全面评估。电子数据容易被删减、仿造，所以对于最终的电子数据要进行评估。这种评估必须由专业人士进行，而且评估要全面。要由专业人士核实电子数据从生成到最终定位其真实性没有遭到破坏。

（6）通过其他因素审查。一是通过认定电子数据所依托的电脑及系统程序来核定其承载的电子数据的可靠性；二是通过电子数据是由对其中一方不利的当事人提交来推断电子数据的可靠性；三是通过电子数据是在某一活动中正常生成的来推断电子数据的可靠性。

2. 电子数据的关联性审查

在判断电子数据对案件是否有某些关联或关联程度大小时，通常从以下几个方面进行审查：

（1）电子数据到底能证明什么样的案件事实。

（2）电子数据是否有某些数据能够反映案件的内在实质。

（3）电子数据是否有效解决案件中的异议，帮助解决案件的疑难问题。

3. 电子数据的完整性审查

电子数据的完整性包括两项内容：一是电子数据本身；二是电子数据所依赖的电子系统。

对电子数据本身的完整性审查从内容和形式两方面进行。从内容角度来说，电子数据的完整性主要体现在电子数据在生成过程中和生成之后未受到人为蓄意的破坏，其内容具有真实本原性，没有被篡改、删减。当然，如果对电子数据进行格式上的调整等并不影响任何实质内容的一些举措并不能制约电子数据的完整性，进而并不影响其法律效力。从形式上来说，任何影响电子数据的举措，包括格式上的调整等都被视为对电子数据形式完整性的破坏。

电子数据所依附的电子系统的完整性可以从以下几个方面来审查：一是电子数据系统在案件发生过程中是否处于正常运转状态，如果处于正常运转状态，便能推断该电子数据具有完整性。二是如果电子数据需要通过后期处理制作才能成形，这样的电子记录的完整性就值得怀疑。三是如果电子数据是由对其中一方不利的当事人提交的，可以推断出电子数据具有完整性。[1]

虽然就如何判定电子数据的可靠性、关联性、完整性存在一定的规则和通说观点，为法官认定电子数据的证明力提供了重要的参照标准和理论依据，但是由于电子数据的技术特征，对可靠性、完整性的认定对于不具备计算机、网络知识的法官来说仍然具有很大的难度。所以，必要时需要聘请鉴定人或技术专家进行电子数据鉴定或对电子数据提供咨询意见，以帮助法官对电子数据的产生、传输、存储是否可靠和完整作出认定。

（三）电子数据证明力高低判断

关于电子数据证明力的判断存在以下几点共识：

1. 经过公证的电子数据的证明力大于未经过公证的电子数据的证明力

涉及电子数据的公证，除了一些传统公证手段外，国内外都出现了"网络公证"。基于公证机构的特殊性与中立地位，我国法律对公证取得的证据承认其预决的真实性，除有相反证据外不得推翻。公证的预决效力当然地适用于电子数据。因此，经公证的电子数据的证明力要大于非经公证的电子数据的证明力。当然，这并不意味着对已经公证的电子数据不能通过其他证据予以推翻。从实践中看，对电子数据的收集过程进行公证的有效方式是开展网络公证。网络公证，要求公证员除具备公证知识外，还要懂得网上监控系统的使用。

2. 在正常业务活动中制作的电子数据的证明力大于为诉讼目的而制作的电子数据的证明力

从实际情况看，电子数据制作的目的主要有两种：一是开展正常业务活动中制作的电子数据；二是为诉讼目的而制作的电子数据。开展正常业务活动而制作的电子数据即业务记录，这种记录往往拥有可靠的信息来源、计算机存储设备和完善的规章制度保障，它的形成通常经过系统的核对，且为人们在实际业务活动中所信赖，因此一般可推定其属实。为诉讼目的而制作的电子数据难以杜绝制作者为胜诉而进行人为选择甚至造假的可能性，所以它

---

〔1〕　汪振林. 电子证据学. 中国政法大学出版社，2016：308.

的可靠性较低。

3. 由不利方保存的电子数据的证明力最大，由中立和第三方保存的电子数据的证明力次之，由有利方保存的电子数据的证明力最小

在诉讼提起之前，电子数据既可能是由当事人自己，如从事电子商务的双方保存的，也可能是由中立的第三方，如 ISP（互联网服务提供商）、EDI 服务中心保存的。这些主体由于身份不同，与案件的利害关系也不同，这就导致它们对证据的处理可能大相径庭。

4. 由核证程序产生的电子数据具有较高的证明力

除了以上电子数据特有的证明力标准外，我国《关于民事诉讼证据的若干规定》第七十七条还规定了对所有证据都适用的标准，比如，原始证据的证明力大于传来证据；直接证据的证明力一般大于间接证据；证人提供的对与其有亲属或者其他密切关系的当事人有利的证言，其证明力一般小于其他证人证言。这些标准同样适用于电子数据。[1]

---

〔1〕 汪振林．电子证据学．中国政法大学出版社，2016：309．

第三章 电子数据取证工具*

在电子数据取证过程中，涉及磁盘分析、加解密技术、日志信息挖掘、数据库技术、大数据分析等方面，涉及面十分庞杂，如果没有合适的工具，单靠人工就会大大降低取证的效果，也会影响取证结果的可靠性。随着大容量磁盘和动态证据信息的出现，手工取证已显得力不从心，所以电子数据取证需要一些相应的工具支持。电子数据取证成功与否在很大程度上取决于侦查人员是否掌握了足够的、合适的、高效的取证工具的使用。[1]

美国电子数据取证技术研究起步较早，取证工具和技术发展较为完善，目前美国公司的产品在电子数据取证市场上占据垄断地位。

20世纪90年代之前，并没有成熟的商业版取证工具，电子数据收集提取依靠取证人员的技术能力，使用的取证工具往往是通用软件。当时的取证专家往往是精通计算机的人士。

取证工具的初步发展始于20世纪90年代中期。由于信息技术的渗透，司法机关对电子证据的收集工具和技术的需求强烈。在此背景下，计算机取证技术及产品得到了快速发展。1999年，第一代商业电子数据取证工具——EnCase发布，随后取证工具进入快速发展轨道。

随着取证技术的发展，写保护设备、复制机成为取证的标准装备。但是，由于存储介质接口多样，进行电子数据取证时，往往需要各种各样的接口。而取证设备通常只能支持一至两种接口。如何将众多种类的接口统一到一种或两种接口而不影响获取的分析速度，这是当时无法解决的问题。此

---

* 在介绍电子数据取证工具时参阅了厦门市美亚柏科信息股份有限公司、上海蓝灯数据科技有限公司、福建中锐电子科技有限公司提供的相关资料。另外，在撰写本章过程中还参阅了相关网上资料，特此说明。

〔1〕 汪振林．电子证据学．中国政法大学出版社，2016：150．

外，随着计算机性能的快速进步，硬盘容量飞速增长，导致硬盘复制的时间大幅增加，极大地影响了取证的工作效率。

21 世纪初期，国际电子证据相关硬件产品研发十分强劲。在那个时期，硬盘复制机的速度从每分钟 1.8GB 到 3GB 不断攀升，写保护接口从单一的 IDE 硬盘接口到 SCSI、SATA、USB、Firewire 等。这些产品的出现，对国际电子数据鉴定技术的发展起到了极大的推动作用。

2010 年以后，国外许多著名的公司，包括 Guidance Software、AccessData 等计算机取证公司开始大规模地普及相关取证工具和软件。开发了 EnCase、FTK、X-Ways Forensics、Nuix、iLook、IEF 等有影响力的产品。

早期，我国的电子取证工具完全依赖进口。2004 年，上海金诺网安发布 DiskForen，这是国内首款电子数据取证工具。随着电子数据渐渐成为一种十分常见、不可或缺的证据后，国内不少企业开始关注电子数据取证工具的研发。目前，研发电子数据取证工具实力较强的企业有美亚柏科、效率源、天宇宁达、瑞源文德、盘石软件、掌控等。与国外电子数据取证工具相比，国内取证工具使用简单、取证更有针对性，升级服务较稳定。[1]

在取证工具的标准化上美国仍然走在了前列，许多国家直接引用美国的取证标准。

美国国家标准与技术研究院（NIST）成立于 1901 年，是一个非监管性质的联邦部门，是美国测量技术和标准的国家级研究机构。

NIST 认为，随着电子数据取证工作复杂性的增加，取证设备软件本身的可靠性成为影响取证结果的关键性因素之一。电子数据取证设备软件自身的可靠性和取证结果的准确度迫切需要权威验证。因此，NIST 于 2004 年开展了计算机取证工具测试项目（CFTT）。该项目得到了美国国土安全部和执法标准办公室的资助，并持续至今。[2]

目前 CFTT 已经成为国家与标准研究院、国土安全部、司法部三方共同维护的项目。这个项目同时为联邦调查局、美国防御网络犯罪中心、美国国税局、美国海关和边境保护局、特勤局等执法部门服务。2013 年，美国国土安全部的科学技术部门建立了网络取证电子技术资料交换中心（Cyber-FETCH），与 CFTT 一起进行电子数据取证工具的评测。通过 CFTT 项目，美

〔1〕 刘浩阳，李锦，刘晓宇主编．电子数据取证．清华大学出版社，2015：91.
〔2〕 王立梅，刘浩阳主编．电子数据取证基础研究．中国政法大学出版社，2016：120.

国建立了全美统一的取证工具基线，节约了各执法机构进行取证工具测试的成本，确保执法部门、司法部门以及其他法律组织在电子数据取证中使用工具的有效性。NIST 甚至根据该项目手机取证设备测试过程中反映出来的情况对 SP800-101 移动智能设备取证指南进行了修订。此外，为了科学分类，CFTT 项目采用类似开源的方式与网上取证社区共同探讨分类问题。目前这套包含取证工具的规格说明、测试程序、测试标准、测试序列等的标准体系，分为磁盘镜像工具、取证介质准备工具、写保护设备（软件）、写保护设备（硬件）、数据恢复工具、移动终端取证工具、数据分析工具、数据搜索工具 8 类。2015 年，NIST 和 NIJ（全国司法学会）联合发布了《计算机取证工具测试手册》的修订版，里面包括了上述 8 种工具的测试报告。CFTT 对取证设备的测试过程包含两个程序：一是测试需求生成过程；二是取证产品测试过程。

美国政府通过 CFTT 和 CyberFETCH 尽最大可能保证了从需求到结果的公开性和公平性，从而确保了取证结果的公信力。DHS 网站可以按照不同的操作系统平台和功能过滤出对应的取证软件，便于执法部门选择。CFTT 通过出台标准和指南相结合的方式为执法部门的取证规范提供支持，大部分已经出台的文件都是指南的性质，不具备强制性，而是为执法部门的相关工作提供实施的思路和方法。

NIST 建立的取证设备的测试机制对于我国建立相应的取证设备准入制度具有重要的借鉴价值。[1]

一、镜像工具

目前对硬盘数据的获取主要采取对硬盘进行镜像的方式。市场上，镜像工具较多。镜像主要通过硬件和软件工具实现。

（一）硬件产品

最常见的硬件镜像工具是硬盘复制机。硬盘复制机又称硬盘克隆机，它基于位对位方式对硬盘进行物理复制，将硬盘中的所有数据进行克隆。同时，硬盘复制过程中会严格对源盘数据进行写保护。常规的复制方式有：硬

---

〔1〕　王立梅，刘浩阳主编. 电子数据取证基础研究. 中国政法大学出版社，2016：122.

盘到硬盘，分区到分区，硬盘到分区，分区到硬盘，硬盘到文件，分区到文件等。由于这种复制是物理复制，所以能够完整保留数据的存储记录。因此，可以进行数据恢复等操作。由于硬盘复制可以脱离计算机操作，所以可以使硬盘的传输速度得到最大化。

用硬盘复制机制作出的硬盘副本与原始硬盘的数据完全一致，还可以通过校验算法进行一致性验证。通过校验一致性，硬盘副本能够作为证据被认可。目前，硬盘复制机主要的校验算法有 SHA-1、SHA-256、MD5 和 CRC-32。当然，严格的数据校验会影响磁盘的镜像速度。

在具体操作过程中，要注意接口的匹配问题。计算机硬件接口、硬盘复制机接口类型众多，不一定会匹配。如果计算机硬件接口与硬盘复制机接口不匹配时，需要使用特定的转换卡，将接口转换为标准的硬盘接口后方可进行操作。

目前，硬盘复制设备通常都是针对 TB 级硬盘打造的。运行速度快的硬盘复制机运行速度可达每分钟 26GB。美国 Logicube 公司的 Talon 系列、美国 ICS 公司的 SOLO 系列和美国 Guidance Software 公司的 TD 系列，是目前市场上较为先进或较好用的硬盘复制机。厦门市美亚柏科信息股份有限公司生产的系列产品是国产产品中比较先进的。

1. Forensic Falcon

Forensic Falcon 硬盘复制机是 Talon 系列产品之一，于 2013 年 5 月上市，号称创造了电子数据取证产品的新标准。它制作镜像的速度达每分钟 20GB，允许用户从 4 个有写保护的源盘复制到 5 个不同的目标盘，支持从网络位置获取镜像，也可以将获取的镜像保存到某个网络位置。Forensic Falcon 还允许用户同时镜像、擦除、哈希，能够将同一个源盘以不同的格式制作镜像到不同的目标盘。Forensic Falcon 还有一个独特的优势，即利用目标盘可能比用源盘更快地进行并行镜像 + 校验技术。

Forensic Falcon 体积小，便于携带。盘上带有真彩色触摸屏，特别适合户外工作。它具有可扩展性。它的套件支持 SAS/SATA/USB/Firewire 接口，通过转接头可支持 IDE、eSATA、SATA micro-

图 3-1　Forensic Falcon 硬盘复制机

SATA 和闪存盘（CF 卡、SD 卡等）。

2. Solo4 G3

Solo4 G3 是新一代 Solo 产品，是 Solo4 的升级版。Solo4 G3 的复制速度达每分钟 27GB。Solo4 G3 与 Solo4 的大部分功能相同，支持同时对两块 IDE、SATA、SCSI、SAS 硬盘以及 USB 移动存储设备进行取证。Solo4 内嵌的 RAID 功能模块，支持对 RAID 硬盘进

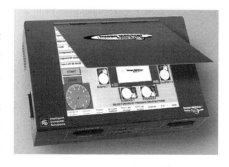

图 3-2　Solo4 硬盘复制机

行取证，同时支持免拆机取证，即无须对可疑计算机中的硬盘进行拆卸，可通过 USB 或网络接口直接获取可疑数据。Solo4 G3 还能够对 Android、iOS 手机进行快速取证。

3. TD3

TD3 是 Tableau TD3 的简称。TD3 是最新一代的 TD 系列产品。第一代 TD 硬盘复制机 Tableau TD1 支持 1 对 1 硬盘对硬盘和硬盘对文件的复制，源盘和目标硬盘可以是任意的 SATA 或 IDE 硬盘的组合。和其他的 Tableau 产品一样，TDI 识别和支持镜像硬盘的 HPA 和 DCO 保护区域，1394A 接口可以升级至最新固件版本。Tableau TD2 可以镜像获取 SATA 和 IDE/PATA 硬盘，获取的速度达每分钟 9GB。TD2 提供硬盘对硬盘和硬盘对文件的复制方式，可以进行 1 对 1 和 1 对 2 的复制设置。TD2 的镜像文件格式有 DD 镜像、压缩的 E01 文件和 DMG 输出文件。Tableau TD3 是第三代 TD 系列产品。产品优势在于可以直接连接到 TD3 上的 TDS SATA 硬盘外壳。如果要复制 SA-TA、USB、Firewire 等接口硬盘上的数据，直接连接到 TD3 上即可。如果要对 SAS 和 IDE 硬盘做镜像，通过 TDPX 适配器连接 TD3 即可。TD3 还有一个 Gigabit Ethernet 连接，可用来镜像或者上传先前镜像的数据到 iSCSI 或 CIFS 网络文件中。当需要从远程的存储设备上预览或收集数据时，TD3 可以通过设置 IP 地址，让远程 PC 通过互联网访问 TD3。存储设备连接到 TD3 的写保护端口时就可以作为一个 iSCSI 目标。TD3 带有高分辨率的彩色触摸屏。通过向导，操作者可以很方便地

图 3-3　TD3 硬盘复制机

选择 TD3 的功能。TD3 可以用软键盘来进行日志输入、操作命名或网络连接设置等，还可以通过 USB 接口连接一个外部物理键盘进行输入。

（二）软件产品

除了硬件产品，侦查人员还可以使用镜像专用软件、取证分析软件、dd 命令等进行镜像。

1. dd 命令

dd 是 Linux/unix 下的通用克隆、镜像程序。dd 的复制完全基于二进制的物理复制，所以很准确。只要是硬盘上存在的分区，都可以原原本本地复制，无论操作系统是否认识。由于在 Linux 下所有的硬件都表示为文件，所以可以进行任何复制、克隆。Unix 下的 dd 操作与 Linux 下的雷同，只是/dev/hda 的称谓有所变化。

2. Paraben's Forensic Replicator

Paraben's Forensic Replicator 是美国 Paraben 公司的数据获取工具，支持对软盘、光盘、硬盘、ZIP 盘及各种闪存卡数据的获取。它可以大范围地获取来自磁盘或硬盘里的电子媒介信息，还可以压缩和分割图像，方便读入最普遍的取证分析程序。

3. IXimager

IXimager 是美国 Perlustro L. P. 公司开发的一款电子取证工具，以启动速度快、容量小、功能强而著称。IXimager 可以从 U 盘、光盘、闪存或服务器启动，可以重建 Windows 或 Linux 下的文件系统及磁盘阵列，获取并有效验证其中的数据。IXimager 支持在 Windows 环境下不能使用的镜像工具，也支持热插拔和一些即插即用工具。IXimager 是一个被 NIST 用于测试写保护设备的工具，成为 NIST 的标准工具。

4. MacQuisition

MacQuisition 是美国 BlackBag Technologies 公司开发的一款苹果系统数据获取工具，它通过 USB Key 直接启动，免拆机获取物理镜像，支持 USB、雷电、火线等接口的高速数据导出。MacQuisition 在获取镜像的同时，对原设备进行内核级写保护。MacQuisition 可以同时支持目标数据获取、实时数据获取及镜像获取。MacQuisition 在研发中充分考虑到 Mac 硬盘驱动器的复杂性、数据获取的时效性及对硬件的潜在破坏，它支持超过 185 种不同 Macintosh 系统计算机种类。

5. FTK Imager

FTK Imager 是 AccessData 公司出品的一款免费镜像软件。其具有数据预览、数据镜像制作、加载数据镜像等功能，支持目前主流文件系统，能够加载和生成包括 dd、E01、Smart、AFF 格式的数据镜像。FTK Imager 和 Guidance Software 公司的 EnCaseImager 基本相似，但 FTK Imager 与其他厂商的镜像工具相比，还具有将镜像文件模拟为物理磁盘及逻辑磁盘的功能。

二、写保护工具

"不能改变原始证据数据"是电子数据取证最为重要的基本原则，这一基本原则被行业和实践者普遍认可。对待取证的存储介质进行写保护，无疑是防止存储介质上的数据不被修改的最好解决方法。对于电子数据取证，写保护工具很重要，通过写保护工具可以使数据单向传输而不必担心改变源存储介质的数据。

写保护分为硬件写保护和软件写保护。硬件写保护是指通过硬件设备来使数据进行单向传输；软件写保护是指通过管理工具对文件进行写保护。从目前的情况看，硬件写保护比软件写保护应用范围广、采信度高。

（一）硬件产品

硬件写保护设备是按照硬盘接口生产的，包括 SATA、SAS、USB、Firewire、IDE、SCSI、读卡器、光接口等设备。目前能够生产制造硬件写保护设备的主要厂家和设备有 Guidance Software 公司的 Tableau 系列、CRU 公司的 WeibeTech 系列以及美亚柏科公司的 DC-8700 系列。

硬件写保护设备的性能体现在两个方面：一是对于目标存储介质的支持，包括接口和读取速度；二是对于取证分析设备的支持，包括接口和传输速度。此外，使用的简便和升级频率也是重点考虑的指标。

1. Tableau 系列

产品有 TK8u USB3.0 只读锁、Tableau T35u SATA/IDE 只读锁、Tableau T6u SAS 只读锁、Tableau TK35ES-R2 eSATA 只读锁、Tableau TK9 FireWire

只读锁、Tableau T35689iu 只读模块。TK8u USB3.0 只读锁支持对 USB3.0 接口的大容量存储设备的写保护功能，向下兼容 USB2.0/1.1 接口，与 PC 端同样使用 USB3.0 接口直接连接，传输速度达每秒 300MB。Tableau T35u SATA/IDE 只读锁是一款 SATA/IDE 硬盘只读接口，其内部搭载全新升级固件，与主机为单通道 USB3.0 传输方式，提高了镜像能力及速度。Tableau T6u SAS 只读锁是一款 SAS 硬盘只读接口，持 HPA、DCO 识别，配备 LCD 屏幕显示硬盘状态。与 Tableau T35u SATA/IDE 一样，内部搭载全新升级固件，极大地提高了镜像能力及速度。Tableau TK35ES-R2 eSATA 只读锁能提供与主机的 USB、eSATA、1394A、1394B 进行连接的四种连接方式，并能有效支持 SATAⅠ、SATAⅡ、eSATA 及 IDE 接口的存储介质。Tableau TK9 Firewire 只读锁是一款火线存储设备只读锁，提供与主机 USB、1394B 进行连接的两种连接方式。Tableau T35689iu 只读模块是一款集成式只读锁，只读模块支持 IDE、SATA、SAS、USB3.0/2.0/1.1 和 1394A、1394B 接口的存储介质，是目前取证市场上功能最全面的一体化只读锁。

2. WeibeTech 系列

WeibeTech 系列只读锁提供便携式只读锁和只读模块，还提供了 PCI-E 只读卡。便携式只读锁有支持 IDE 和 SATA 硬盘接口硬盘读写/写保护双重功能的 Forensic ComboDock v5.5，支持 IDE 和 SATA 硬盘接口硬盘写保护功能的 Forensic UltraDock FUDv5.5，支持 USB3.0 写保护功能的 USB3.0 写保护接口，支持 SD 卡、CF 卡、记忆棒和 U 盘写保护的介质写保护接口。Weibe-Tech 只读模块有两款，即 Forensic LabDock S5 和 Forensic LabDock U5，两者都采用了 5.25 英寸标准模块设计，可嵌入工作使用。其中，Forensic Lab-Dock S5 支持 IDE、SATA、SAS 接口存储介质的写保护，Forensic LabDock U5 支持 IDE、SATA、USB 接口存储介质的写保护。

RedPort SAS 是 WeibeTech 推出的一款 PCI-E 只读卡，由 CRU 公司与 ATTO 技术公司合作开发。RedPort SAS 使用标准多路电缆连接到 SAS 或 SA-TA 设备，速度高达 6Gbps。

（二）软件产品

电子数据取证实践中，通常是通过硬件实现写保护，因此，写保护的软件相对较少。比较著名的有美国 BlackBag Technologies 公司的 SoftBlock 写保护软件和美国 Forensicsoft 公司的 SAFEBlock 写保护软件。

软件写保护既可以通过在操作系统上的写保护软件实现，也可以通过独立的引导盘实现。软件写保护具有成本低、速度快、使用方便等优点。

1. SoftBlock

SoftBlock 是针对 Mac 操作系统开发的专用写保护工具。SoftBlock 使用了内核级别的安全保护技术，无须额外硬件支持。SoftBlock 可以同时处理取证机器中接入的所有设备。通过 SoftBlock，用户可快速自定义只读/读写加载检材，方便安全地预览数据内容。此外，可以快速识别新加入的硬件设备，在加载设备后会根据用户需求揭示只读、读写选项。

2. SAFEBlock

SAFEBlock 是针对 Windows 操作系统开发的专用写保护工具。SAFE-Block 支持 Win XP、Vista、Win7、Win8、Win10 系列 32 位和 64 位操作系统的写保护，它是为数不多的通过美国最高标准论证 NIST CFTT 写保护工具测试的软件。SAFEBlock 广泛应用于全球各地的执法机关、取证机构和大型企业。

三、现场勘验工具

电子数据取证的普遍性使电子数据现场勘验成了一项常态化工作，也就是说，在现场勘验时常常需要当场对电子数据进行收集提取。在这样的态势下，仅靠那些只能在实验室里操作的工具已不能适应电子数据取证的需要了。因此，电子数据现场勘验工具应运而生。

现场电子数据取证通常分为静态取证和动态取证两种。静态取证是指事先将计算机或电子设备关闭，然后再对相关电子设备进行取证。动态取证是指在保证目标计算机或电子设备正常运行的情况下，对目标机中的电子数据进行有针对性的提取，并对其进行分析呈现。在侦查实践中，两种取证可以单独使用，也可以综合使用。

为了保证现场勘验取得好的效果，对现场勘验工具有严格的要求。现场电子数据勘验工具体积必须小，功能必须强大，配件要多，等等。现场勘验工具会被整合在勘查箱里，形成一体式现场勘查箱。装在勘查箱里的设备通常有拆机工具、取证便携机、各种转接接口、各种转接线、复制设备、只读设备、在线取证工具、照相机、摄像机、袖珍打印机等。

(一) 硬件产品

1. 取证魔方

取证魔方是厦门美亚柏科信息股份有限公司研发的一款现场勘查一体化综合取证设备，它小巧易用，集只读、复制、分析、仿真于一体。取证魔方支持2路通道并行复制、取证分析，实现并行取证，其还全面支持 SATA/SAS/IDE/USB3.0/USB2.0 与各种存储卡接口，采用只读模式，确保数据的有效性。取证魔方采用专业设计的高速传输通道，支持复制、镜像、校验、擦除，硬盘复制最高速度可达 27GB/min；支持 Windows、Mac、Linux 系统取证分析，具有数据恢复功能；也支持 Windows、Mac、Linux 系统仿真，包括 Windows 10、Mac Os 10.10；还支持现场快速生成多个精灵 U 盘，实现多台计算机批量取证。

取证魔方是目前国内最受欢迎、用户数最多的取证一体化设备。2014年，取证魔方通过了美国 FCC 和欧洲 CE 认证。

图 3-4　DC-8811 取证魔方

2. SHADOW3

SHADOW3 是 Voom Technologies 公司研发的 SHADOW 系列产品的第三代。它是一款能有效动态安全检查计算机的工具，可以在现场直接打开可疑计算机，同时保持计算机硬盘的数据不变。

SHADOW3 被放置在可疑计算机硬盘和主板之间，其硬件设备为可疑硬盘起到安全写保护作用。侦查人员的所有操作都保存在 SHADOW3 内部的硬盘上，可疑硬盘不会发生任何改变，计算机不会留下任何操作记录。连接时，先关闭可疑计算机，打开可疑计算机机箱侧盖，在"To Motherboard"数据线端口插入 SATA/IDE 数据线，与计算机主板上的 SATA/IDE 接口相连。在"To Suspect Drive"端口插入 SATA 数据线，与可疑硬盘相连。计算机、SHADOW3、可疑硬盘三方连接完成后，插入 SHADOW3 电源线，打开开关，正常启动计算机，开始虚拟仿真可疑计算机。

图 3-5　SHADOW3

3. 现场快速搜索工具

在现场勘查过程中，勘查人员通常需要对涉案计算机里易丢失数据进行固定。美亚柏科研发的"现勘精灵"数据获取工具，将程序预写到一个特定 U 盘里，再将 U 盘接入对象计算机即可自动运行该程序进行数据提取。在现场快速获取如下数据：一是系统信息。包括当前进程信息、当前使用的端口、网卡信息、用户列表、已安装的程序、服务列表、硬件及驱动信息等。二是账号和密码。包括邮箱密码、即时通信软件密码、浏览器记录的密码、无线账号、拨号密码、远程桌面密码、其他网络密码等。三是上网痕迹。包括浏览器缓存记录、Cookies 记录、历史记录、网页搜索记录、收藏夹等。四是用户痕迹。包括 USB 设备使用记录、用户使用文件记录、开机自动运行程序、最近打开文件记录、IE 自动表单等。

图 3-6　现勘精灵

(二) 软件产品

现场勘验软件产品分为静态取证时基于 PE 系统的专用版启动光盘/U 盘

和动态取证时的在线取证工具。

专用版启动系统根据取证人员的要求，在预安装环境中增加一些基于取证的工具。在线取证工具是在计算机处于开机状态下的取证。在线取证工具大都是直接在可疑计算机中运行，自动获取内存、注册表中的数据。此外，还有将待取证的设备通过网络连接，以物理磁盘的方式显示到取证人员的计算机中的在线取证软件。通过此类软件，取证人员可以在自己的计算机中直接运行工具或镜像工具，实现对可疑硬盘数据的完整获取。

1. Linux 法证版 PE 系统

2000 年左右，一些电子数据取证的免费工具被推出，但其有使用条件限制，所以，对用户而言，使用起来并不方便。2000 年，John MeLeod 发布了 Incident Response Collectiom Report 取证工具集（以下简称 IRCR），是最早的收集在线信息的工具集。IRCR 需要一系列免费软件的支持，可以从目标机收集命令的痕迹、网络连接情况、打开端口情况、当前进程、开户的注册表的信息乃至事件日志信息。IRCR 发布后不久，Jesse Komblum 开发了 First Responders Evidencn Disk 取证工具集（以下简称 FRED）。与 IRCR 的设计思想一样，FRED 也是执行一系列的程序，然后将收集的数据存放到指定的文件中，并且会立刻对这些数据进行散列值校验。2003 年，Monty McDougal 发布了 Windows Forensics Toolchest 工具集（以下简称 WFT），它是作为一个可执行文件进行设计、编码和编译的。和 IRCR、FRED 一样，WFT 也需要已存在的免费应急响应和 IT 安全软件的支持。与 IRCR、FRED 相比，WFT 还具备了自动生成结果报告的功能。IRCR、FRED、WFT 三个在线取证工具的使用还是离不开免费软件的支持。没有免费软件，工具集便不能获取数据。而且，这些软件的升级或操作系统的不同可能导致其中的一些软件不能正常运行。为了实现操作的简便化，e-fense 公司开发了 Henlix。Henlix 集合了 IRCR、FRED、WFT 和免费软件，使用者可以在良好的 GUI 视图中进行简单的选择就能进行取证，减少了用户交互的操作。目前，Henlix 已经出到 Henlix3，共分 4 个版本：免费版、企业版、现场相应版和专家版。2013 年前后，Offensive Security Ltd. 的 Mati Aharoni 和 Devon Kearns 重写了 BackTrack，形成了 Kali Linux。Kali Linux 有 32 位和 64 位的镜像，还有基于 ARM 架构的镜像，可用于 X86 指令集，还可用于树莓派和三星的 ARMChromebook。Kali Linux 拥有超过 300 个渗透测试工具，支持大量无线设备，有多语言支持，并且还是免费的。此外，还有 DEFT、PALADIN、CAINE 等现场勘验软件产品。DEFT 是一款带有 DART 的基于 Ubuntu 的 Linux PE 系统，是一款开源软件。PALADIN 与 DEFT 相类似，目前它有免费版和专业版。CAINE 是基于 Ubuntu 的 GNU/Linux 自启动运行发行，作为安全研究部际中心的数字取证项目而创建。

2. Win FE

Win FE，全名 Windows Forensic Environment，是一款专用于数据获取和分析的 Windows PE 系统。Win FE 由微软公司法政研发部门于 2008 年开发。它基于存储介质默认设置为只读的 Windows PE 系统。所有基于 Windows 系统的取证工具软件以及常见的便携式工具都可以在 Win FE 上运行。Win FE 可以被配置成为启动光盘或启动 U 盘，可以根据取证人员的需求，通过使用 Windows 自动安装组件程序或者是其他第三方工具等进行定制。

3. F-Response

F-Response 是美国 Management Team 公司研发的在线取证工具。它借助成熟的 iSCSI 标准，可对开机状态下的计算机进行物理方式的完整数据获取。通过局域网，可以在取证人员计算机与可疑计算机之间建立基于数据只读的安全连接，并将需要调查的计算机存储设备以物理硬盘的方式显示在分析计算机中，使取证人员可以直接实施在线取证。F-Response 可获取的计算机操作系统包括 Windows、OS X、Linux 等平台。它被称为"网络软件只读锁"，使用 F-Response，取证人员不会对可疑计算机中的数据造成任何改变。目前，F-Response 推出了 4 个版本：TACTICAL 版、调查版、企业版和万能版。F-Response 易于使用，同时价格低廉，是目前电子数据取证人员的重要装备。

4. COFEE

COFEE 是"Computer Online Forensic Evidence Extractor"（"计算机在线法庭科学证据提取器"）的简称，是微软公司的产品。与 F-Response 一样，COFEE 的使用方法十分方便。它是一种形似 U 盘的提取工具，其中包含超过 150 个信息收集、密码破解、网络嗅探等工具，可以快速绕过所有 Windows 的安全措施，并破解系统密码、显示网络浏览的历史，对计算机系统进行深入的搜索来获取数据。2009 年开始，国际刑警组织成为了 COFEE 的主要国际分销商。[1]

---

〔1〕　参阅王立梅，刘浩阳主编. 电子数据取证基础研究. 中国政法大学出版社，2016：143-157.

四、移动终端取证工具

移动终端主要是指手机、平板电脑、车载电脑等具备操作系统和数据处理能力的便携类设备。在移动互联网时代,使用移动终端的人越来越多,并且利用移动终端犯罪也呈高速增长势头。这种态势促使电子数据取证从存储介质向移动终端延伸。由于移动终端的运行机制不同于传统计算机,且移动终端更新换代速度快,操作系统多样,因此移动终端取证工具的开发难度超过介质取证工具。

2014 年 5 月,美国国家标准与技术研究院 NIST 发布了移动终端取证的操作指南 NIST SP 800-101 Revision 1《Guidelines on Mobile Device Forensic》,将移动终端的取证分为 5 个层次:微读、芯片提取、十六进制镜像/JTAG、逻辑提取以及人工提取。微读是第五级,位于塔顶。微读是指在电子显微镜下对 NAND 或 NOR 芯片存储层进行微观状态的观察,并借助均衡磨损原理等固态介质存储理论进行数据还原。目前,国际上鲜有达到这个技术层次的执法机构,也没有商业微读技术设备面世。芯片提取,通常又称 Chip-off 芯片提取,位于第四级,是指将移动终端中的存储芯片通过热风枪或拆焊台与主板剥离,清理芯片表面的焊锡,然后将芯片安装到芯片读取设备上,直接对芯片本身的电路和协议进行分析,获取其原始镜像或相关数据。芯片提取对技术要求极高,通常是在无其他解决方案的情况下才用这种技术。移动终端取证的第三级是十六进制镜像/JTAG 提取。十六进制镜像提取是指利用十六进制镜像技术获取移动终端存储芯片中的数据。JTAG 提取是指使用标准 JTAG 端口来访问已连接设备的原始数据,通过特殊的 JTAG 数据线和相关设备,以及对特定内存或芯片组型号或设备型号相匹配的引导文件,对兼容设备进行完整内存内容的提取。目前,移动终端取证工具支持十六进制镜像的越来越多,支持 JTAG 功能的设备也进入了取证领域。移动终端取证的第二级是逻辑提取。逻辑提取是指通过连接线或无线等方式与取证专用硬件或安装软件的工作站连接,提取移动终端中的逻辑数据。目前,大多数移动终端取证工具都是基于逻辑提取的。人工提取是第一级,位于塔底。在专业化的取证设备出现之前,都是直接在手机上查看相关数据,并使用相机等翻拍设备记录证据。当然,人工提取存在相当的局限性。

（一）移动终端取证硬件

近几年，众多企业研发移动终端取证产品。目前，国产移动终端取证硬件产品主要有厦门美亚柏科的 DC-4501 系列、上海盘石软件的 SafeMobile、公安部第三研究所的取证先锋、大连睿海的 RH-6900、四川效率源的 SPF9139 等产品。国际上，移动终端取证硬件产品仍以以色列 Cellebrite 公司的 UFED Touch、瑞典 Micro Systemation 公司的 XRY 等设备为主流。

1. UFED Touch

UFED Touch 是以色列手机取证商 Cellebrite 公司的新一代产品，是一款高性能独立便携式手机取证工具。它支持以"位对位"的形式对手机、GPS、平板电脑以及中国山寨手机等大部分移动设备中的数据进行物理获取和深度分析。

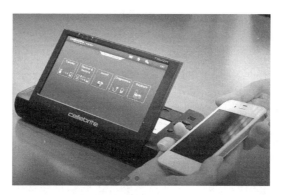

图 3-7　UFED Touch

UFED Touch 能够从全球上万款手机中提取现有或已删除的重要数据，它同时支持 CDMA、GSM、IDEN 和 TDMA 技术以及目前市场上 95％ 的掌上设备，支持的操作系统有 iOS、Symbian、Android、Windows、Phone、Black-Berry 以及诸多山寨手机、PDA 和 Tom Tom 等 GPS 导航设备的操作系统。UFED Touch 支持所有已知手机设备的接口。此外，UFED Touch 的密码破解功能强大，支持 iOS 操作系统的密码破解功能。

2. XRY

XRY 是瑞典 Micro Systemation 公司推出的手机取证产品。XRY 创造了手机取证领域的多个第一：最早提出逻辑获取、物理获取，最早破解 iPhone4 锁屏密码，最早实现了 Android 系统微信解析，最早支持三星高端系列手机物理获取和解析，最早实现 GPS 和平板电脑数据获取解析，是第一款支持同时获取和检验三部手机的产品。

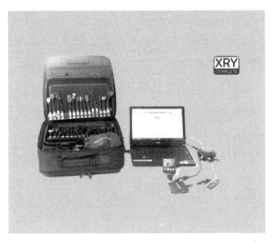

图 3-8　XRY

　　XRY 自 2003 年至今已发展到了全新的第 6 代技术。它将包括手机机身、SIM、存储卡在内的全部数据的逻辑提取与物理恢复手段完美结合，为用户提供了一站式综合解决方案。XRY 硬件版本分为办公室版、现场版和平板电脑版。

　　3. DC-4501 手机取证系统

　　DC-4501 手机取证系统是厦门美亚柏科信息股份有限公司自主研制生产的，用于手机数据提取和恢复并进行深度分析及数据检索的调查取证产品。1.2.12 DC-4501 产品作为 DC-4500 手机取证系统的升级换代产品，集成了更高性能的主机设备，采集速度更快；集成了 GPU 数据解密技术，可用于多种手机数据解密、手机密码破解。

　　1.2.12 DC-4501 可获取国内外 50 多个品牌、3000 多款手机的逻辑数据，支持手机数据提取、删除数据恢复、应用程序解析与恢复等，提供近 20 个自主研发的取证工具集用于破解手机密码、提升手机权限等，并提供方便浏览及打印的多种格式的取证报告。

　　此外，1.2.12 DC-4501 根据中国实际情况，结合当前国产品牌非智能机和山寨机使用广泛的特点，自主研发的镜像采集终端支持 MTK、展讯、Mstar以及 MKT Android 等平台的手机，支持绕过密码、获取镜像、解析数据、恢复删除数据等。

图 3-9　DC-4501 手机取证系统

4. RH-6900 手机数据取证分析系统

RH-6900 手机数据取证分析系统是大连睿海信息科技有限公司研发的产品。RH-6900 可用于国产山寨手机、品牌功能手机、新型智能手机等全品牌、各种操作系统的数据综合提取分析。RH-6900 支持状态完好手机的数据提取，也支持破损、浸泡、腐蚀手机的数据提取；支持 NANDFLASH、NOR-FLASH、EMMCFLASH、EEPROMFLASH 等类型芯片 8000 余种。该产品自带的配套软件，可完成数据提取、数据解析、报告出具等全流程工作。

RH-6900 既支持传统的数据线提取方式，也支持芯片级底层提取手段。产品内置智能终端数据分析模块、EMMC 物理提取模块、JTAG 物理提取模块、国产手机智能处理模块、通用芯片物理提取模块、手机 SIM 卡/存储卡数据分析模块等多个功能模块，可全面提取各类手机已删除、未删除的数据，并进行综合性的数据分析。它支持对山寨安卓手机、国产品牌安卓手机、国际品牌安卓手机的解锁；综合运用多种技术手段，支持破解、清除手机图形锁、PIN 锁、话机锁及酷派手机防盗锁等多种手机锁，且解锁效果与手机系统版本无关、与手机 USB 调试模式是否打开无关。

系统自带快速解除手机锁等实用功能，具备良好的可靠性和可扩展性，支持后续灵活升级，集成了开机提取、JTAG 提取、ISP 提取、底层芯片级提取等多种手段，可全面应对各种复杂的需求。

与其他移动终端取证工具相比，RH-6900 具有以下特点：

（1）针对硬件状态正常的手机，可采取免拆机、数据线直接提取的提取方式。

（2）针对智能手机，在手机已无法开机、无法通过手机数据接口提取数据或在部分外围硬件已损坏的情况下，使用 JTAG 技术提取所需数据。

（3）针对传统功能手机及部分早期智能手机，在手机屏幕、按键、数据接口或电路板大部分已损坏的情况下，通过通用芯片技术提取所需数据。

（4）针对新型大容量智能手机，在手机屏幕、按键、数据接口或电路板大部分已损坏的情况下，通过 EMMC 芯片技术提取所需数据。

（5）系统自带的手机数据综合分析软件，可全面解析包括电话本、通讯录、图片、音视频、QQ、微信等在内的多种已删除、未删除数据。

（6）数据提取方式可生成通用的数据格式文件，并用于其他同类数据分析软件。

图 3-10　RH-6900 手机数据取证分析系统-1　　　图 3-11　RH-6900 手机数据取证分析系统-2

5. SPF9139 智能手机数据恢复取证系统

SPF9139 智能手机数据恢复取证系统是四川效率源信息安全技术股份有限公司研发的产品。产品集手机数据镜像、数据提取、删除恢复、智能分析、检索及报告导出功能于一身，并能通过 BCP、XML 等标准数据格式将数据上传至蛛网系统、SIS 系统及高检云平台。它是一款面向专业司法取证领域而设计的一体化手机数据取证产品。

SPF9139 具有数据提取、应用支持、数据恢复、数据分析等功能，而且数据提取支持全面、应用支持众多、数据恢复专业、数据分析易用。

SPF9139 支持通过 USB、SIM 卡、SD 卡、TF 卡、MTP、镜像文件、备份文件、本地文件夹等数据来源提取数据；支持通过 ADB、APP、MPE、JTAG、ISP 等技术手段进行数据提取；支持 Android、iOS、Firefox OS、Yun OS、BlackBerry、Windows phone、Symbian、Palm、BADA、Windows Mobile、Ubuntu 等智能手机操作系统的数据提取；支持展讯、MTK、Mstar、Coolsand、INF、ADI、OM、SKY、TI、SI、AnyKa、AGE、CDMA、AD6905、Nokia 等非智能手机系统的数据提取；支持国内外主流手机品牌的数据提取，包括 iPhone7、iPhone7 plus 等苹果全系列，Mate9、P9 等华为全系列，S7、C9 PRO、note7

等三星全系列，X7、X9 等 VIVO 全系列，R9S、A59S 等 OPPO 全系列，Note2、MIX、5S 等小米全系列，及更多手机品牌。

SPF9139 支持对腾讯 QQ、企业 QQ、微信、飞信、易信、Zello、Talk-Box、Skype、Line、Coco、Zalo、Viber、WhatsApp、米聊、陌陌、淘宝旺信、YY 语音、人人网、微信电话本、百度贴吧、超级课程表、新浪微博、腾讯微博、QQ 空间、支付宝、去哪儿网、携程旅行、大众点评、滴滴打车、谷歌地图、百度地图、腾讯地图等上百种手机应用程序的提取。

SPF9139 支持短信、联系人、通话记录及 QQ、微信等第三方应用删除信息的恢复；支持对手机中图片、视频、语音等文件内容的数据恢复；支持从 SIM 卡中进行数据恢复。

SPF9139 支持基于地理位置、轨迹、事件、时间的时空分析功能，从时间-事件维度上重现情景细节；支持通过联系频率图、分布情况图、热点分析图及时间轴等方式对数据进行分析展示；支持数据全文检索、关键词搜索功能；支持添加文件书签、内容书签，并导出书签报告；支持百万级超大数据量报告的生成与打印；支持报告导出 HTML、PDF 功能，可自定义单位名称、报告时间、单位 LOGO；支持通过 BCP、XML 格式将数据上传至蛛网、SIS、高检云平台等大数据系统。

图 3-12　SPF9139 智能手机数据恢复取证系统

6. SafeMobile 手机芯片取证系统

SafeMobile 手机芯片取证系统是由盘石软件推出的全新版本。此系统支持 eMMC、eMCP 芯片数据提取，通过镜像固定芯片数据；支持 BGA 封装的 153、169、186、162、221、529 芯片读取；支持 SPI 字库、EEPROM 读取；支持 MTK、展讯、高通、SPD、英伟达等十大芯片；支持苹果、多普达、酷派等 3G 手机；支持镜像断点续传；支持绕过芯片坏页面读取镜像；支持 Windows 系统下直接分析字库；支持字库分区读取；支持 DD 和 E01 格式镜像；支持提取芯片中的手机设备信息、安装应用、联系人、短信、通话记录等；支持芯片中已删除信息恢复。

图 3-13　SafeMobile 手机芯片取证系统

（二）移动终端取证软件

到目前为止，移动终端取证的软件产品以国外软件占主导地位，比较知名的有俄罗斯 Oxygen 软件公司的 Oxygen Forensic Suite、美国 AccessData 公司的 MPE＋、美国 Susteen 公司的 Secure View、美国 Paraben 公司的 Device Seizure、捷克 COMPELSON 公司的 Mobiledit Forensic 和韩国 FINALDATA 公司的 FINALMobile Forensics。

1. Oxygen Forensic Suite

Oxygen Forensic Suite 由于对 Nokia Symbian 系统的深度解析而广受检验人员喜爱，是最早支持 Symbian 系统删除数据恢复的手机取证工具之一。目前最新版的 Oxygen Forensic Suite 2015 支持超过 11150 个移动设备，支持多种备份、镜像以及第三方数据的导入，还提供了云数据的提取和分析。Oxygen Forensic Suite 2015 支持对三星安卓锁屏设备的解锁，它不但提供了人性化的数据浏览界面，同时提供了内嵌的 SQLite 数据库浏览器以及 Plist 浏览器，并提供了多种语言及代码的支持。该工具能够对所有具有地理信息的数据进行分析整理、定位及数据可视化，还提供了对社会关系、通信信息和时间轴的可视化分析。

2. MPE＋

基于 FTK 相同的原理，MPE＋最大的优势是面向物理获取的手机镜像进行深度数据挖掘和解析，同时支持传统型号手机的数据获取分析。MPE+支持超过 7000 款国际主流品牌手机取证分析，支持 iOS、Android 等主流移动操作系统智能手机及平板电脑；支持 Skype、GoogleTalk、QQ、微信等应用数据分析与恢复。MPE+内置 SQLite 分析高级查看及恢复工具，为用户提供元数据深入分析及挖掘；能与综合分析软件 FTK 无缝集合，在同界面内完成对手机数据和计算机数据的关联分析。

3. Secure View

Secure View 目前可支持超过 10000 多种不同功能的手机，可获取联系人信息、通话记录、短信、彩信、日历以及其他可获取的数据。目前推出的 Secure View 4 具备数据分析、时间线分析、关联分析、频率分析、图表分析、图片分析等功能。

4. Device Seizure

Device Seizure 是全球第一款移动终端取证工具，目前已发展到第 7 代。Device Seizure 7 支持逻辑采集、物理采集、文件系统采集；支持绕过密码，取证人员可以执行全方位的调查创建已获取的所有数据的报告。Device Seizure 7 支持超过 8000 种移动设备的逻辑提取，提取的数据包括通话记录、短信、照片、联系人和从提取的数据库中恢复的删除数据。Device Seizure 7 支持超过 6600 种移动设备的物理提取，支持超过 2500 种移动设备的密码提取。

5. Mobiledit Forensic

目前 Mobiledit Forensic 更新到了 8.1 版本。Mobiledit Forensic 8.1 支持数千种不同的手机和所有智能手机操作系统。Mobiledit Forensic 8.1 能够检索手机的拨号记录、电话簿、文字消息、彩信、文件、日历、备注、提醒以及 Skype、Dyopbox、Evernote 等应用程序数据；能够检索已安装的应用程序的列表，并为用户提供访问所有应用程序数据；能够在不知账户密码的情况下，获取 Skype、Gmail 或 Facebook 的联系人列表。Mobiledit Forensic 8.1 支持导入在犯罪嫌疑人电脑上找到的锁定文件；支持 iTunes 的备份文件的提取，提取的信息包括联系人、短信、录音、铃声、记事本、日历、照片、视频以及应用程序数据；还支持从加密的 iOS 备份中提取数据。

6. FINALMobile Forensics

FINALMobile Forensics 目前已发展到第 4 代。FINALMobile Forensics 4 支持对手机内数据、删除的信息进行获取和分析，尤其对 CDMA 手机支持比较好。

五、数据恢复工具

侦查中，办案人员经常会遇见电子数据被删除、加密、格式化及存储介质遭受蓄意破坏的情形，他们能在多大程度上进行数据恢复直接关系到取证的成功与否。因此，数据恢复是电子数据取证中必不可少的一个环节，如今已经成为了一种产业。很多计算机集成商和存储设备生产商都有从事数据恢复的部门，专业的数据恢复公司也很多。数据丢失的原因不仅包括逻辑删除，还包括物理损坏，因此要求数据获取人员要在了解文件系统和文件结构的基础上，对硬盘的 ATA 命令和存储原理相当精通，还需要专业的数据工具设备辅助进行。

（一）硬件产品

当硬件由于本身问题无法读取时，往往需要配合专业的数据恢复工具，修复固件区等故障类型，或在可以打开盘体的洁净间和修复实验室内维修和更换发生故障的零件。但因硬盘款式繁多，而且每个品牌或者型号会使用不同的零件，所以专业数据恢复公司会建立完善的零件库，存储大部分介质的零件，以配合数据恢复技术服务。

在数据恢复硬件设备领域，俄罗斯的 ACE Laboratory 公司、美国的 Atola 公司和中国的效率源科技公司是世界前三甲。它们的主打产品 PC-3000 系列、Atola Insight Forensic 和 Data Compass 等数据恢复硬件设备占据市场主要份额。近几年，乌克兰 Soft-Center 实验室开发的 Flash-Extractor 由于其综合性价比较高也获得了市场的广泛好评。

1. PC-3000

PC-3000 是俄罗斯 ACE 硬盘实验室研究开发的商用专业修复硬盘综合工具，也是全球第一款针对固件的数据恢复工具。它是从硬盘的内部软件来管理硬盘，进行硬盘的原始资料的改变和修复。其可进行的操作有：伺服扫描、物理扫描、lba 地址扫描、屏蔽成工厂坏道（p-list）、屏蔽磁头、屏蔽磁道、屏蔽坏扇区、改 bios 的字（参数）、改 lba 的大小、改 sn 号、查看或者修改负头的信息等。PC-3000 主要用来专业修复各种型号、各种容量的 IDE 硬盘。PC-3000 最专业的功能有：重写硬盘 Firmware 模块；按工厂方式扫描硬盘内部缺陷并记录在硬盘内部相应参数模块；按工厂方式进行内部低级格式化；更改硬盘参数等。

　　按硬件分类，PC-3000 新产品系列主要包括 PC-3000 Express、PC-3000 UDMA、PC-3000 Portable、PC-3000 FLASH 和 PC-3000 SAS/SCSI。按软件分类，PC-3000 产品系列主要包括 Data Extractor Express、Data Extractor UDMA、Data Extractor Portable、Data Extractor SAS、Data Extractor Express RAID Edition、Data Extractor UDMA RAID Edition、Data Extractor SAS RAID Edition 和 PC-3000 SSD。从板卡颜色分类，有黑卡、红卡、绿卡和蓝卡。

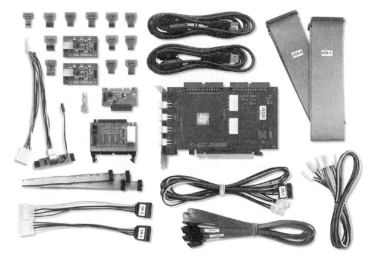

图 3-14　PC-3000 组件图

2. Atola Insight Forensic

　　Atola Insight Forensic 是由乌克兰 Atola 数据恢复公司研发的专业数据恢复工具，是唯一一个内置案件管理系统的数据恢复工具。它是一个完整的数据恢复专业工具，通过对硬盘进行诊断、文件备份、分区恢复、固件修复及嵌入式案件管理软件，记录每一次操作。

图 3-15　Atola Insight Forensic

Atola Insight Forensic 可以进行各个方面的数据恢复，同时具有复杂的数据检索功能，且用户界面操作简单。由于介质错误用别的产品无法工作时，使用 Atola Insight Forensic 却能获取可用的镜像。当由于硬盘固件出错，用传统的工具无法访问时，用 Atola Insight Forensic 却可识别固件损坏，并一键进行修复。对于不支持的硬盘，Atola Insight Forensic 也能识别固件损坏，并提供直接访问固件文件选项，使技术人员可以手动修复。Atola Insight Forensic 还能正确识别硬盘是否锁定，并允许全自动提取或删除未知 ATA 密码。

3. Data Compass

Data Compass（数据指南针）是四川效率源信息安全技术股份有限公司在 2008 年研发的高智能化数据恢复工具。目前，该产品被几十个国家的上千家数据恢复专业公司使用。Data Compass 采用简单易学的操作设计理念，使整个数据恢复过程轻松简便，不管是专业的数据恢复公司还是企事业单位，数据指南针都将是首选设备。数据指南针可以解决误删除、误格式化、误克隆、分区丢失、文件丢失破坏、病毒破坏、硬盘自身坏道严重、硬盘

图 3-16　Data Compass

自身磁头不稳定、硬盘开盘后产生的严重坏道、硬盘开盘后的磁头不稳定、磁盘阵列数据的重组等多种故障的数据恢复。相关功能所达到的数据恢复成功率远高于目前 IT 服务市场 90% 以上的专业数据恢复公司。

4. DRS 数据恢复系统

DRS 数据恢复系统是四川效率源信息安全技术股份有限公司研发的一款数据恢复旗舰产品。DRS 广泛支持硬盘、U 盘、存储卡、阵列、镜像文件的数据恢复，能对无法正确读取的故障硬盘进行诊断、修复与数据提取。DRS 支持高达 10GB/min 的硬盘高速镜像（机械硬盘），通过坏道防卡死技术，能够对严重坏道硬盘、

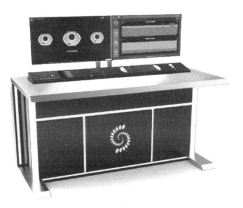

图 3-17　DRS 数据恢复系统

磁头不稳硬盘进行镜像，有效解决受到暴力损坏的硬盘的数据提取问题。为保证原始数据的安全，接入硬盘默认通过物理写保护连接，同时用户可通过硬盘监控模块确认接入硬盘实时状态。该产品设计扁平化，尽量采用了流程化、一键化的操作模式，使用简单。

DRS 符合国家《信息安全技术存储介质数据恢复服务要求》（GB/T 31500—2015），已通过公安部安全与警用电子产品质量检测中心认证，通过美国 FCC、欧盟 CE 认证并入选 NIST 下属的 CFTT 取证工具名录。

DRS 数据恢复系统具有数据恢复、阵列自动重组、坏道盘镜像、一键诊断故障、硬盘解密、固件修复、分层扫描、十六进制分析、硬盘监视器、报告导出等功能。

除了 Data Compass、DRS 数据恢复系统，目前效率源科技公司的数据恢复硬件产品还有 HD Doctor 硬盘固件专修、FLASH 闪存数据恢复大师、HPE Pro 硬盘船体拆卸专用设备等。

5. CR-2000 恢复大师

CR-2000 是一款采用美亚柏科多年来积累的数据恢复技术，整合了公司 16 项恢复领域技术专利打造的一款全能的数据恢复专业设备。其高度整合了手机、计算机、视频、图片碎片、应用程序、文档修复等恢复技术，解决各类数据丢失难题，可以有效提高办案人员的工作效率。

目前 CR-2000 的最新版为 1.2.10 版。1.2.10 CR-2000 支持普通硬盘、分区、可移动介质、镜像、磁盘阵列的数据恢复，覆盖了 Windows、Linux、Mac 等主流操作系统。它支持苹果、小米、华为、中兴等主流手机数据恢复，覆盖了 iOS/Android/MTK 等主流手机操作系统，智能手机的支持率达到 98.6%；支持市场占有率 85% 以上的海康、大华等超过 60 款主流监控设备厂商；支持记录仪视频及标准视频的恢复；支持计算机、手机应用程序恢复，覆盖 QQ、微信、邮件、上网记录、系统信息、短信及通讯录等应用程序恢复，可对恢复结果进

图 3-18　CR-2000

行查看与预览。

6. Flash Extractor

Flash-Extractor 是乌克兰 Soft-Center 实验室开发的一种针对 Flash 闪存和 SSD 固态硬盘数据恢复的工具。它特殊的算法能识别市面上 80% 的闪存及主控。Flash Extractor 由分析软件和读取 Flash 芯片硬件两部分组成，通过主控芯片算法直接读取出 Flash 芯片数据，通过模拟 Flash 闪存主控芯片算法恢复数据。设备支持 U 盘、SD 卡、CF 卡、SSD 固态硬盘、TF 卡、录音笔等 Flash 闪存。

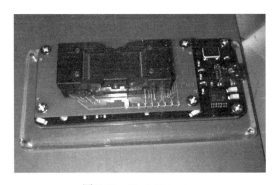

图 3-19　Flash Extractor

（二）软件产品

数据恢复包括硬件恢复和逻辑恢复。硬件恢复一般通过硬件工具恢复；逻辑恢复通常是在存储介质完好，数据遭病毒感染、误删除、误分区、误格式化、误克隆等情况下进行的，通常通过数据恢复软件进行。

2015 年，世界上最顶尖、最权威的评测网站 TopTenREVIEWS 对全球知名的数据恢复软件进行了综合测试，并发布排行榜前 10 名。这 10 名分别是：Data Rescue PC 3、Ontrack EasyRecovery、Stellar Phoenix Windows Data Recovery Professional、Seagate File Recovery、R-Studio、Data Recovery Wizard、Recovery My Files Professional、GetDataBack、Power Data Recovery 和 Salvage Data Recovery。

1. R-Studio

R-Studio 是加拿大 R-TT 公司研发的数据恢复、反删除工具。它为使用 FAT 12/16/32、NTFS、NTFS 5 和 Ext2FS 分区的磁盘提供最为广泛的数据恢复解决方案，同时提供对本地和网络磁盘的支持。它具有如下功能：通过网络恢复远程数据；能够重建损毁的 RAID 阵列；可为磁盘、分区、目录生成镜像文件；可恢复删除分区上的文件、加密文件（NTF 5）、数据流（NTFS、NT-FS 5）；可恢复 FDLSK 或其他磁盘工具删除的数据、病毒破坏的数据、MBR 破坏后的数据；可识别特定文件名。其中，RAID 重组功能可以虚拟重组的 RAID 类型包括 RAIDO 和 RAIDO 5，RAIDO 5 可以支持缺少一块硬盘的重组。

2. Recovery My Files

Recovery My Files 是澳大利亚 GetData 软件公司研发的数据恢复软件。它可以很轻松地恢复电脑硬盘、U 盘、TF 卡、SD 卡、记忆棒、相机存储卡、软盘、Zip 驱动器等存储设备上的数据。无论是误删除，还是格式化，甚至是硬盘分区丢失导致的文件丢失，Recovery My Files 都可以轻松恢复。此外，Recovery My Files 操作十分简便。

3. Stellar Phoenix Windows Data Recovery Professional

Stellar Phoenix Windows Data Recovery Professional 是印度 Stellar Information Technology 公司推出的一款 Windows 数据恢复软件。它可以自动检查无法访问的硬盘中因意外格式化、病毒、软件故障、操作失误等各种原因造成损伤及破坏的文件，并使其恢复。Stellar Phoenix Windows Data Recovery Professional 功能全面，内置磁盘分区数据恢复、CD/DVD 数据恢复、照片数据恢复、邮件数据恢复等四大模块，支持包括文本、表格、网页内容及图像在内的 300 多种文件，还支持所有主要数字相机文件格式。

4. EasyRecovery

EasyRecovery 是美国 Kroll Ontrack 公司出品的一款数据文件恢复软件，它支持硬盘、光盘、U 盘、移动硬盘、数码相机、手机以及 Raid 阵列等不同存储介质中的数据恢复，能恢复包括文档、表格、图片、音频、视频等在内的各种数据文件。EasyRecovery 有适用 Windows 和 Mac 平台的两个软件版本，分别支持不同的文件系统。目前，EasyRecovery 面向不同的需求用户发布了 3 种版本：EasyRecovery 企业版、EasyRecovery 专业版和 EasyRecovery 家庭版。其中，EasyRecovery 企业版功能最为强大。

六、取证分析软件

电子数据多种多样，纷繁复杂，有价值的数据通常分散隐藏在庞大的无关的数据中，而且各数据之间又具有种种关联，因此，在电子数据取证中进行数据分析是核心和关键。而要对数据进行分析就需要使用取证分析软件，只有借助分析软件进行数据搜索、过滤和挖掘，才能快速定位电子数据。无论是什么样的取证人员，在电子数据取证中都要用到取证分析软件。

（一）商业性综合取证软件

商业性综合取证软件仍然是美国产品占主流。美国 Guidance Software 公司的 EnCase、AccessData 公司的 FTK 占据市场的主要份额。近几年，德国的 X-Ways 公司的 X-Ways Forensics、加拿大 MAGNET 公司的 IEF、俄罗斯 Belkasoft 公司的 Evidence Center、韩国 FINALDATA 公司的 FINALFORENSICS 紧随其后。在国内商业软件市场上，厦门美亚柏科公司研发的取证大师（Forensics Master）继续占据市场主要份额。上海盘石软件公司的 SafeAnalyzer 也颇受用户的信赖。

1. EnCase

EnCase 是全世界执法部门、IT 安全专业人士使用率排名第一的电子数据取证分析软件。EnCase 作为一款介质取证工具，集成了制作镜像文件、数据查找、数据分析、报告生成等功能。EnCase 可以查看被删除的、文件间隙区的、非分配空间的数据，支持中文索引，内置查看器可看 400 多种格式文件，支持绝大部分的文件系统解析，可以对主流的电子邮件格式、浏览器数据进行解析，内置的过滤、筛选技术十分强大，具备广泛的时间轴查看功能，支持生成多个格式的取证报告。EnCase 还能发现隐藏、删除的全部数据，获取到普通方法无法发现的深层次数据。EnCase 提供了二次开发功能，利用其附带的脚本功能，可以解决很多功能菜单中无法解决的问题。在 V7 版本推出后，EnCase 引入了类似苹果商店的模式——脚本商店，用户可以购买其他用户编写的 EnScript 脚本。

由于 EnCase 的广泛使用，其专有的 EO1 证据文件格式也成为默认的证据文件标准格式。V7 版本推出后，Guidance Software 公司引入了一种全新的证据格式 Ex01。对此，官方的解释是传统的 EO1 已经不能满足新版本的需要。与 EO1 比较，Ex01 内部数据块全部用 AES 算法进行加密，压缩方式由 3 种变为 2 种，证据文件自校验支持 MD5、SHA-1、MD5 + SHA-1。

目前 EnCase 主要有 5 个版本：EnCase Forensic、EnCase eDiscovery、En-

Case Enterprise、EnCase Portable、EnCase CyberSecurity。在我国使用最广泛的是 Forensic 版。

EnCase 的局限性在于其超强的数据分析功能需依靠分析专家的专业知识和操作技巧才能实现。

2. FTK

FTK 是全球警方使用量排名第一的取证软件，目前已更新到第 5 代。FTK 拥有强大自动的文件分析、过滤和搜索功能，自动对所有文件进行分类，自动定位有嫌疑的文件。它拥有同类产品中最丰富灵活的过滤器，在超过 200 种的预制过滤条件下，通过各种逻辑随意组合的 diSearch 索引功能，能够将所有文件进行索引排序，实现搜索"零"等待。FTK 的实时搜索功能，支持所有标准文件档编码，特有的模糊哈希能力，可以帮助用户根据样本文件的哈希值搜索检材中的相近文档。FTK 的深度数据挖掘功能，定制挖掘数据类型，通过 16 进制代码视图定位文件碎片并重新制作可打开文件。其解析范围包括：链文件分析及解析、回收站深度解析、打印文件解析、互联网痕迹检验、KFF 批处理、电子邮件检验、即时聊天工具解析、特殊格式数据识别。

FTK 可以支持 4 台以上服务器同时进行运算分析，分布式处理数据快速自动找出所需的证据。

FTK 还可以配合手机检验工具 MPE＋，对提取出的手机数据文件进行深度挖掘内存分析功能，高效分析内存中文档图片等常规数据和进程、动态库等挥发性数据流文件并进行检测与自动关联，高效发现隐藏数据。

与 EnCase 相比，分布式取证是一个发展方向。FTK 的使用非常简单，分析结果也相当直观。其文件查看、加密数据查找、已知文件过滤功能更强于 EnCase。由于 FTK 的这些特点，FTK 更受警方的青睐。

3. X-Ways Forensics

X-Ways Forensics 是一款综合分析软件。X-Ways Forensics 基于 WinHex 开发，因此，也被称为 WinHex 法证版。WinHex 是德国 X-Ways 公司 CEO Stefan 在学生时代编写的一个十六进制编辑器，对于数据恢复和软件调试非常有效。尽管 WinHex 和 X-Ways Forensics 基于相同的代码，但 X-Ways Forensics 能够提供更多的功能。在 X-Ways Forensics 中，针对磁盘、镜像文件、虚拟内存、物理内存的操作均只以只读模式操作。因为以只读模式操作，所以对原始证据的保护更加严格。只在对磁盘或镜像有编辑需求时，才使用

WinHex。利用 WinHex 可以编辑磁盘扇区，或擦除整个磁盘、空余空间或残留空间。

X-Ways Forensics 具有强大的数据恢复功能、灵活的数据编辑能力、有效的数据搜索和文件预览能力，加上其支持文件系统多、运行起来资源占用少以及快速便捷的升级服务，因此一经推出，便广受欢迎。

最新版的 X-Ways Forensics 集成了 WinHex 对于数据结构充分理解的优点，同时根据取证的需要，增加了很多新的功能。X-Ways Forensics 增加了脚本功能，与 EnScript 相类似。

相对于 EnCase 和 FTK，X-Ways Forensics 的售价较低。

4. 取证大师

取证大师（Forensics Master）是厦门美亚柏科信息股份有限公司自主研发的电子数据取证综合分析工具，是该公司的拳头产品之一，也是国内第一个自主知识产权的综合取证软件。

图 3-20　取证大师

取证大师能够一步到位地完成除关键词搜索以外的几乎所有的取证分析功能，自动生成并导出报告；能够获取计算机系统运行状态下的动态信息，包括系统进程、各种通信及网络服务账号和密码、上网记录及网络链接信息等；能够提取各种硬盘中嫌疑人所安装的操作系统的各种信息，包括操作系统最后一次正常关机时间、安装日期、网络信息、服务信息、安装软件列表、共享文件夹信息、网络映射、本地计算机用户信息、用户最后一次注销时间等；可以直接查看用户最近访问的文档、最近打开的各种 Office 文档、媒体播放器最近的视频播放列表、USB 设备（移动硬盘、U 盘等移动介质）的使用记录；能自动搜索出用户曾经打印过的文档记录并查看打印内容；具备即时通信软件聊天记录自动分析功能，可自动检测和提取各种 IM 即时通信软件的历史记录，避免遗漏相关重要数据的分析；能实现邮件调查，自动分析和定位硬盘中所安装的各种邮件客户端的邮件数据存储文件，并可以实现内容的自动解析，支持 Outlook Express、Outlook、Foxmail 邮件内容的解析；具备上网记录分析调查功能，无须进行复杂的设置，便能自动搜索出介质中所有用户访问互联网的历史记录，方便快捷；具备 Web 邮件分析能力，支持雅虎、Windows Live Mail、新浪、搜狐、腾讯 QQ、21CN 等国内外 Web 邮箱的调查；能实现反取证软件检测，能对取证过程中经常遇见的反取证软件进行检测，如突网工具、加密软件、数据擦除工具、信息隐写等众多反取证软件；能实现加密文件检测，快速搜索介质中加密的文件，支持加密的 MS Word、MS Excel、MS PowerPoint、PDF、Zip、RAR、PrivateDisk 加密容器等；能实现文档自动分类和快速提取，非常适合对大批量计算机进行快速调查和分析。将硬盘中各种文档、IM 聊天软件记录文件、邮件数据文件、音频视频文件等进行分类，并自动提取导出，方便进一步地查看或者关键词搜索。

取证大师主要面向基层执法人员，是一款"傻瓜化"的取证分析软件。其针对国内实际情况作了专项化开发，操作简单、分析全面，对调查者技术要求低，是侦查人员进行电子数据取证不可或缺的分析系统。

取证大师分为 32 位和 64 位两个版本。32 位版本同时适用于 32 位和 64 位操作系统，但在进行大数据操作时，64 位版本的性能更为稳定强大。在不同操作系统下运行取证大师时，系统会自动启动相应版本的程序。

（二）开源综合取证软件

开源软件（Open Source Software），也称开放源代码软件，是一种可以任意获取源代码的软件。这种软件的版权持有人在软件协议的规定之下保留一部分权利并允许用户学习、修改、增进以提高该软件的质量。开源软件通常采用公开和合作的方式开发，但是开源软件仍然有版权，受法律保护。从某种角度讲，如果取证人员能熟练地使用开源取证软件，也可以完成所有取证工作。

目前比较知名的开源取证软件有：Brian Carrier 公司开发的 The Sleuth Kit 和 Autopsy Forensic Browser、ArxSys 公司开发的 Digital Forensics Framework 和 SANS 公司开发的 SIFT。

1. TSK 和 Autopsy Forensic Browser

TSK 是 The Sleuth Kit 的简称。TSK 可以运行于 Windows、Linux Mac OS X、OpenBSD 和 Solaris 等操作系统上。TSK 可以用于分析 Windows 和 Unix/Linux 文件系统，支持从多种文件系统中提取及恢复数据。

Autopsy Forensic Browser 是 TSK 中工具软件的图形界面，它可以在只读环境中对分区中的文件、删除的文件、目录、数据和镜像的元数据进行分析。

2. DFF

DFF 是 Digital Forensics Framework 的简称，具有灵活的模块系统，支持多种功能，包括恢复错误或崩溃导致的文件丢失，对证据进行研究和分析等。DFF 提供了一个强大的体系结构和一些有用的模块，不仅支持 NTFS、EXT 2/3/4、FAT 12/16/32 文件系统的分析，还可以分析注册表、电子邮箱和内存数据。

3. SIFT

SIFT 是基于 Ubuntu 的取证发行版。它以 VMware 虚拟映像的形式发布，集成了所有数字取证分析必需的工具，适用于 Expert Witness Format（E01）、Advanced Forensic Format（AFF）和 raw（dd）证据形式。SIFT 包含许多取证工具，如 The Sleuth Kit、Autopsy。

（三）苹果系统取证分析软件

传统的 Windows 取证工具能分析 Mac OS X 操作系统，但是存在着一定的局限性。因此，需要专用的苹果 Mac OS X 系统取证软件。目前，苹果 Mac OS X 系统取证软件主要有 Sumuri 公司的 RECON for Man OS X 和 Black-Bag Technologies 公司的 BlackLight 等。前几年 SubRosasoft 公司的 MacForensicsLab 由于软件更新不如前两者，最近几年陷入颓势。

1. RECON for Mac OS X

RECON for Mac OS X 可以对开机状态下的苹果计算机进行在线取证，也可以用于对苹果硬盘或磁盘镜像直接进行全面分析。

RECON for Mac OS X 可以全面地对苹果计算机 Mac OS X 系统中的系统数据和应用程序进行快速解析，支持解析的系统信息包括网络信息、连接的蓝牙设备、剪贴板信息、加载过的磁盘镜像列表、磁盘工具的历史应用痕迹、安装的硬件、安装的应用程序、登录的用户、加载的卷、打开过的文件列表、进程列表、最近的打开记录、回收站信息、Airport 使用记录、联系人、iphoto、连接过的 iOS 设备信息、iTunes 记录地、日程安排以及支持的浏览器等。因此，它能同时满足现场取证和后期实验室分析。

2. BlackLight

BlackLight 软件拥有并依据世界上唯一最全苹果系统哈希库（包括 OS 和 iOS 系统）进行设计，是业内领先的专业电子数据取证分析工具。

BlackLight 支持几乎所有 Mac OS X 和 iOS 设备，支持开机数据直接提取、镜像导入、iOS 设备直接提取等多种数据提取方式，也可以对指定单一文件夹进行导入解析。该工具还支持多种主流镜像格式，如 DD、E01、L01、S01、DMG、VDMK 等，可以直接导入多家苹果取证工具生成的镜像文件。

BlackLight 可以从其他主流专业取证工具中直接导入关键词列表和正则表达式，支持导入其他工具生成的哈希库，支持多个案件同时运行、多个设备同时提取、多个进程同时处理。此外，BlackLight 操作简便，设计人性化，便于用户使用。

（四）电子邮件取证软件

电子邮件中包含收件人、发件人、加密文件、删除文件和其他多种格式的文件。通常一封带有一个 word 文件附件的邮件中就有超过 50 个不同的元数据需要取证人员进行取证分析。[1] 同时，现代电子邮件取证中原始数据的规模呈逐年增大的趋势，这些都加大了电子邮件取证的难度。因此，电子邮件取证需要取证软件的支持。

目前，常用的电子邮件取证软件有澳大利亚 Nuix 公司的 Nuix、Vound 公司的 Intella 和美国 Paraben 公司的 ParabenEmail Examiner。

1. Nuix

Nuix 是目前电子数据取证领域最专业的电子邮件分析工具。与 EnCase、FTK、X-Ways Forensics 等软件比，Nuix 在邮件分析上具有较强的优势。Nuix 支持常见的各种电子邮件客户端数据文件的数据解析、查看和搜索，支持单用户的 PST、OST、NSF、mbox 文件等数据类型以及多用户的 EDB、Domino、Groupwise 邮件服务器的解析和邮件分析。支持的文件镜像包括 dd、EnCase 的

---

〔1〕　王立梅，刘浩阳主编 . 电子数据取证基础研究 . 中国政法大学出版社，2016：207.

E01、L01 以及 Access Data 的 AD1。此外，它还支持云邮件的解析。

图 3-21　Nuix 电子邮件取证系统

Nuix 支持对电子邮件的可视化关联分析。通过时间线或根据邮件发件人、收件人等关系来进行图形化的关联分析。通过图形方式直观展示邮件关系人之间的联系。Nuix 支持 TB 级电子邮件数据的索引，能正确地将中文、日文、韩文、沙特阿拉伯文、斯拉夫文等文本解码成 Unicode，还支持对东南亚语文本的深度搜索。

2. Intella

当用户使用 Intella 分析大量电子邮件时，首先对电子邮件进行索引，然后通过强大的搜索功能对邮件内容及其附件进行实时搜索，找到关键词所在邮件之间的联系。另外，用户还可以利用 Intella 的过滤器缩小和精确搜索范围，从而快速从电子邮件中找到线索。

Intella 支持的邮件类型包括 PST、OST、DBX、NSF、Mbox、IMAP 以及在线邮件分析等。Intella 中文版支持 Foxmail。除电子邮件之外，Intella 将自己的分析范围扩大到了 word、excel、ppt、pdf、jpg 等格式的文件。

Intella 还可以帮助用户将案件中的数据和手机中的数据集成到一起，从而极大地提高数据之间可视化关系分析的能力。

（五）内存取证分析软件

内存取证主要通过对内存数据及其缓存硬盘数据进行分析，查找、提取、分析那些对案件侦破可能有重要意义的易失性数据。这些易失性数据的特点是存在于正在运行的计算机或网络设备的内存中，关机或重启后这些数据将不再存在。

内存取证分析软件通过捕获和分析内存数据，从而提取具有法律效力的电子证据。2005 年的 DFRWS 内存分析挑战赛掀起了内存取证研究的热潮，此后，不断涌现出各种内存取证分析软件。目前 EnCase、FTK、X-ways 等主流取证工具都支持对内存数据的提取和分析，但是最负盛名的还是开源软件 Volatility Framework。

Volatility Framework 是 Volatile System 开发的基于 GNU 协议的内存取证工具。该软件支持对 32 位或 64 位 Windows、Linux、Mac、Android 操作系统的内存数据进行提取与分析。它可以识别大多数的内存镜像格式，如 dd、dump 文件、VMware 快照、LiME 格式等。

Volatility Framework 是一个框架式的开放平台，取证调查人员可利用此框架的核心功能编写自己的插件，以满足不同类型的内存取证研究需要。

（六）关联分析软件

关联分析软件，也可以称为数据分析软件。随着数据的海量化或大数据化，对于数据中有用信息的挖掘变得非常重要。目前，在司法领域，大数据关联分析工具知名度最高、使用范围最广的是美国 IBM 公司的 i2 系列产品。

IBM 公司的 i2 系列产品是一款专门为调查、分析、办案人员设计的可视化数据分析软件，可以将结构化、半结构化和非结构化数据转化为图形，为分析员提供一个直观的实体关系图。同时，该产品还能提供丰富的可视化分析算法和分析工具，帮助分析人员快速找到破案线索和有价值的情报，提高工作效率并帮助识别、预测和阻止犯罪。

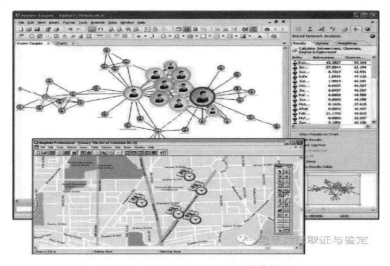

图 3-22　i2 Analyst's Notebook 操作界面

　　i2 系列产品原本是英国剑桥的 i2 公司面向英国警察部门研发的，之后迅速推广到英国所有的警察部门。据路透社消息，2003 年，i2 曾帮助英国军队追踪萨达姆·侯赛因（伊拉克前总统）。"9·11"事件中，美国调查部门借助 i2 迅速理清了恐怖分子之间错综复杂的关系，实现对恐怖分子的迅速逮捕。由于该产品在实际案件调查中展现出无与伦比的情报调查能力，国际刑警组织也采用了该产品，并向全世界的警察组织推荐。2009 年，i2 公司收购了美国的 COPLINK 软件公司，将情报分析产品线与警务综合系统、情报分析平台进行整合，为警务机构和办案机构提供了端到端的整体解决方案。2011 年，美国 IBM 收购了 i2 公司，将其作为 IBM "智慧城市"框架中平安城市解决方案的重要组成部分。

　　经过 20 多年的发展，i2 产品目前已拥有了超过 150 多个国家的 35 万多用户，主要分布在执法、国防、安全、金融、政府等领域，其主要客户包括英国所有的警察组织、欧盟成员的公检法机构、国际刑警组织（Interpol）、欧洲刑警组织（Europol）、联邦调查局（FBI）、中央情报局（CIA）、美国联邦政府等。目前，i2 产品在国内主要有公安、国防、安全、银行、保险、经检、海关、工商、税务等组织机构使用。

　　IBM 公司的 i2 系列产品主要分为分析师系列和 COPLINK 系列。分析师系列包括 Analyst's Notebook 及其周边数据接口产品；COPLINK 系列产品包括底层数据获取工具、数据仓库、数据服务器、应用服务器及前端访问工具（桌面、手持设备）等。i2 系列产品是美国警察的警务综合平台和情报分析平台。目前在美国已经部署了 28 个州，并在各类案件中发挥了重要作用。

　　国内关联分析软件，首推 iTap Plus 系统。iTap（intelligence Tactical Analysis Platform），简称蓝灯智能情报分析系统，是上海蓝灯数据科技有限公司的核心产品。它是国内第一款通过总结大量办案经验并运用技战法理念、战法联盟思想设计出来的可视化情报研判分析系统。iTap 系统主要基于公安机关积累的海量数据，提供简单、易用的资源关联挖掘分析、图形化直观研判和重点人员智能预警等应用功能。iTap 基于国际最先进的大数据应用理论进行构建，同时综合运用了拓扑学、图论、社会网络分析、统计等先进算法和成熟技术，性能稳定可靠。借助 iTap 系统可以使分析人员面对分析对象与现实世界的真实对象时做到感知完全相同，可以使分析人员快速地发现隐藏在数据内部的各种关联关系，并以直观的图形形式表现出来。

目前 iTap 系统已在全国 18 个省、直辖市、自治区的公安机关使用，国内大部分海关部门也使用 iTap 作为情报分析工具。iTap 已实现与全国 18 个省、直辖市、自治区的重点人员信息、民航、列车、旅馆业等庞大数据库资源的共享。依托 iTap 可实现对目标对象的身份背景、活动情况、关系圈等的深入分析。借助 iTap 可以实现对目标对象"关系圈"人员高危背景的综合研判，发现潜在的高危人员。在应用层面，iTap 系统还合成了丰富的战法模型，同时提供了可配置的图形化研判方法和分析手段，提升了系统的可操作性。在硬件方面，iTap 系统通过集成内存数据库一体机实现大数据的分析加速，数据的响应速度控制在秒级之内。

iTap 系统在全国各警种中都有很好的实战成效。基于 iTap 系统的战法联盟，可以使全国使用 iTap 的用户实现基于请求服务的数据共享，把异地数据与本地数据结合起来进行分析，这极大地提升了用户的精确打击能力和侦查办案的效率。

图 3-23　iTap 情报分析系统

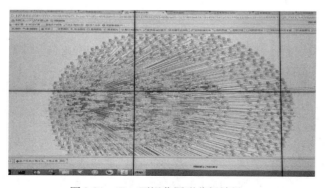

图 3-24　iTap 可视化图形分析效果一

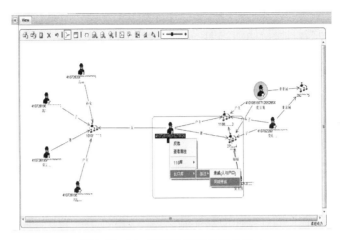

图 3-25 iTap 可视化图形分析效果二

说到关联分析软件还要提及 FS-6000 分析系统。近年来，厦门市美亚柏科信息股份有限公司基于 IBM i2 强大的可视化分析平台研发了 FS-6000 可视化数据智能分析系统。这是一款对各种业务系统的结构化数据及非结构化数据进行综合分析的系统，具备业务数据智能清洗、综合数据智能分析、可视化图形展示等多项强大功能。系统通过自动化智能清洗，将异源异构的各种业务数据推送到数据中心，利用各种分析模型和业务模型挖掘数据间的关系，并将数据和数据间的关联通过图形的方式予以展现。FS-6000 分析系统能更进一步地运用众多图形化分析手段发现和揭示数据中隐含的公共要素和关联，有效协助执法部门、政府机构及金融企业（银行、保险、证券）等相关部门将大量的、低关联的、低价值的信息转化为少量的、易于理解的、高关联的、高价值的、可操作的情报，帮助预防、识别和瓦解欺诈及违法行为。

FS-6000 分析系统能够分析出特定对象的生活习惯、活动规律、联络圈子等信息，为案件的分析提供参考；能够分析出团伙犯罪中的团伙成员，及其团伙的犯罪规律；对没有线索的流窜案件、重特大案件、疑难案件能够根据侦查的案件模型分析出嫌疑人线索；数据自动清洗，针对需要导入的话单数据，智能提取数据分析所需要的相关信息；提供多种分析模型，根据分析人员常用分析思路，提供多种分析操作，以便更快捷地分析和过滤到有用的数据；调用 i2 Analyst's Notebook 展示：将清洗和分析过后获得的有用数据输出到 i2 Analyst's Notebook 进行进一步的直观分析和展示。

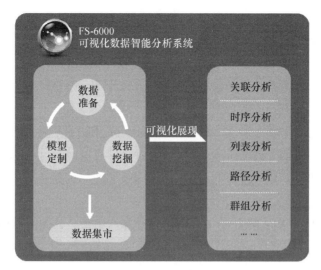

图 3-26　FS-6000 可视化数据智能分析系统

（七）系统仿真软件

系统仿真取证是指运用仿真技术实现对目标系统的仿真模拟和环境再现，在系统写保护状态下实施对目标系统中各类电子数据原有状态的还原、操作轨迹的追踪以及各种数据记录的收集与保全活动。

系统仿真取证主要是利用虚拟机技术、Shadow 技术、重新定向技术等对目标系统的操作系统内核、硬件设备、用户环境、各种网络协议、应用程序、数据记录等信息进行动态的仿真运行模拟，以在此基础上构建出安全的、可供动态取证的操作环境。

按照取证对象的不同，可将仿真取证分为基于原机的仿真、基于硬盘镜像的仿真和基于硬盘镜像文件的仿真。基于原机的仿真是在拥有原始主机且系统处于写保护状态下的在线取证。基于硬盘镜像的仿真是在借助虚拟机技术的基础上对装有操作系统的硬盘进行硬件仿真重建，通过仿真加载原有系统设置，重建原有计算机系统运行的软硬件环境，进行原始电子数据的动态分析获取。基于硬盘镜像文件的仿真是在识别镜像文件中原有系统配置信息的基础上，实现原载系统的仿真启动，以在线直观、准确地判别、收集和保全所需的电子证据。[1]

---

〔1〕　王立梅，刘浩阳主编 . 电子数据取证基础研究 . 中国政法大学出版社，2016：212.

系统仿真对于电子数据取证具有重要的作用。取证人员可通过仿真模拟，再现目标系统原有数据的生成、改动、存储等数据运行的轨迹，重塑电子数据从生成到改动的操作记录，实现数据的追溯还原。

目前，基于原机仿真的设备有前面提及的 Voom Technologies 公司研发的 SHADOW 系列，基于硬盘镜像仿真和基于硬盘镜像文件仿真的软件有澳大利亚 GetData 软件公司的 Virtual Forensic Computing 和开源软件 Liveview 等。

国内美亚柏科、盘石、天宇宁达等公司也有自己的系统环境仿真软件。比较而言，商业版的系统环境仿真软件能够支持更多的系统版本，同时具备登录密码绕过功能。

美亚柏科的 ATT-3100 电子数据仿真取证系统是一款国内使用率较高的产品。

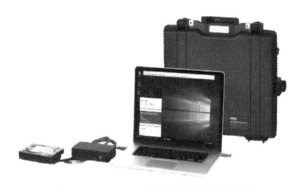

图 3-27　ATT-3100 电子数据仿真取证系统

ATT-3100 电子数据仿真取证系统可以模拟用户使用环境，重现系统操作过程。它支持包括 Windows 10 在内的各种 Windows 操作系统仿真，支持包括 Mac OS 10.10 在内的各种 Mac 操作系统仿真；支持各种 Linux 操作系统仿真；支持各种操作系统的权限突破，可绕过登录密码直接进入系统。该系统配备现场重现工具，可快速重现系统主动操作痕迹并直观展示，并生成动态取证报告，配备大容量密码字典，可快速解密 Windows 系统账号和密码。

（八）密码破解软件

数据加密作为一种常见的反取证技术，被越来越多的人所使用。犯罪者为了应对侦查，通常也会采用数据加密实现反取证。

现代加密技术的发展，使得对加密文件的解密变得越来越难。要破解加密文件就需要破解软件的支持。

解密的常见方式就是密码破解。目前在电子数据取证中常见的密码破解方法有以下三种：一是通过检索嫌疑人的身份关联信息和检材周围及检材中的关联信息，分析密码；二是根据上述信息建立密码字典，使用密码破解软件破解；三是直接使用密码破解软件进行暴力穷举法破解。

传统的密码破解软件仅针对特定类型的加密文件，只能单机使用。受限于单机的运算速度，在密码逐渐增加的今天，对于难度较大的加密文件很难成功解密。传统的密码破解已经不能满足需要。在 AccessData 公司推出分布式网络密码破解系统（Distributed Network Attack，简称 DNA）后，利用多台计算机并行的分布式破解成为趋势。

分布式技术是指把一个需要非常巨大的计算能力才能解决的问题分成许多小的部分，然后把这些部分分配给许多计算机进行处理，最后把这些计算结果综合起来得到最终的结果。分布式密码破解软件能够集合可集中的所有计算机的运算力量，对加密文件进行破解运算。这一软件系统由管理端和客户端两部分组成。管理端负责管理全部解密任务，并将解密任务分割成若干子任务分配给客户端计算机。客户端以后台方式运行在被集中的各台计算机中，利用 CPU 的空闲时间进行运算。由于客户端不会抢占主要运行程序的系统资源，因此用户不会常常到计算机运行速度发生了变化。整套系统充分利用局域网内的全部计算机，通过分布式组合攻击方式对加密文件密钥进行攻击，从而最终达到100%破解加密文件的目的。目前主流的分布式密码破解软件有 Passware Kit Forensic 和 ElcomSoft Password Recovery Bundles 等。

1. Passware Kit Forensic

Passware Kit Forensic 是俄罗斯 Passware 软件公司的产品，是一个完整的发现加密数据的解决方案。Passware Kit Forensic 可以破解 150 多类文件的密码，可以重置本地和 Windows 域管理员的密码，可以搜索出目标计算机上所有受密码保护的文件，并使用最快的解密和密码恢复算法来增加对这些文件的访问权限。

Passware Kit Forensic 支持 BitLocker 解密，可以通过扫描目标计算机物理内存的映像文件来查找 BitLocker 加密磁盘的加密密钥。虽然 Passware 的方式并不能彻底地破解 BitLocker，它必须要访问正在运行着的计算机物理内存或镜像文件，才能提取出所有的 BitLocker 磁盘加密密钥，但它仍旧是破解 Bit-Locker 加密最有效的商业软件。该软件还可以破解 PGP Passware Kit，目前可以破解 PGP 虚拟磁盘、SDA 文档、钥匙圈文件（支持 PGP 和 GnuPG）和 PGP Zip 压缩文件。

2. ElcomSoft Password Recovery Bundles

ElcomSoft Password Recovery Bundles 是俄罗斯 ElcomSoft 公司研发的解密工具套装，是当前所有解决方案的集合。ElcomSoft 公司的系列产品涉及文件密码破解、系统及网络安全、手机取证等多个领域，包含从移动设备到计算机取证的多种工具集合。

自 1997 年开始，ElcomSoft 公司开始研究电子数据法证及 IT 安全解决方案，开发了 ElcomSoft Password Recovery Bundles 的一系列解决工具集合，可以破解数十种密码类型，支持上百种不同格式的加密文件。

ElcomSoft Password Recovery Bundles 满足了不同的执法机关、军队、情报机关、鉴定机构、企业安全部门的各种需求，拥有多项专利技术。

七、实验室检验平台

实验室检验平台主要是针对检材进行数据恢复、密码破解、线索分析、图片音视频等文件分析、上网记录和聊天记录分析等常规检验工作平台。由于对数据运算性能要求较高，一般采用较为成熟的取证分析工作站等硬件平台，同时配备相关的检验工具软件来完成检材的检验分析工作。取证分析工作站是电子数据取证的核心设备之一，也是电子数据取证实验室的基础设备。

早期的取证分析工作站庞大笨重、易出故障，现在的取证工作站已大为改观。现在的取证工作站具备多线分析能力，同时具备写保护、镜像、密码破解、设备热插拔等能力。从外观上看，现在的工作站一般配备多块液晶显示器，可以提供丰富的信息以便于取证人员分析。

目前，很多取证设备的硬件生产厂商都有取证分析工作站产品，国外比较出名的有美国 Digital Intelligence 公司的 FRED 系列取证一体化工作站，国内美亚柏科、盘石软件等公司均能生产品质优良的高性能工作站。美亚柏科的 FL-800 取证塔、取证航母，盘石软件的计算机取证分析平台（SafePlatform），天宇宁达的雷神法证分析工作站是较为常用的。

美亚柏科的取证航母是一体化智能取证工作站系统的简称。它是一款以现有计算机、手机取证技术为基础，结合多年积累的取证经验，经过多位取证专家打磨，历经多个版本迭代，将极富科技感的硬件与贴合工作需求的应用相结合，最终打造出的一体化智能取证工作站系统。该产品充分考虑了人体工程学，采用模块化设计将各种取证分析配件无缝融入取证工作位，实现全方位的取证分析能力。产品首创智能取证模式，可在接入存储介质后一键完成介质预检、证据固定、取证分析、系统仿真等取证工作，并实时生成工作报告，对于目前存在的取证设备繁杂、分析工作量大、设备操作复杂等问题，提供了良好的解决方案。

图 3-28　1.2.17 FL-2000 取证航母

在移动互联网、云计算、大数据、智能化时代，网络犯罪将变得更加复杂，电子数据取证也将变得更难。为了解决难题，就必须研发新的功能强大、高品质的取证工具。展望未来，电子数据取证工具将会朝以下几个方向发展：一是电子数据取证工具将更加高速化、自动化、专业化和智能化。二是电子数据取证技术将与人工智能、神经网络、数据挖掘等新兴技术密切结合。三是新型移动终端的数据恢复和解密工具仍将是研发的重点。四是研究有效的远程跨域取证工具将成为电子数据取证领域的一个重点。五是将会十分重视面向移动终端的现场取证类取证工具的研发。六是未来将会推出穿戴式智能电子数据取证工具。[1]

---

〔1〕 王立梅，刘浩阳主编. 电子数据取证基础研究. 中国政法大学出版社，2016；219.

第四章　侦查中电子数据的收集提取

　　电子数据的收集提取是本书最为重要的内容之一。不管是取证工具、技术还是取证原则、程序、方法等都要落实到收集提取环节。电子数据的收集提取是取证理论与实践的具体化体现。

　　本章属总论性质，从宏观角度对侦查中电子数据的收集提取进行论述，本书的其他章节还会针对电子数据具体的收集提取进行详细的论述。

　　在论述本章过程中，有关电子数据的法律问题主要以《刑事诉讼法》《收集提取和审查判断电子数据问题规定》《公安机关办理刑事案件程序规定》《刑事诉讼法解释》为依据。同时，对电子数据的收集提取也根据这些规定进行。

　　尽管收集提取是具体化词汇，但本章里"收集提取"却有复合性含义。本章的收集提取不仅仅是单纯的收集提取，还包括电子数据取证的其他环节。本章的收集提取实际上包含了工具使用、技术手段选择、寻找发现、分析研究、固定记录、扣押、包装、运送、保管、控制、处理、再分析等更为具体化的动作或行为。联系到侦查取证措施，电子数据收集提取涉及勘验检查、证据调取、搜查、查封扣押、冻结、技术侦查等措施。

　　有些书里把电子数据的收集提取称为勘验检查，显然，这样称呼是不准确的。尽管勘验检查是收集提取电子数据的主要措施，但其并不是唯一的措施，电子数据的收集提取还涉及其他侦查取证措施。相对而言，在侦查取证措施里，勘验检查措施是收集提取电子数据最为主要的措施。电子数据其实就是一种电子痕迹，与其他痕迹物品一样，其需要在侦查中对其进行勘验检查。凡是犯罪现场的电子数据都可以通过勘验检查加以获取。此外，还要通过其他的取证措施收集提取电子数据。如果与犯罪相关的电子数据不是遗留在犯罪现场，或电子数据是存留在电信运营商、网络运营商、电商的服务器里，或是收集提取电子数据是在补充侦查阶段进行的，此时就需要通过搜查、技术侦查等进行调取、查封扣押、冻结等。

一、电子数据取证原则

电子数据取证原则也是电子数据收集提取必须遵循的原则。

与传统的痕迹物品比，电子痕迹有其自身的特性，依据这些特性，在收集提取电子痕迹时需要遵循一些特定的原则。1998 年，受八国集团（G8）委托，计算机证据国际组织（International Organization on Computer Evidence，IOCE）负责制定国际计算机取证原则，并于 2000 年颁布了计算机取证的 6 条原则。这 6 条原则是：

（1）必须应用标准的取证与司法鉴定过程；

（2）获取证据时所采用的任何方法都不能改变原始证据；

（3）取证与司法鉴定人员必须经过专门培训；

（4）完整地记录证据的获取、访问、存储或传输的过程，并妥善保存这些记录以备随时查阅；

（5）每位保管电子证据的人员必须对其在该证据上的任何行为负责；

（6）任何负责获取、访问、存储或传输电子证据的机构有责任遵循以上原则。

时至今日，尽管存储介质发生了巨大变化，电子硬件设备日新月异，电子数据已经脱离了计算机设备，融入了各种形态的电子设备中，但是计算机取证原则仍然是适用的。

当然，以上 6 条原则随着信息技术的进步多少有点显得指导性不足。因此，美国、英国等国根据计算机证据国际组织提出的原则，并结合实际情况提出了它们认为符合实际的原则。

迄今为止，曾参与计算机证据国际组织制定取证原则的英国警察协会（ACPO，Association of Chief Police Officers）和数字取证科学组（SWGDE，Scientific Working Group on Digital Evidence），持续对电子证据取证工作的开展进行研究。为使实践工作能符合取证的原则和标准，ACPO 和 SWGDE 分别推出了《电子证据取证的最佳实战指南》（*Guidelines for Best Practice in the Forensic Examination of Digital Technology*），并随着实践工作的转变而新增、修订和完善指南内容。英国首席警官协会提出的 4 条电子数据取证原则是：

（1）执法机构及人员采取的任何举措均不能导致计算机及其存储介质中的可能向法庭提交的数据发生改变；

（2）在必须接触计算机及其存介质中的原始数据时，接触人员必须能够胜任，而且能够解释证据的关联性以及取证行为的相关性；

（3）计算机取证所有过程必须创建审计追溯记录或其他记录，并加以保存，任何独立的第三方机构经过程验证都可以得出相同的结果；

（4）负责调查的人员（案件负责人）要对法律和原则的遵行情况全面负责。

不同的国家、组织根据各自的出发点，制定的取证原则虽然不完全相同，但大体都是为保证所获取的证据的合法性、客观性和关联性。根据国际通行取证原则，结合我国实际及实践，我们认为电子数据取证应遵循以下原则：

（1）依法授权原则。取证人员要得到法律授权，取证流程必须符合法律法规的规定。

（2）无损原则。取证方法要科学，要符合相关技术标准，以保证电子数据的完整性、连续性；电子数据的保全要符合证据保管链。即能够说明电子数据从最初的获取状态到在法庭上出现之间的任何变化。

（3）胜任培训原则。从事取证的执法人员必须经过专业培训，具备电子数据取证能力。

（4）记录固定原则。任何针对数据的获取、存储、运输、分析检查的活动都必须记录存档。

（5）使用工具原则。取证人员应该配备符合要求的取证工具。

如果在取证过程中违背了这些原则中的某一原则或几个原则就会导致收集提取出错。

二、收集提取电子数据的主体

这里提到的收集提取电子数据的主体确切来说是指刑事诉讼中的主体。关于刑事诉讼中收集提取电子数据的主体主要涉及三个问题：一是取证主体资格；二是对取证主体的人数要求；三是对电子数据取证主体的特殊要求。

（一）收集提取电子数据主体资格

刑事诉讼中收集提取电子数据的主体法律予以授权。收集提取电子数据的主体与收集提取其他证据的主体相一致，主要有两类：一是公安机关、国家安全机关、检察机关及审判机关的司法人员。《刑事诉讼法》第五十条和第五十二条规定：审判人员、检察人员、侦查人员必须依照法定程序，收集能够证实犯罪嫌疑人、被告人有罪或无罪、犯罪情节轻重的各种证据。人民法院、人民检察院和公安机关有权向有关单位和个人收集、调取证据。有关单位和个人应当如实提供证据。《收集提取和审查判断电子数据问题规定》第三条对取证主体也作了规定：人民法院、人民检察院和公安机关有权依法向有关单位和个人收集、调取电子数据。有关单位和个人应当如实提供。二是当事人及其辩护人、诉讼代理人。强调司法机关在侦查中电子数据收集提取的主导权时，为维护当事人的合法权益，增强当事人在刑事诉讼中的独立性，当事人及其辩护人、诉讼代理人亦应享有电子数据收集提取的权利。《刑事诉讼法》第四十九条规定，自诉案件中自诉人应承担证明责任。《刑事诉讼法》第四十一条规定，辩护律师经证人或者其他有关单位和个人同意，可以向他们收集与本案有关的材料，也可以申请人民检察院、人民法院收集、调取证据，或者申请人民法院通知证人出庭作证。辩护律师经人民检察院或者人民法院许可，并且经被害人或者其近亲属、被害人提供的证人同意，可以向他们收集与本案有关的材料。《刑事诉讼法解释》第四十四条、第四十五条和第四十九条规定，辩护律师或担任诉讼代理人的律师向证人或其他有关单位和个人收集、调取与本案有关的材料，因证人、有关单位和个人不同意，申请人民法院收集、调取，人民法院认为有必要的，应当同意。辩护律师或担任诉讼代理人的律师直接申请人民法院收集、调取证据，人民法院认为辩护律师或担任诉讼代理人的律师不宜或不能向证人或者其他有关单位和个人收集、调取，并确有必要的，应当同意。[1]

（二）对取证主体的人数要求

收集提取电子数据的主体是侦查人员。对侦查人员取证人数的要求主要依据是《公安机关办理刑事案件程序规定》《计算机犯罪现场勘验与电子物证检查规则》《收集提取和审查判断电子数据问题规定》。《公安机关办理刑事案件程序规定》对搜查、讯问等侦查措施的人数作了规定，在电子数据取

---

〔1〕　刘显鹏. 电子证据认证规则研究——以三大诉讼法修改为背景. 中国社会科学出版社, 2016: 121-122.

证时可参照采取其他措施的人数。《计算机犯罪现场勘验与电子物证检查规则》规定，电子数据勘验和检查不得少于二人。《收集提取和审查判断电子数据若干问题的规定》第七条规定：收集、提取电子数据，应当由二名以上侦查人员进行。因此，在收集提取电子数据时必须由二名以上的侦查人员进行。

关于侦查人员人数值得注意的是对侦查人员的正确理解。这里的侦查人员既包括公安机关侦查人员，也包括检察、安全等机关的侦查人员。同时，侦查人员除了侦查员外，还包括技术员等。

（三）对电子数据取证主体的特殊要求

电子数据取证主体通常被称为侦查人员。电子数据取证侦查人员必须是复合型人才。正如本书第一章"对侦查中电子数据取证人员的素质要求"中提到的，电子数据取证人员首先要具备侦查学知识；其次要掌握与电子数据取证有关的信息技术知识，要懂电子取证技术，要学会正确使用电子数据工具；最后要掌握法律知识，特别要掌握刑事法律知识。

三、收集提取电子数据的一般流程

电子数据种类繁杂，不同的电子数据收集提取的流程是有差别的。但是，作为具有共同属性和特点的电子数据其收集提取的流程又有共性的一面。在此，我们将对收集提取电子数据的一般流程进行介绍。至于收集提取各类电子数据差异化、个性化、特异化的流程将在本书后面的章节进行介绍。

流程不等于程序。电子数据取证的流程并非是刻板不变的。取证主体不同，使用的技术、工具不同，面对不同的电子数据，取证的方法会有差异，有时差异是相当明显的。但是，电子数据取证的一般化流程是存在的。也就是说，尽管电子数据取证的要素存在差异，但取证的一般流程却存在着共性，此共性的取证流程通常分为四步，即观察评估、固定获取、梳理分析、形成报告。

（一）观察评估

在收集提取电子数据之前，或面对某一存储电子数据载体时，取证人员要观察了解与取证目标相关的情况，并对取证情况进行初步的全面评估。通过评估，确定取证重点、顺序，选择拟用的收集提取工具、方法，拟定取证方案。

在观察评估过程，具体会涉及以下内容：

（1）检查准备工作是否妥当。比如，现场环境是否了解透彻；取证难点能否克服；器材设备是否备好；相关法律手续是否履行；法律文书是否完备；见证人是否到位；遇到意外紧急情况该如何应对等。

（2）进一步了解案情。比如，了解受害情况；受害人情况；犯罪嫌疑人情况；受害人计算机水平；犯罪嫌疑人犯罪手法；取证目标数据权限分配等。

（3）确定取证范围、目标。明确多大范围内的电子数据载体应该收集提取；明确是否需要展开网络取证；明确是否需要收集提取基站数据；明确是否需要收集提取现场视频数据；明确现场中哪些电子设备、电子数据是需要收集的；明确现场中哪些传统痕迹、物品应连同电子数据一并提取。

（4）观察、了解取证目标。观察取证目标所处环境，进一步了解目标情况。了解取证目标是家庭单机，还是 IDC 机房服务器集群；了解是否涉及境外或异地远程电子数据取证；了解与取证相关的电子设备操作权限。

（5）确定取证人员。在前期准备的基础上，根据取证人员的特长和取证任务要求确定两名以上取证人员具体取证。

（6）选定取证器材。根据取证任务备好器材设备，如硬盘只读设备、复制设备、手机取证设备、信号屏蔽设备、备用电源、备用存储等。

（7）拟定取证方案。根据现场环境、具体取证任务、器材、取证人员情况等拟定具体的取证方案，即应采用怎样的取证顺序？选择怎样的取证方法？

（二）固定获取

存储电子数据的载体是十分复杂的。电子数据不仅存在于单独的文件中，还会存在于系统日志、数据文件、寄存器、交换区、隐藏文件、空闲硬盘空间、打印机缓存、网络数据、用户进程存储、堆栈、文件缓冲区、文件系统本身等不同的位置，电子数据遍布存储介质。在对电子数据进行提取之前，必须对存储电子数据的介质进行拍照固定。与犯罪有关的电子数据需要提取后再进行分析，不可以在原始存储介质上直接进行分析。目前，提取电子数据主要使用获取的方法。在具体获取时，需对具体的介质进行写保护。

写保护是获取和分析电子数据的前提。通过写保护，才能防止取证人员有意或无意地变动数据，以保证所获取数据真实可靠。

获取作为提取电子数据的做法，主要分为镜像获取和特定数据获取两种。镜像获取是对源存储介质的逐比特位的复制。镜像获取是一种静态获取，可以提取到所有的数据。当然，有时要获取到所有的数据是不可能的。比如，对正在运行的服务器，只能针对案件的需要去获取相应的数据，不可能获取所有的数据。特定数据获取是针对特定的文件、数据进行的获取。特定数据获取有静态和动态获取两种方式。静态获取是针对存储介质的特定文件进行的提取。动态获取是根据获取策略，提取特定的数据。动态获取又称"易失性数据提取"。

（1）镜像获取。一般的备份程序只能对单个的文件系统作备份，无法捕获到松弛区、未分配空间及 Swap 文件。只有逐比特复制才能建立整个驱动器的镜像，确保得到所有需要的数据，包括已被删除或隐藏的文件。镜像获取可以实现对原始驱动器每一个比特的精确镜像。

因此，获取精确备份的最好方法是应用镜像工具。镜像工具从底层对硬盘进行逐比特复制，可以实现全盘或分区逐比特复制。镜像工具大部分带有只读功能，镜像时不改变原始内容。镜像工具还具备压缩、校验、时间戳、日志等功能。

（2）特定数据获取。侦查中，在一些特定情景下，只需获取特定的文件即可。此时，便可以进行特定的文件获取。根据文件属性和文件签名技术，文件获取可以快速地过滤、搜索到特定的文件，通过写保护方式，将文件提取到外置的存储器上。侦查中，有时会遇到有些重要的数据存在于犯罪嫌疑人机器的寄存器、缓存或内存中，比如，当前登录的用户列表、整个文件系统的时间/日期戳、当前运行着的进程列表、当前打开的套接字列表、在打开的套接字上监听的应用程序等，这些数据被称为易消失数据，它们会随着系统的关闭而消失且不可恢复。易消失数据的获取要根据受害系统的性质和安全管理的政策规定来决定在怎样状态下进行。就是说，是让可疑计算机继续运行以进行易失性数据的获取，还是立即关闭电源或进行正常关机，此须根据受害系统的性质和安全管理规定来决定。比如，在互联网入侵案件侦查中，就需先进行镜像再切断网络或关机，否则，就会毁掉入侵者登录的 IP、内存中运行的程序信息等。获取易失性数据通常要经历以下步骤：运行可信的程序—记录系统时间、日期—确定登录信息—记录所有文件的创建、修改和访问时间—确定打开的端口—列出与打开端口相关的应用程序—列出所有正在运行的进程—列出所有当前和最近的连接—再次记录系统时间和日期。

（三）梳理分析

所获取的电子数据与其他电子数据没有什么区别，数据里含有的可以用于揭露、证实犯罪的信息需要通过进一步的梳理分析才能获得。电子数据梳理分析的内容包括系统数据、文件数据、隐藏数据等。

对电子数据的梳理分析要依托分析研究工具。梳理分析的专业工具包括Encase、FTK、X-way、Forensic 等。面对一些特定的案件，还需要用到一些特殊的分析工具。比如，在大多数黑客入侵犯罪案件中，借助嗅探工具，通过捕捉网络流量并进行分析，可以重构网络和访问网络等行为。

不同种类的案件，梳理分析数据的方法是不同的。总体而言，电子数据的梳理分析方法包括文件过滤、关键词查找、数字校验和文件签名等。

从易到难排序，电子数据的梳理分析步骤如下：

（1）获取目标基本信息。目标基本信息包括系统类型、账户信息、安装时间、关机时间等。目标基本信息可以为电子数据取证人员提供目标基本概况，获取基本情况可以为取证工作打好基础。目标基本信息可以利用取证工具的脚本或自动提取功能来实现。

（2）文件过滤。文件过滤依赖操作系统、文件系统和应用程序，可以利用文件属性，如 M-A—C 时间、后缀名、逻辑大小、物理大小等属性进行。

（3）关键词搜索。关键词搜索可以搜索到删除文件、文件松弛区和未分配空间的关键词，以达找到数据之目的。关键词搜索不依赖文件系统，通常是设置关键词，以二进制的形式，在介质中进行遍历，直到命中结果。

（4）文件分析。对过滤或查找到的文件的信息和元数据进行分析。文件分析的内容包括：查看文件信息，含查看文件名、文件大小、其他关联文件；确定关联文件的数量和类型；检查文件内容；检查文件元数据，通过分析文件数据结构，提取文件中隐含的数据。

（5）数据恢复。即对已删除、丢失的数据进行恢复。数据恢复可以恢复删除文件、文件松弛区和未分析空间中的数据。

（6）密码破解。当找到的文件被密码保护时，需要利用密码破解技术破解密码。

（7）标记找到的数据。对找到的文件和内容通过书签进行标记，以记录分析动作，也方便再次分析。

（四）形成报告

根据取证的原始记录，形成电子数据取证报告。电子数据取证报告的形成是法律的要求，也是取证结果的直观体现。报告里通常要体现犯罪行为的时间、空间、直接证据信息、系统环境信息，还要体现取证过程、对电子数据的分析结果等。[1]

四、收集提取电子数据的一般步骤和方法

步骤是指流程的具体化，方法是指运用工具、技术依法取证的手段与方式。与收集提取电子数据的一般流程相一致，因案情、取证工具、对象、环境等的不同，收集提取电子数据的步骤、方法是不一样的。但是，收集提取电子数据也存在着共性的一面。无论是什么样的电子数据，收集提取的步骤、方法是相通的、共同的。如上所述，在众多的收集提取电子数据措施中，勘验检查措施是最为主要的措施。相比较而言，电子数据的勘验检查也是最为复杂的。如果掌握了勘验检查电子数据的一般步骤和方法，通过其他侦查措施收集提取电子数据的一般步骤和方法也就不成问题了。因此，在论述收集提取电子数据的一般步骤和方法时，我们重点围绕勘验检查电子数据的一般步骤和方法展开。同时，根据电子数据所处的环境，分封闭式环境中电子数据勘验检查与开放式环境中电子数据勘验检查来论述收集提取电子数据的一般步骤、方法。封闭式环境下电子数据的收集提取步骤、方法与开放式环境下电子数据的收集提取步骤、方法存在较大差异。

（一）封闭式环境中电子数据收集提取的一般步骤、方法

所谓封闭式环境是指电子设备没有连接网络，这种环境表现为一种相对的静态。在这样的环境里收集提取电子数据，可以将电子数据视为现场勘验检查的客体之一，将电子数据收集提取纳入现场场所、痕迹、物品的勘验检

---

〔1〕 刘浩阳编著. 网络犯罪侦查. 清华大学出版社，2016：353.

查之中，在收集提取电子数据时遵循现场勘验检查规则，按照现场勘验检查的步骤、方法进行。

在收集提取电子数据之前进行一些准备是必要的。有别于传统现场勘验检查，在对电子数据进行勘验检查时，其准备工作侧重于以下两点：一是初步了解情况时，重点围绕事件性质、嫌疑人情况、网络拓扑情况、设备使用人、设备情况、设备运行状态、操作系统、访问口令、加密情况等展开。二是通过初步了解，决定参与勘验检查人员，选定勘验器材设备，拟定勘验检查具体方案。

与勘验检查传统犯罪现场一样，在对电子数据进行勘验检查时，要持续保护好现场。当然，要实现对现场的有效保护，必须确认犯罪现场。犯罪现场究竟在哪里？现场范围有多大？计算机及相关设备有哪些？勘验检查的重点在哪里？所面对的现场是不是第一现场？有没有第二、第三、第 N 现场？除第一现场外的现场都在哪里？此现场通过网络延伸到了哪里？要实现对现场的有效保护必须采取有针对性的保护措施。要划定保护范围，采取警戒措施，严禁继续操作计算机等设备，对现场进行有效的固定，对犯罪嫌疑人进行搜查，把犯罪嫌疑人带离现场，记录在场所有人的位置和工作状态，让这些人撤离现场。要安排专人保护供电设施，禁止非现场勘验人员接触计算机、电源、网络设备和电子数据设备，必要时可以在保密的前提下向在场人员索取登录口令、解锁口令，了解应用程序的功能等信息，不能直接操作计算机等设备。如果设备正在进行影响数据安全的动作，则要及时中止。在对现场的全貌进行固定记录时，还需对局部和细目进行固定记录。对细目的固定记录要注意电子设备的开关机状态、屏幕显示的内容、外接设备情况、网络连接情况、特殊性序列号和标志。

在勘验检查过程中，先静态后动态、先低处后高处、先易消失后稳定等基本规则是要遵循的。无论是大的犯罪现场，还是小的个体、细目，都要本着先静后动的规则进行；与勘验传统犯罪现场一样，位于低处的先勘验，处于高处的后勘验；在面对不同客体物时，那些容易消失的要先收集提取。

要按照现场勘验的基本步骤开展勘验检查工作。在勘验之初，要绕着现场对现场进行整体的巡视，根据巡视进一步划定现场范围，调查勘验检查方案。在巡视的基础上，把现场分成若干局部，并在局部范围内进行先静态后动态的勘验检查。在勘验具体的个体时，也要本着先静后动的原则，选择恰当的工具、运用合适的技术进行具体化的收集提取。

在对含有电子数据的现场进行勘验的过程中，还需对案情进行分析，分析事件性质、作案时间、涉及空间、被害情况、作案工具、作案技能、犯罪行为、犯罪过程、结伙情况、作案人情况等。特别是对一些疑难问题要进行现场研讨，及时得以解决。

勘验过程中，对获取的数据要进行保全。电子数据保全需要专门的设备，对电子数据的保全作业有特定的要求。

勘验要在见证人的见证下展开。要按照《收集提取和审查判断电子数据问题规定》第十五条的规定邀请符合条件的人员担任见证人。在见证人的见证下开展电子数据勘验检查。如果由于客观原因无法由符合条件的人员担任见证人的，应当在笔录中注明情况，并对相关活动进行录像。当然，所谓符合条件，除了符合传统犯罪现场勘查见证人条件外，电子数据勘验检查见证人还应该是具有计算机等专业知识的人。

勘验结束时，对下一步如何处理犯罪现场，如何处理可疑人员，如何处理获取的电子数据等要作出安排。

下面针对具体的客体——计算机论述收集提取的一般步骤、方法：

犯罪现场上的计算机可能处于两种状态：一是关闭状态；二是开通状态。这两种状态下的计算机处理步骤、方法有所区别，以下分别论述：

1. 电源关闭状态下的计算机处理

处于关闭状态的计算机，原则上禁止接通电源。登录一个典型的 Windows 操作系统大约会改变 400—600 个文件的日期和时间[1] 因此，如果没有必要，禁止接通已经关闭的计算机电源，同时对计算机进行如下处理：

侦查人员从机壳中拔卸电源电缆、键盘、鼠标、USB 连接器等设备。对用途不明的连接电缆，应向熟知电缆用途的人确认。拆卸各种设备、电缆时，为了保证解析时系统的准确再现和作业后恢复原状，应使用黏性较低的标签、专用标签粘贴，以明确电缆和设备等安装的位置。还要明确记载保全对象设备的固有信息，如制造编号、型号等[2]

2. 电源开通状态下的计算机处理

当电源处于开通状态时，因计算机类型的不同，处理的步骤、方法稍有差异。

---

〔1〕 殷联甫编著. 计算机取证技术. 科学出版社，2008：11.
〔2〕 汪振林主编. 电子证据学. 中国政法大学出版社，2016：189.

对台式计算机处理的步骤和方法如下：第一，确认计算机的种类、规格、使用的操作系统，通过目视或指令确认并记录保全系统时钟的准确性。第二，确认网络环境，包括 ISP、邮件软件、认证信息、电子邮件地址、邮件转发设定、浏览器和种类、代理设置等。第三，确保对象物。具体记录画面和打印机等输出设备显示和输出的状况。尽量避免碰触文件、图标以及其他可疑画面。如果可能，要一并确认后台正在运行的进程。第四，获取挥发性信息。是否获取挥发性信息可根据侦查的目的和需要加以确认。直接拔下电源电缆，不获取挥发性信息有利于删除文件的恢复。如果没有需要，可以不获取挥发性信息。反之，则要获取。获取挥发性信息时，应按照挥发性信息取得顺序、内容、范围，使用事先准备的、与操作系统相对应的工具进行收集。第五，关闭电源。为了防止关闭电源时触电或带电，关闭者的身上不能装带贵金属，作业时应穿戴防静电手套。关闭电源分强制关闭和正常关闭两种。强制关闭容易造成硬盘物理损伤，损坏数据文件，运行进程不能写入注册表和事件记录，不能获取挥发性信息。因此，除非犯罪正在发生，否则不要强制关机。而正常关闭时，由于操作系统的终了处理和更新以及其他应用程序的原因，会发生数据覆盖或删除，因此，不能获取挥发性信息。第六，从机壳中拔卸电缆。

如果面对的是笔记本电脑，处理的基本步骤、方法类似于处理台式计算机。不过，处理笔记本电脑时关闭电源的步骤、方法不同于台式计算机。

面对服务器时，由于服务器型计算机大多利用 RAID 设备，所以，即使利用证据保全设备拷贝被组合进 RAID 设备的硬盘再物理拷贝成其他硬盘，如果不使用原 RAID 设备，由于物理规格变化等原因，有时很难恢复原状。因此，处理时通常的做法是：用其他操作系统启动 RAID 设备，获取构成 RAID 的逻辑容量单位，据此可以重构 RAID 容量；根据场合，有时也可以取回一套 RAID 设备，但在公司业务用服务器使用 RAID 设备的场合，由于很难停止服务器，所以这时在不给公司业务造成很大影响的前提下，取证人员需要花时间获取 RAID 设备的镜像文件。[1]

面对电源开通状态下的计算机，有时是不能关闭电源的。如果需要保全内存中展开的数据、通信中的数据以及硬盘被整体加密的场合，就不能关闭电源。因为关闭电源后再开启会造成多余的数据覆盖。有时电源开通状态的

〔1〕　汪振林主编．电子证据学．中国政法大学出版社，2016：192.

移动终端、家电产品、游戏机等，也是不能关闭电源的。因为关闭电源再开通会造成数据的覆盖或删除。

关于获取的电子数据的保全也是封闭式环境中电子数据收集提取的一般步骤、方法中的重要一环。

如上所述，电子数据保全需要专门的设备。对电子数据保全设备的功能有基本的要求。一是写保护功能。不能对原本进行任何写入操作。二是完整复制功能。能复制对象物整个区域；能妥当处理坏扇区；能进行物理和镜像复制。三是同一性验证功能。可以通过哈希值和二进制比较进行同一性验证；能够显示扇区尺寸。四是工作日志、审计追踪信息的显示、输出功能。能显示对象物及复制目标介质的详细信息；能显示作业内容以及各种设定信息；能显示作业时间信息；能显示作业人员信息；能显示设备信息。

在准备设备时，先要对目标介质的读/写装置进行检查，保证其运行正常。目标介质必须处于无任何数据状态。这种无数据状态不是常见的文件删除层次上的无数据状态，而是二进制层次上的可以确认一切数据均不存在的无数据状态。但是，就物理复制而言，由复制工具把源介质的坏扇区进行零值置换，保存在目标介质时不在此限。需要注意的是，由于很难确认闪存类介质的备用区域等隐藏区域是否处于无数据状态，所以将其用作目标介质时需要谨慎处理。另外，在对源介质进行完全复制的场合，需要利用证据保全设备的剪裁功能或其他手段，使目标介质的容量与源介质的容量处于同一状态，即同样大小。由于目标介质需提交到第三方机构，所以应使用可读、可移动介质。目标介质是硬盘时，应选择使用范围广的 SATA 等硬盘。在使用镜像复制时，由于 2TB 以上的数据无法通过 FAT32 文件系统进行处理，所以在选择目标介质的文件系统时，一般应选择像 NTFS 那样可以处理超大容量数的文件系统。[1]

实施电子数据保全作业时要保障保全的规范化、标准化和专业化。因此，要求实施作业人员不少于 2 人，还要有见证人到场见证；要求在实施完整复制时，要通过计算源介质和目标介质的哈希值等方法进行同一性验证。在获得实况镜像和硬盘存在坏扇区的场合，由于很难计算源介质的哈希值，所以此时只计算目标介质的哈希值。这种情况需要有数据保全作业的正确性说明；要求有担保数据保全正确性的作业内容记录；要记录行动履历，记录

---

〔1〕 汪振林主编. 电子证据学. 中国政法大学出版社，2016：194.

数据保全相关设备信息：设备的序列号、固件版本，源介质和目标介质的哈希值；要求对各个环节的数据保全工作进行录像和拍照；要求妥善处理目标介质；要严格管理：应将其放置在物理隔离空间保管；要制作可以证明保管链的文件；要妥当向鉴定机构转交目标介质。

（二）开放式环境中网络电子数据收集提取的一般步骤、方法

所谓开放式环境是指电子设备连接了网络。连接的网络包括局域网和因特网。在开放式环境中，电子设备所处的空间得到了延伸，有时延伸表现为未知性与无限性。面对这样空间里的电子设备，除了要勘验所面对的电子设备及其存储的数据外，还在勘验延伸空间里的电子数据。

开放式环境中网络电子数据收集提取的一般步骤、方法大多与封闭式环境中电子数据收集提取的一般步骤、方法相同，但开放式环境中网络电子数据收集提取有其特殊性，其一般步骤、方法阐述如下：

1. 检查待访问的账号

网络电子数据与网络服务有关，利用网络服务需要账号，因此，收集保全电子数据先需要检查待访问的账号。检查内容包括确认该账户持有人的同意书及账户设定更改记录等，确认对象账户因保全目的处于可以访问的状态。另外，还需要确认、记录账号是否处于排他控制状态，是否处于适合实施保全作业的状态。

2. 制作作业记录

按照讨论决定的作业顺序，制作包含登录进入服务在内的、保全工作的一系列作业记录。为了能客观确认对象的账户名及服务的存取地址信息，在书面记录必要信息的同时，一并获取视频和截图、照片等客观记录。根据需要，除作业记录外，还可以获取作业时对象服务的元数据、与服务供应商的服务器进行的分组通信。另外，由于排他性控制等目的，根据需要进行设定变更的场合，需要做成工作完毕后能够再确认、验证变更前内容和变更后内容的记录。

3. 检查服务利用状况

使用 Web 浏览器或者专用的客户端工具访问服务，需要输入账号及密码进行登录。对象服务的正常访问被确认后，为了确认对象用户的利用状况，需要记录 Web 服务的基本设定项目及利用 Web 服务的履历。在部分 Web 服

务中，与其他用户共有文件等信息，因此也有可能存在赋予外界用户编辑权限的服务，所以根据排他控制的目的，有必要讨论变更共享设定和停止公开。设定变更的时候，应当记录变更的情况。

4. 确认保全对象

确认保全对象现在的状况。记录需要保全的数据范围、数据种类、数据件数、管理状态。此外，根据服务的规格和设定，有可能恢复对象数据的过去版本，因此需要确认按作业顺序设定的保全范围是否存在遗漏。

5. 实施保全

按照事先确定的作业顺序进行数据保全。确认被保全的数据件数和数据状态。确认、记录已经获取事前设定的全部保全对象。

6. 验证同一性

计算被保全的数据以及在一系列保全作业中获取的视频和截图等作业记录的哈希值。电子数据的同一性可由使用工具的可靠性和证据保全作业的正确性加以说明。即证据保全时使用法定标准的工具，并且做好担保证据保全正确性的作业内容记录。

7. 恢复因保全所作的设定变更

保全工作完毕时，就是否恢复为了保全所作的设定变更进行讨论。但是，有时需要在事件结束之前一直保持排他控制的保全状态。因此，设定的恢复应由账户的所有者、事件的负责人和法务负责人共同协商后实施。[1]

8. 远程取证

开放式环境中的电子数据常常处于虚拟空间。基于大数据、人工智能带动的公有云计算的市场需求空间，使得数据越来越多地从终端设备向云端迁移。对于处于虚拟空间或不能实地接触的云端电子数据，便需要通过远程勘验收集提取远程目标上的电子数据。同时，基于云计算、大数据，数据的分层、扣押、调取也变得更加困难。因此，远程勘验需由具有专门知识技能的侦查人员借助专门的取证工具、技术实施勘验。

根据《计算机犯罪现场勘验与电子证据检查规则》的规定，远程勘验是指通过网络对远程目标系统实施勘验，以提取、固定远程目标系统的状态和存留的电子数据。

远程勘验是现场勘验检查的组成部分。在远程勘验时应注意以下两点：

（1）备好各种工具。一是根据远程勘验工作的任务要求，应该配备相应的远程勘验工作用计算机，并配备勘验用的远程登录工具、远程访问客户端，FTP 上传下载工具等。二是准备好记录工具。在远程勘验过程中要记录并提取相关屏幕显示信息、远程目标状态信息等，需要准备相关的屏幕录像工具、屏幕截屏工具，记录远程勘验过程的照相、摄像器材等。三是备好数据提取固定工具。远程勘验过程中发现的数据需要进行固定和提取，如远程服务器的系统日志文件、系统内的电子文档、特定程序文件等，要通过网络下载到勘验工作用的计算机上，并进行电子数据的复制备份、计算校验值固定等。因此，需要在工作用计算机上准备哈希计算工具、压缩工具以及光盘记录机、记录用空白光盘等。（2）远程勘验完成后要形成远程勘验笔录并提取固定相关的电子数据。远程勘验笔录和远程收集到的电子数据是重要的证据。[1]

五、电子数据的搜寻

数据的搜寻是电子数据收集提取的重要一环。电子数据具有的多样性、无形性、脆弱性、潜在性、发散性、分离性等特点决定了搜寻电子数据的不容易。与传统的形象痕迹相比，要找到大多数存储电子数据的载体是相对容易的。但虚拟空间里的电子数据、载体中的具体电子数据却是不易发现的，尤其是与通信终端相关的基站数据通常是不容易发现的。

搜寻电子数据通常先要搜寻可能与案件有关的设备。除计算机等电子设备外，还要搜寻各种存储设备、日志、访问记录、监控录像、书证等。

搜寻时要取得系统管理人员的配合。要询问管理人员存储介质是否有相应的备份，案发后至侦查人员到场过程中是否更新了系统中的硬件。如果更新了硬件，要追查原有硬件设备的去向。侦查人员对发现的存储介质应进行拍照、摄像存档待查。

侦查人员对电子数据的搜寻通常围绕五个方面展开：一是搜寻电子数据存储设备。由于存储设备规格不同、大小不一，犯罪嫌疑人身上就可能藏有存储设备。因此，对在现场发现的犯罪嫌疑人要进行人身搜查，通过搜查搜寻存储设备。除人身搜查外，还要搜查现场上所有可能存储电子数据的设

---

〔1〕　刘浩阳编著．电子数据取证．清华大学出版社，2015：322.

备，包括计算机、移动存储介质（包括 U 盘、移动硬盘、ZIP 盘、软盘、光盘、存储卡）、手机、备份磁带、数码相机、数据摄像机、数码录音笔、GPS、智能卡、磁卡等。二是搜寻附属设备。电子设备往往包括连接线、外接设备。搜寻电子设备时应收集附属设备。比如，发现特殊的存储介质，要注意搜寻该存储介质的读写设备。反之，如果发现存储介质的读写设备，要注意搜寻与该读写设备相关的存储设备。三是搜索基础数据。如果知道与犯罪相关的通信工具在特定的时间出现在现场或现场附近，通常要获取与该通信工具相关的基站数据。四是搜寻监控设备。在现场或现场附近、周围搜寻监控设备，并获取视频监控数据。五是搜寻其他证据。在搜寻时要注意搜寻犯罪嫌疑人使用的笔记本、纸张等记录信息，犯罪嫌疑人可能会将账号、口令、联系人信息等与案件相关的信息记录在这些地方。[1]

六、电子数据的扣押封存与固定提取

电子数据的扣押封存与固定提取是收集提取电子数据行为的具体化表现。《收集提取和审查判断电子数据问题规定》第八条第一款规定："收集、提取电子数据，能够扣押电子数据原始存储介质的，应当扣押、封存原始存储介质，并制作笔录，记录原始存储介质的封存状态。"第二款规定："封存电子数据原始存储介质，应当保证在不解除封存状态的情况下，无法增加、删除、修改电子数据。封存前后应当拍摄被封存原始存储介质的照片，清晰反映封口或者张贴封条处的状况。"第三款对手机等具有无线通信功能的介质封存作了专门的规定，指出："封存手机等具有无线通信功能的存储介质，应当采取信号屏蔽、信号阻断或者切断电源等措施。"

从上述规定可以看出，当固定提取电子数据时，可以扣押、封存原始介质的应当扣押、封存原始存储介质，只有在不能扣押、封存原始介质的情景下才进行数据提取等，并对如何扣押、封存原始介质提取了具体的要求。

关于电子数据的提取，《收集提取和审查判断电子数据问题规定》第九条作了规定："具有下列情形之一，无法扣押原始存储介质的，可以提取电子数据，但应当在笔录中注明不能扣押原始存储介质的原因、原始存储介质的存放地点或者电子数据的来源等情况，并计算电子数据的完整性校验值：

---

〔1〕 刘浩阳编著. 电子数据取证. 清华大学出版社，2015：314.

（一）原始存储介质不便封存的；（二）提取计算机内存数据、网络传输数据等不是存储在存储介质上的电子数据的；（三）原始存储介质位于境外的；（四）其他无法扣押原始存储介质的情形。对于原始存储介质位于境外或者远程计算机信息系统上的电子数据，可以通过网络在线提取。为进一步查明有关情况，必要时，可以对远程计算机信息系统进行网络远程勘验。进行网络远程勘验，需要采取技术侦查措施的，应当依法经过严格的批准手续。"

以上是电子数据固定提取与扣押封存的法定要求。在侦查实践中，应按以上要求开展电子数据的固定提取、扣押封存活动。

当然，在侦查实践中，扣押、封存是相对简单的工作，数据提取却是复杂的。电子数据提取除需要收集人员具备相关专业知识外，还要有工具、技术的支持。

无论在任何场合、任何情境下，都要遵循先静态后动态、先固定后提取的原则。在侦查中，对可疑的可能留有与犯罪相关电子数据的客体物都要固定提取。

提取电子数据通常有两种选择：一是复制全盘；二是复制需要的局部。具体选择哪种方式应根据案件情况和侦查需要确定。

通常可以提取的电子数据分为静态数据和动态数据两种。静态数据是指在电源关闭时保存在磁介质上或者电介质上的数据。对该数据通常采取位对位复制的方式来镜像保存，以防止数据被修改。动态电子数据又称为易失性数据，是指当前电子设备系统中正在运行的或者驻留在内存中的数据。提取该数据应保证不破坏硬盘原有数据的完整性。

在收集提取电子数据的过程中，如果面对开机动态的电子设备，应该先提取易失性数据。常见的易失性数据包括系统时间、当前登录用户、网络连接状态、系统运行进程、系统服务及驱动信息和共享信息等。

电子设备开机时屏幕上显示的内容、正在运行的程序、正在编辑的文档、内存中的数据（包括进程、已加载的服务和驱动等）、缓存中的数据、登录信息、网络信息（包括网络连接状态、正在浏览的网页、网络共享、即时聊天等社交软件的内容和状态）、系统时间、日期和时区信息等均应该提取。这些数据中的可见数据可采用拍照或录像的方法提取，对不可见数据可使用在线工具提取。

易失性数据的提取通常依照以下流程展开：

首先，提取时间信息。在任何情况下，对于任何有内置时钟的设备，都必须记录该设备当前时间、时区设置以及系统时间与北京时间的误差。要提取时间信息，需掌握查看设备时间的方式，不同系统运行状态下查看时间的方式不太一样。此外，还需注意勘验开始与勘验结束时都需提取时间信息。

其次，提取屏幕信息。通常使用数码或光学照相机逐项拍摄屏幕上显示的内容，拍摄的照片应能够清晰显示重要的信息。原则上不允许使用截屏工具和屏幕录像工具对屏幕信息进行获取，因为使用截屏工具或用屏幕录像工具获取屏幕信息会破坏原有信息。

最后，有针对性地提取易失性数据。易失性数据的提取可以使用综合取证工具的"自动取证"功能来实现，或者使用专用工具、内存获取工具等来提取。案件不同，易失性数据的提取内容也不一样。对于传统犯罪案件，一般需要提取系统当前运行的进程、每个进程当前打开的文件、每个进程内存中的内容、当前网络连接状态、用户登录账户、通信工具等。对于网络犯罪案件，一般需要提取当前运行的进程、每个进程当前打开的文件、每个进程内存中的内容、每个进程提供的网络服务端口、每个进程所依赖的模块列表、当前网络连接状态和当前运行模式、当前网络共享列表、MAC 地址、ARP 缓存表、当前登录用户以及登录时间。对于 UNIX/Linux 系统，还需要提取当前登录用户正在执行的命令、以前执行命令列表。[1]

提取易失性数据通常要注意以下事项：

（1）密切关注设备运行系统的状态，小心开机状态下的屏幕锁定。

（2）不得使用目标系统上的程序实施提取，必须使用侦查人员自带的工具实施提取。

（3）不得使用消耗大量资源的软件实施提取。消耗大量资源的软件可能会破坏系统上的数据。

（4）不得将提取的数据存储在目标系统原有的存储介质中。提取的数据应存储在侦查人员自带的存储介质中。

（5）记录提取过程。用照相或录像的方法详细记录提取过程，以保护易失性数据的完整性和真实性。用哈希算法计算得到数据的哈希值，打印这些哈希值并由见证人签名。

电子数据的提取会伴随在线分析提取。当不实施在线分析提取可能会造成对数据的严重破坏或不允许关闭、扣押电子设备时，就需要进行在线分析

---

〔1〕 刘浩阳编著. 电子数据取证. 清华大学出版社，2015：318-319.

提取。如若需要开展在线分析提取，必须注意严格控制在线分析提取时间；需对在线分析提取过程进行严密监管和记录，并需见证人的签字认可；需使用侦查人员自带的软件分析提取；需使用侦查人员自带的存储介质保存获取的数据；需对获取的数据使用哈希算法计算得到哈希值，打印哈希值并由见证人签名，同时在法律文书或操作日志上注明保存操作。

电子数据提取还会伴随着相关客体物的固定。《收集提取和审查判断电子数据问题规定》第十条规定："由于客观原因无法或者不宜依据第八条、第九条的规定收集、提取电子数据的，可以采取打印、拍照或者录像等方式固定相关证据，并在笔录中说明原因。"对可能作为证据使用的计算机、电子设备、各种数据等都应进行固定。与犯罪相关的客体物的固定依照《收集提取和审查判断电子数据问题规定》和《计算机犯罪现场勘验与电子证据检查规则》进行。

在实际操作中，固定与电子数据相关的客体物方式有三种：

（1）固定设备。对于完整的设备，可以整机封存固定。台式计算机中，主板 BIOS 内存储有系统时间信息，硬盘内留存有系统及用户的软件、数据等信息。在勘验检查时来不及进行全面分析的，可以整机固定提取，待后续通过检查进行深入分析。

（2）固定存储介质。如果现场上的电子设备数量较多，整机提取有困难，或有其他不便提取整机设备的情况，可以封存固定计算机内的硬盘等存储介质，包括封存源盘和制作镜像盘。勘验检查发现的可作为证据的移动硬盘、U 盘、光盘、SD 卡、TF 卡等存储介质，可单独提取、封存。

（3）固定电子数据。搜寻到的设备和存储介质中部分电子数据可以作为证据提取，设备、介质不需要提取或不便于提取的情况下，可以只提取和固定相应的电子数据。

固定与电子数据相关的客体物须依照以下顺序进行：

（1）关闭电源。在提取易失性数据或在线分析提取结束后，须立即关闭电子设备的电源，不得采用常规的流程关闭计算机。台式机须直接拔除台式机背后的电源插头切断电源。笔记本电脑须持续按下电源开关近 10 秒即可关闭电源。服务器不能直接切断电源，须咨询管理员后确定关机的方法。

（2）记录现场设备情况及连接状态。记录设备的类型、型号、序列号、操作系统。对设备、电缆、网线等设备的连接处进行编号，拍照并绘制连接拓扑图，获得的照片和拓扑图必须能够保证重新完整复原设备的连接状态，并且能够反映该设备在现场所处位置。在封存前，记录下该计算机信息系统和相关设备的连接状态，拆卸计算机及其连接设备。拆卸设备时，每一对连接点分别粘上相应标签，标以相同序号。同时，为每个设备编号，记录设备型号等参数。用一次性封条将机箱和各接口封起来。注明提取时间、地点、设备编号等信息，加盖单位公章。

（3）存储介质的镜像。如果由于特定的原因没法提取用户的存储设备，须采用按比特复制的软件或专用的复制设备对存储介质进行按比特复制，即进行镜像。

（4）封存客体物。封存电子数据的目的是保护电子数据的完整性、真实性和原始性。封存电子设备和存储介质的方法是：保证在不解除封存状态的情况下，无法使用被封存的存储媒介和启动被封存的电子设备；封存前后应拍摄被封存电子设备和存储介质的照片并制作《封存电子证据清单》。照片应当从各个角度设备封存前后的状况，清晰反映封口或张贴封条处的状况。[1]

七、电子数据的调取、冻结与运送

（一）电子数据的调取

调取也是电子数据取证的常见措施之一。如果说勘验检查是电子数据取证的第一种常见措施，调取就是电子数据取证的第二种常见措施。

与《公安机关办理刑事案件程序规定》相一致，《收集提取和审查判断电子数据问题规定》第十三条规定："调取电子数据，应当制作调取证据通知书，注明需要调取电子数据的相关信息，通知电子数据持有人、网络服务提供者或者有关部门执行。"本条提出的所要调取的电子数据的相关信息，既包括反映案件事实的信息内容，也包括反映涉案数据存储状态及其背景的信息内容。电子数据调取的执行和其他类证据调取的执行相同，由侦查人员通知电子数据的持有人、网络服务提供者或有关部门执行。至于执行者在多长时间内完成对电子数据的调取，《收集提取和审查判断电子数据问题规定》并没有作出明确的规定。《公安机关办理刑事案件程序规定》第六十一条规定，收集、调取的物证应当是原物。只有在原物不便搬运、不易保存或者依

〔1〕 刘浩阳编著. 电子数据取证. 清华大学出版社，2015：320.

法应当由有关部门保管、处理或者依法应当返还时，才可以拍摄或者制作足以反映原物外形或者内容的照片、录像或者复制品。对电子数据取证而言，调取的最好是电子设备、存储介质等原物，当然，如果原物不便、不能调取，就须调取复制品。至于执行者究竟是提供电子形式的还是纸质形式的，《收集提取和审查判断电子数据若干问题的规定》也未作出规定。对此，可以参照《公安机关办案刑事案件程序规定》第六十三条："物证的照片、录像或者复制品，书证的副本、复制件，视听资料、电子数据的复制件，应当附有关制作过程及原件、原物存放处的文字说明，并由制作人和物品持有人或者物品持有单位有关人员签名。"侦查中，调取电子数据时，侦查人员可向执行者提出《公安机关办理刑事案件程序规定》第六十三条的有关要求，让执行人员执行。

（二）电子数据的冻结

《收集提取和审查判断电子数据问题规定》第十一条规定："具有下列情形之一的，经县级以上公安机关负责人或者检察长批准，可以对电子数据进行冻结：（一）数据量大，无法或者不便提取的；（二）提取时间长，可能造成电子数据被篡改或者灭失的；（三）通过网络应用可以更为直观地展示电子数据的；（四）其他需要冻结的情形。"

在侦查过程中，侦查人员经常会遇到《收集提取和审查判断电子数据问题规定》第十一条规定的情形。遇见规定的情形之一时便可对电子数据实施冻结。至于如何冻结，《收集提取和审查判断电子数据问题规定》第十二条也作了规定："冻结电子数据，应当制作协助冻结通知书，注明冻结电子数据的网络应用账号等信息，送交电子数据持有人、网络服务提供者或者有关部门协助办理。解除冻结的，应当在三日内制作协助解除冻结通知书，送交电子数据持有人、网络服务提供者或者有关部门协助办理。冻结电子数据，应当采取以下一种或者几种方法：（一）计算电子数据的完整性校验值；（二）锁定网络应用账号；（三）其他防止增加、删除、修改电子数据的措施。"

实践中，对上述规定中提出的冻结电子数据方法应当作开放理解。侦查人员所面对的涉案数据通常会与其他用户数据共存于同一个数据库中，由于数据库持续运行，其数据的完整性校验值必然是变化的。锁定账号虽然禁止了用户登录使用的行为，但是其后台数据同样可能因数据共存或系统运行原因发生改变。因此，实践中应当结合涉案数据所在信息系统的技术架构采取相应措施，即可以通过制作副本、导出数据等方式进行冻结。

（三）电子数据的运送

运送的前提是封装。对于存储介质，必须在该存储介质温度降低到室温后，使用防静电、防水的包装介质封装，并贴上封条或胶带进行密封，同时贴上标签并在标签上注明获取的时间、人员姓名及设备的型号等。存储介质应存储在正常室温的环境下，避免遭受磁、水、电、油的影响。对于软盘、磁带、光盘等存储介质必须封装在坚固的储箱中，避免存储物质弯曲折断。手机等具有通信功能的设备应该放置在屏蔽箱内，避免新的信息传输覆盖之前的信息。电子数据的运送应成为证据保管链中的一环。[1]

八、电子数据的检查

电子数据的检查是指对已扣押、封存、固定的电子数据进行检查，以发现侦查线索、获取犯罪证据。

《收集提取和审查判断电子数据问题规定》第五条关于保护电子数据的完整性里对检查进行了关注，该条规定："对作为证据使用的电子数据，应当采取以下一种或者几种方法保护电子数据的完整性：（一）扣押、封存电子数据原始存储介质；（二）计算电子数据完整性校验值；（三）制作、封存电子数据备份；（四）冻结电子数据；（五）对收集、提取电子数据的相关活动进行录像；（六）其他保护电子数据完整性的方法。"

关于完整性在不同语境下有不同的理解：在证据法语境下，完整性近乎于真实性的概念；在实体法语境下，完整性一般理解为电子数据内容是否完整；在技术语境下，完整性是指电子数据"码流"的完整性，一般采用哈希值等校验算法进行判定。

这里提到的完整性应理解为技术意义上的完整性。在对电子数据进行检查时先要检查电子数据的完整性，即通过技术手段判断电子数据固定及后续

---

[1]　刘浩阳编著. 电子数据取证. 清华大学出版社，2015：321.

保管过程中，电子数据"码流"的完整性是否发生变化。通过对"码流"是否变化的判断来检查、确定电子数据在证据固定过程及之后是否被伪造、篡改。

此外，《收集提取和审查判断电子数据若干问题的规定》第十六条对电子数据进一步的检查方式作了具体规定："对扣押的原始存储介质或者提取的电子数据，可以通过恢复、破解、统计、关联、比对等方式进行检查。必要时，可以进行侦查实验。电子数据检查，应当对电子数据存储介质拆封过程进行录像，并将电子数据存储介质通过写保护设备接入到检查设备进行检查；有条件的，应当制作电子数据备份，对备份进行检查；无法使用写保护设备且无法制作备份的，应当注明原因，并对相关活动进行录像。电子数据检查应当制作笔录，注明检查方法、过程和结果，由有关人员签名或者盖章。进行侦查实验的，应当制作侦查实验笔录，注明侦查实验的条件、经过和结果，由参加实验的人员签名或者盖章。"

随着电子数据取证的常态化以及电子数据分析、鉴定检验的普及化，电子数据检查将会逐步被电子数据分析和鉴定检验所取代。所谓电子数据分析是指对固定、封存后的电子数据进行技术分析，以发现侦查线索、获取犯罪证据。电子数据分析是现场勘验检查、调取证据、搜查等侦查措施的延续，对电子数据分析后应出具分析报告，此报告一般不移送检察院，仅归入侦查卷。电子数据的鉴定检验是鉴定检验的一种，由鉴定检验人员进行。鉴定检验依照鉴定检验规定对与该电子数据相关的专门性问题进行确定，出具鉴定意见或检验报告，此意见或报告须随案移送。

九、制作收集提取电子数据笔录

《收集提取和审查判断电子数据问题规定》第十四条对收集提取电子数据笔录制作的必要性、内容、方法、要求等作了规定："收集、提取电子数据，应当制作笔录，记录案由、对象、内容、收集、提取电子数据的时间、地点、方法、过程，并附电子数据清单，注明类别、文件格式、完整性校验值等，由侦查人员、电子数据持有人（提供人）签名或者盖章；电子数据持有人（提供人）无法签名或者拒绝签名的，应当在笔录中注明，由见证人签名或者盖章。有条件的，应当对相关活动进行录像。"

电子数据取证过程中需制作笔录，制作电子数据取证笔录是《刑事诉讼法》的要求，当然，《收集提取和审查判断电子数据问题规定》也有对电子数据取证笔录制作的相关规定。从证据形式上看，电子数据取证笔录属于笔录类证据，是笔录的一种。但电子数据取证笔录不单单属于一种笔录证据，它分属于勘验笔录、调取笔录、扣押笔录、远程取证笔录等。尽管《收集提取和审查判断电子数据问题规定》对电子数据取证笔录的制作内容、方法、要求等作了规定，但与传统的笔录相比，电子数据取证笔录的制作要复杂得多。以下围绕最为重要的几种笔录的制作进行论述：

（一）电子数据勘验笔录制作

与传统犯罪现场勘查笔录相类似，电子数据勘验笔录由首部、正文和尾部组成。首部包括文书名称，发现或报案时间，现场保护人姓名、单位、到达现场时间，勘查时间、地点，勘查人员及见证人基本情况，现场条件等。正文包括勘查过程及结果。尾部是参加现场勘查人员、见证人和记录人的签名。

在制作电子数据勘验笔录时，对现场情形的描述与对传统犯罪现场情形的描述侧重点不太相同。电子数据勘验笔录制作时，对现场情形的描述重点围绕现场的物理环境、设备环境、网络结构、运行状态等进行。同时，对运行状态描述时需要说明现场发现的电子设备系统及开关机状态。开机运行的应该当场检查并记录当前运行的程序、系统的日期及时间；联网设备应记录设备的 IP 地址分配情况，包含 IP 地址分配方式、地址、DNS、网关、掩码等。网络结构复杂的，或者需要记录网络拓扑结构的，还需要附加相应的网络拓扑结构图。对勘验过程重点记载勘验基本情况，易失性数据提取的过程，产生的数据，在线勘验、检查过程中实施的操作，对数据可能产生的影响，提取的数据，封存的物品，固定的证据等情况。对勘验结果，重点填写提取电子数据的有关情况、勘查形成的结论以及发现的案件线索等。

如果因为特殊原因，需要在目标系统中安装新的应用程序，应当在勘验笔录中记录所安装的程序及目的。同时，应在笔录中准确、详细地记录实施的操作以及对目标系统可能造成的影响。要记录所安装的应用程序的名称和版本号，必要时应记录应用程序的哈希校验值，并留存应用程序的副本。还要对操作过程进行录像固定记录。

在制作现场勘验笔录的同时，应拍摄现场照片、录像，制作现场图作为勘验笔录的附件。与传统现场照相、录像相类似，电子数据现场勘验时，也应从方位、全貌照片、中心和细目各角度切入，对现场进行记录。当然，摄录的重点是搜寻到的存储电子数据的客体物、封存的前后状况、封存的过程、封存的物品文件、封口与张贴封条处状况、提取的数据、提取的过程、在线分析的关键步骤等。现场图也应从不同的视角进行体现，必要时要绘制网络拓扑结构图。

（二）扣押电子数据清单制作

在收集提取电子数据时，对搜寻到的对侦查有价值的电子数据都要扣押，扣押贯穿电子数据收集提取的全过程。在扣押电子数据时，应制作扣押电子数据清单。扣押电子数据清单有固定电子数据清单和封存电子证据清单，两种清单的填写存在不同。

（1）固定电子数据清单填写。固定电子数据清单填写的具体依据是《计算机犯罪现场勘验与电子物证检查规则》。根据该规则，在现场提取的易失性数据以及现场在线分析时生成和提取的电子数据，应当计算其完整性校验值并制作、填写《固定电子证据清单》，以保证其完整性和真实性。《固定电子证据清单》包括数据、来源、完整性校验值、备注等栏目。数据应填写所固定的电子数据的名称；来源应填写所提取的数据来自什么地方，即从哪台电子设备上提取的；完整性校验值应填写数据固定式计算的 MD5 校验值或SHA1 校验值，要写明校验值类型和数值；备注栏填写需要说明的问题。

（2）封存电子数据清单填写。根据规定，以封存方式提取的电子数据，应对照填写封存电子数据清单。封存电子数据清单包括编号、名称、型号特征、照片数量编号等栏目。编号为现场封存电子数据的编号；名称应填写计算机、硬盘、U 盘等；型号特征应填写相应型号及明显特征，带产品序列号的应标明产品序列号；照片数量编号应填写照片的张数及具体编号。

（三）远程取证笔录制作

远程取证笔录通过远程勘验笔录的形式体现，具体涉及《远程勘验笔录》《固定电子数据清单》《勘验检查照片记录表》以及截获的屏幕截图等。《固定电子数据清单》《勘验检查照片记录表》的填写同扣押电子数据清单的填写相同。远程勘验笔录也与电子数据勘验笔录相类似。不过，在制作远程勘验笔录时，应注意以下三点：一是记录现场情形时应同时记录远程勘验工作用机和远程勘验目标主机的设备环境、网络结构、运行状态等。运行状态描述时需说明远程勘验目标主机当前运行的程序、系统的日期和时间；联网设备应记录设备的 IP 地址分配情况，包含 IP 地址分配方式、地址、DNS、网关、掩码等。现场网络结构复杂的，或者需要记录网络拓扑结构的，还需附加相应的网络拓扑结构图。二是记录远程勘验中用到的技术侦查措施。根据需要，在远程勘验时有时需要用到技术侦查措施，对用到技术侦查措施的，要在笔录中做记录，要记录具体用到了什么样的技术侦查措施。三是记录远程勘验主机的时间。远程勘验笔录记录的勘验起止时间应为实施勘验所在地的时间。勘验目标在异地、跨时区的，勘验远程目标所在的时区和时间应在勘验笔录中做相应记录。[1]

---

〔1〕　刘浩阳编著. 电子数据取证. 清华大学出版社，2015：323.

第五章　侦查中计算机数据的收集提取

与其他类电子数据相比，计算机数据更为常见。早期的电子数据取证主要是针对计算机数据。早期的电子数据取证工具、技术也大都是针对计算机数据取证研发的。论及侦查中电子数据收集提取，不可避免地要论及计算机数据的收集提取。而当论及侦查中计算机数据收集提取之前，有必要先厘清几个词条。一是计算机及网络系统。所谓计算机系统是指由计算机及其相关的配套设备、设施（含网络）构成的，按照一定的应用目标和规则对信息进行收集、加工、存储、检索等处理的人机系统。[1]由此可见，计算机系统是由计算机作为信息载体的系统。而计算机网络系统是指用电缆、光缆、无线电波或其他物理链路，将地理上分散的计算机系统连接起来的资源共享系统。通过上述定义的比较，可以认为计算机网络系统与计算机系统在概念的外延上是有交叉的，计算机系统并非一定存在着网络，通过计算机网络组建的计算机系统是其高级形式。因此，计算机网络系统实际上是多个单机系统的连接。二是涉及计算机的犯罪。随着电子信息、互联网技术的发展，以计算机及计算机网络为载体的虚拟空间作为现实世界的延伸与现实空间相互交织、融为一体，在方便人们生活、生产和工作的同时，也为犯罪分子提供了新的犯罪手段和空间。以计算机信息系统为犯罪对象和工具的犯罪活动越来越多，造成的危害也越来越大，大量的计算机犯罪——网络金融犯罪，非法入侵、网络盗窃、色情信息等愈演愈烈。在理论界，关于计算机的犯罪有着计算机犯罪和网络犯罪的定义，对这两个概念的运用也并没有统一的规定，在这里，我们把这两种类型犯罪统称为涉及计算机的犯罪。三是涉案计算机数据。在这些犯罪中，无论是以计算机为犯罪对象，或是以计算机为犯罪空

---

[1]　引自国务院颁布的《中华人民共和国计算机信息系统安全保护条例》第二条规定。

间，抑或是以计算机为犯罪工具的传统犯罪，只要犯罪人实施犯罪活动时，在以计算机信息系统为载体的虚拟空间中留下与犯罪有关的"电子痕迹"，这些"电子痕迹"便是侦查中涉案计算机数据收集提取的主要对象。四是涉案计算机数据的收集提取。侦查中计算机数据的收集提取主要是指收集提取涉案计算机数据。计算机数据的收集提取是指利用计算机软硬件技术，按照符合法律规范的方式对侦查中涉案计算机数据进行获取、保存、分析和展示等。正如本书第四章指出的：收集提取实际上包含有工具使用、技术手段选择、寻找发现、分析研究、固定记录、扣押、包装、运送、保管、控制、处理、再分析等具体化的动作或行为。当然，随着计算机取证软硬件设备高度集成化、智能化、简单化，侦查人员在掌握涉案计算机数据收集提取规范流程情况下往往不需要太多的技术（一键式操作）就能够获取所需要的数据。

一、计算机数据基础

根据冯·诺依曼提出的程序存储的思想，计算机系统由硬件系统和软件系统两部分组成。

从计算机硬件系统来看，计算机系统中用来存放程序和数据的主要记忆设备是存储器。正因为存储器的记忆功能，计算机才能正常地工作。计算机根据控制器指定的位置从存储器中存入和取出数据，如计算机程序、中间运行结果和最终运行结果等。根据用途，可以将存储器分为主存储器（内存储器）和辅助存储器（外存储器）。内存储器（Memory）也称内存，其作用是用于暂时存放 CPU 中的运算数据，以及与硬盘等外部存储器交换的数据，是计算机系统中重要的部件之一。计算机中所有程序的运行都是在内存中进行的，因此内存对计算机的整体性能有直接的影响。外储存器是指除计算机内存及 CPU 缓存以外的储存器，此类储存器一般断电后仍然能保存数据。常见的外存储器有硬盘、软盘、光盘、U 盘等。外存储器的特点是容量大且易于扩展、价格低，但是存取速度慢。外存储器也属于输入输出设备，它只能与内存储器交换信息，不能被计算机系统的其他部件直接访问。

从软件系统来看，数据分为系统软件数据和应用程序软件数据。系统软件是运行、管理维护计算机必备的最基本的软件，主要功能是调度、监控和维护计算机系统，负责管理计算机系统中各种独立的硬件，使得它们可以协调工作。常见系统软件有操作系统、语言处理系统、实用程序、数据库管理系统。系统软件数据主要包括操作系统日志数据、系统文件数据、用户身份验证数据等。应用软件是用户可以使用的各种程序设计语言，以及用各种程序设计语言编制的应用程序的集合，分为应用软件包和用户程序。应用软件数据主要包括办公文档数据、即时通信软件数据、浏览器数据等各种应用软件本身及用户在操作过程中留下的数据。

除此之外，还有网络数据。《网络安全法》对"网络"作出了明确的定义：由计算机或者其他信息终端及相关设备组成的，按照一定的规则和程序对信息进行收集、存储、传输、交换、处理的系统。该法也界定了"网络数据"——通过网络收集、存储、传输、处理和产生的各种电子数据。简单地说，计算机网络系统由网络硬件和网络软件组成。网络硬件是网络系统的物理基础，除了包含上述的计算机硬件系统，还包括有网络通信设备和外部设备。网络软件在网络环境中用于支持数据通信和各种网络活动，包括网络操作系统、客户连接软件和网络管理软件等。通过上述定义可知，论及网络数据时已不仅仅局限于计算机系统本身的数据，还涵盖了网络设施、使用网络服务的电子终端以及网络数据流中的数据。

二、计算机数据收集提取基本流程[1]

本书第四章已指出了收集提取电子数据的基本法律依据。收集提取计算机数据的基本法律依据与收集其他电子数据的基本法律依据相同。《刑事诉讼法》《收集提取和审查判断电子数据问题规定》《公安机关办理刑事案件程序规定》《刑事诉讼法解释》等是收集提取电子数据的基本法律依据，这些法律法规、司法解释自然也是收集提取计算机数据的基本法律依据。

除了以上基本法律外，侦查中收集提取计算机数据还应遵循其他的部门法规。公安部颁布的《关于办理网络犯罪案件适用刑事诉讼程序若干问题的意见》（公通字〔2014〕10号）、《计算机犯罪现场勘验与电子证据检查规则》（公信安〔2005〕161号）是收集提取计算机数据的操作依据。很显然，

---

〔1〕　笔者在撰写本章关于计算机数据的具体获取方法时参阅了美亚柏科公司的培训课程"美课"。

有关法规里提及的电子证据就是电子数据。根据以上法规的规定，计算机数据收集提取的基本流程如图 5-1 所示：

图 5-1　计算机数据收集提取的基本流程

（一）做好收集提取前的准备工作

在实施计算机数据收集提取之前应做好必要的准备。在准备阶段，侦查人员应充分收集案件现场情况，全面了解可能与案件相关的计算机数据材料，根据掌握的现场计算机相关情况以及可能存在的计算机数据制定收集提取方案。方案的内容包括人员准备、了解案情、法律文书准备、勘验工具准备等。

1. 人员准备

根据《计算机犯罪现场勘验与电子证据检查规则》（公信安〔2005〕161 号）第六条规定 "执行计算机犯罪现场勘验与电子证据检查任务的人员，应当具备计算机现场勘验与电子证据检查的专业知识和技能"，并且不得少于二人。电子证据检查，应当遵循办案人员与检查人员分离的原则。检查工作应当由具备电子证据检查技能的专业技术人员实施，办案人员应当予以配合。现场勘验检查，应当邀请一至两名与案件无关的公民作见证人。公安司法人员不能充当见证人。

在本规则中，关于计算机现场勘验与电子证据检查的区分并不十分准确，对办案人员与检查人员的区分也是不太妥当的。电子数据作为现场勘验检查的对象之一，勘验检查电子数据自然是现场勘查的任务之一。承担电子数据勘验检查的人员应该是现场勘查人员。现场勘查人员就是办案人员。提 "应当遵循办案人员与检查人员分离" 显然是不妥的。在电子数据变得十分常见的今天，电子数据应该与指纹、脚印、工具痕迹、生物检材一样成为勘验检查的内容之一。当然，对勘验检查电子数据的勘查人员有特别的要求，就像规定里提到的 "应当具备电子证据检查技能"。

2. 了解案情

了解案情即全面了解案件基本情况，如案件类型、案件背景、涉案工具等。针对涉及计算机犯罪案件，还要了解现场涉案计算机的基本情况。通常要了解以下情况：一是充分了解现场网络拓扑结构。特别是涉及计算机数量比较多的案发现场，网络拓扑结构对后期勘验检查工作有一定的帮助。根据网络拓扑结构可以提高涉案计算机搜索的效率和准确性，有利于确定重点计算机的具体位置。如果案发现场是在单位，侦查人员应先找网管人员索取网络拓扑结构图，查看网络连接的具体情况，挖掘出一些隐蔽放置的服务器；如果是个人住所，侦查人员应查看其网络布线情况及 Wi-Fi 的网络情况。二是充分了解现场计算机系统情况。从本质上来说，涉案计算机数据收集提取，都是围绕计算机系统展开的，侦查人员应充分了解现场计算机系统情况，如现场计算机存在证据类型、搜索范围、数量、计算机系统类型等。如果计算机是个人计算机，应充分了解计算机硬盘容量、安装操作系统种类、加密情况等；如果是服务器，要充分考虑服务器存放位置、操作系统类型、备份情况、易丢失数据处理等。

3. 履行相关法律手续

计算机数据的收集提取通常体现为调取。与调取其他证据相同，调取计算机数据之前需要履行好审批手续，应当经办案部门负责人批准，开具调取通知书。当然，如果是现场勘查、搜查中的调取可以用"刑事犯罪现场勘查证""搜查证"替代调取通知书。此外，还要备好调取证据清单（含"封存电子数据清单"）、介绍信、证件等。

4. 准备好必要的工具

侦查人员应充分考虑现场可能用到的计算机数据收集提取的工具，并使工具处于完好状态。侦查实践中，常备的计算机数据收集提取工具有：（1）基本工具包。如数码相机、螺丝刀、剪刀、笔、标签、证据袋、塑胶手套、手电筒、放大镜等（存储、网络工具、五金工具）等。（2）数据提取设备。侦查人员使用专业的取证工具能够收集到全面、完整、真实的电子数据，反之亦然。因此，侦查人员应选择权威机构认证的公司（如业界比较知名的厦门美亚柏科股份有限公司等）研发的计算机取证工具，以及常见的数据提取设备有硬盘复制机、只读锁、硬盘接口转换卡等。（3）空白介质。如携带足够数量的硬盘、U 盘等。（4）其他。如现场勘查表单、电子数据取证速查手册、封条标签等。

（二）做好现场保护工作

如前文所述，电子数据的收集提取通常在现场勘查中进行。现场勘查是获取电子数据的最主要措施。侦查人员进入现场后，应迅速封锁现场，隔离人、机、物品，保护电子数据物品譬如计算机、移动硬盘、U 盘、光盘、存储卡、打印机等电子设备，查看各设备的连接及使用情况，在操作过程中应避免任何可能造成数据、配置更改的情况发生，保护证据的原始性。根据《公安机关刑事案件现场勘验检查规则》第三章中的规定：案发地公安机关接到报警后，应迅速派员赶赴现场，进行现场保护，负责保护现场的警察除保护物证等紧急情况外，不得进入现场、不得触动现场痕迹与物品。处理紧急情况时，也应尽可能避免破坏现场的痕迹与物品。同时还规定现场保护的时间从发现刑事案件现场开始至现场勘验、检查结束。不能完成现场勘验、检查的，继续对整个或部分现场进行保护。

根据现场计算机的实际情况，保护涉及计算机犯罪现场的做法主要有五个方面：一是安全防护。侦查人员除了要做好自身的人身安全防护外还应保障设备安全，防止现场勘查过程中直接或间接地破坏相关电子设备。要保护好可疑计算机，对可疑计算机系统进行冻结并切断其外部所有连接，避免因重启、运行程序、连接网络等操作，而导致系统设置发生改变、感染病毒、数据受到破坏等情况的发生。二是隔离对象。第一时间对涉案计算机进行封锁，禁止任何用户接触设备及任何电源，因为计算机突然断电会导致计算机内存数据、正在运行的程序、网络信息等数据丢失。查看现场是否有正在破坏的行为，如删除文件、分区正在格式化、碎纸机正在工作，如果发现有此类情况应立刻停止或切断该设备的电源。如果打印机正在打印，应该让其继续打印完成。同时还要搜查用户身上可能存在的存储设备，如 U 盘、MP3、PDA、数码相机、手机等。三是拍照记录。在对现场展开调查前，应通过拍照、录像等方式记录下当时的状态，如计算机的品牌、型号、使用者、位置、连接状态、显示器屏幕信息等。四是重点区域保护。对一些可能含有涉案重要数据的区域，如存在较多计算机的办公区域、服务器机房、重点人员办公室、财务室等，采取措施重点保护。五是意外情况处置。与传统证据相比，计算机数据证据具有脆弱性、潜在性、无形性、多样性等特点，遗留有计算机证据的现场容易发生意外情况，现场中的计算机证据容易遭受破坏、变动。因此，面对涉及计算机数据的现场采取措施预防意外的发生或正确处置意外是必要的。例如，如果案发现场处于高楼层位置，犯罪嫌疑人有可能抛弃计算机及其存储介质；如果楼层相对较低，又存在对象跳窗逃窜的可能。因此，应根据现场楼层的实际情况提前做好应对预案。又如，犯罪嫌疑人刻意砸坏计算机或硬盘，面对这种情况，侦查人员应沉着，即使存储介质受损，仍然要注意损坏盘片的收集。再如，嫌疑人用火焚烧设备，在此情形下，侦查人员除了要保护自身安全外，还要特别注意防止电池等物受热爆炸带来的其他危险。须先灭火，待设备冷却后再收集提取数据。对于现场中被烧坏的电子设备，即便是面目全非，侦查人员仍需全面加以收集，后期可通过更换相应的配件实现数据的获取。

（三）实施现场勘验检查

针对涉及计算机的犯罪现场，现场勘验检查时应重点把握以下要点：

1. 正确处置计算机的开机与关机

现场勘验时遇到的计算机可能处于不同状态，这些不同的状态包括开机、关机、待机、休眠、睡眠。对于处于不同状态下的计算机，总的处置原则是：开机状态不关机，关机状态不开机。侦查人员发现计算机时，首先应判断计算机所处的状态。如计算机黑屏，此时主机可能处于屏幕保护状态，也可能是关机或待机状态，这时应该注意观察主机电源灯和键盘指示灯状态，据此综合判断计算机所处的真实状态。一般情况下，电源指示灯处于常灭状态，表示计算机关机；电源指示灯处于常亮状态，表示计算机开机；电源指示灯处于闪烁状态，表示计算机处于待机或休眠状态。值得注意的是，计算机屏幕如果是黑屏，电源指示灯却处于常亮状况，此时计算机可能处于屏幕保护状态。对此情形，侦查人员只需轻轻移动下鼠标或轻轻按一下方向键激活屏保即可。不要直接在键盘上按 Enter 或 ESC 键，以防止计算机因按这两个键而导致退出正在运行的相关程序。

如果确定现场计算机处于关机状态，应该遵循处置原则，不直接启动操作系统。正确的操作是先从主机上拆下硬盘，再进入 BIOS 记录机器当前的时间，如图 5-2 所示。同时，要和当前的北京时间进行核对，记录时间差值。不关注时间差值，会影响后期的数据分析，导致文件时间属性的偏差。现场记录 BIOS 系统时间可作为取证分析的时间参考依据。

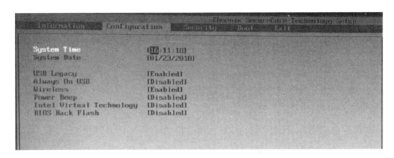

图 5-2　BIOS 时间

如果确定现场计算机处于开机状态，正确的操作流程是：退出垃圾清理类软件→禁用屏保及电源休眠→剪贴板数据固定→内存易失数据固定→时间核准固定→桌面信息固定→应用程序数据固定→加密磁盘检查固定→关闭计算机。

2. 获取内存数据

计算机系统中内存可分为物理内存和逻辑内存。常规意义上的内存一般指的是机器的物理内存，是指通过物理内存条而获得的内存空间。当物理内存不够用时，计算机会将硬盘的一块区域划分来作为内存即逻辑内存（也称虚拟内存），以缓解物理内存的紧张。在 Windows 操作系统中，当操作系统分配虚拟内存时，系统会自动产生虚拟文件 Pagefile. sys，该文件包含有部分内存数据。用户可以自定义 Pagefile. sys 文件的大小，同样也可以移动和删除这个文件。当操作系统进入休眠或睡眠状态时，系统会自动产生休眠文件 Hiberfile. sys，该文件包含有计算机睡眠时内存中的所有数据，其大小和物理内存一样大。在 Linux 操作系统中，当物理内存不够用时，操作系统会根据调度算法先把内存中不活跃的页面移到交换空间（Swap space）中，以腾出内存给别的程序先运行。

计算机中所有的程序运行都是在内存中进行的，内存是操作系统及各种应用系统交换数据的区域。经常运行于内存的有操作系统运行的程序、网络连接、打开的文件、用户密钥等动态数据。但是，内存数据极易丢失，计算机一旦断电内存数据就会全部消失。因此，避免内存数据消失，有效获取内存中的数据已成为计算机数据取证的首要任务。

目前已有相当多的取证工具，如 Dumplt/Win32dd、WinEn/EnCase Imager、FTK Imager、美亚柏科的现勘精灵等都能有效获取内存数据。Dumplt 是一款比较知名的内存获取工具，其前身是 Win32dd，支持对 Windows 系统各版本的内存镜像获取。该工具的优点是，暂用内存小，获取内存时可减少原有内存空间的覆盖，可以最大限度地保全原始内存中的数据。FTK Imager 是美国知名取证厂商 AccessData 公司开发的一款证据获取及数据提取的免费工具，深受全球计算机取证人员的欢迎。FTK Imager 的主要功能有证据获取、哈希值计算、文件查看及提取、镜像文件挂载、数据恢复、特定数据提取等。在实际操作时，侦查人员可提前将 FTK Imager 放置在外置存储介质里，在外接存储介质中运行 FTK Imager，再在工具栏中点击获取内存按钮，将内存镜像文件保存路径指向外置存储介质，也可以根据需要同时导出 Page-file. sys 文件，如图 5-3 所示。

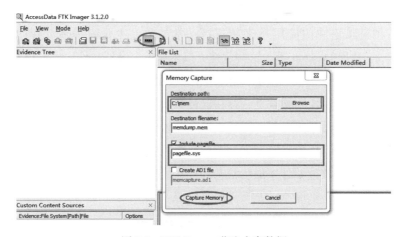

图 5-3　FTK Imager 获取内存数据

3. 收集提取加密数据

现场勘验中计算机处于运行状态时，侦查人员通常也要考虑各种加密数据的勘验，如用户操作系统的登录密码提取、虚拟容器数据提取、Bitlocker 加密数据提取、EFS 加密文件提取等。如果现场计算机的这些加密数据处于解密状态时应及时收集提取，因为关闭计算机后，这些数据将重新处于加密状态，这就需要获取密码或密钥文件才能再一次打开，这样将会给后期的数据获取带来不便。

现场计算机操作系统处于登录状态时，其登录密码的获取可以借助一些小工具快速获得。如 Windows 操作系统，侦查人员可以通过 GetPass. exe 软件直接读取，软件版本根据操作系统类型选择，如图 5-4 所示。现场获取的登录密码将便于侦查人员的后续勘验。当现场计算机因不可预测的原因被锁屏或处于待机状态时，勘查人员可以利用获取的密码再次登录。

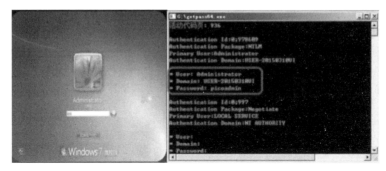

图 5-4　计算机操作系统登录密码获取

虚拟容器软件的应用越来越广泛，常见的有 Private Disk、TrueCrypt、BestCrypt、PGP Desktop 等。这些软件可以生成单个容器文件，也可以对硬盘或逻辑分区进行全盘加密，并且这些加密强度都比较大，不易破解。因此，现场勘验过程中，应当检查是否存在这种类型的软件。侦查人员可以通过计算机的任务栏查看是否运行了相关虚拟容器软件，或者通过比对计算机磁盘管理和资源管理器中的盘符发现是否存在虚拟容器盘符。当现场的计算机正运行着虚拟容器软件并处于加载状态时，不能轻易关闭该软件，而应该仔细检查里面的数据，如图 5-5 所示。

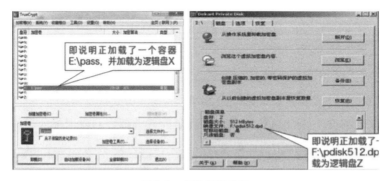

图 5-5　虚拟容器软件

Bitlocker 加密技术是在 Windows vista 以后新增的一种数据保护方法。如果某一分区启动了 Bitlocker 加密技术，那么在这个分区图标上就会出现一把锁，加密分区的锁默认是金色的。当分区处于解密状态时，这个锁就会变成灰色的状态，如图 5-6 所示。

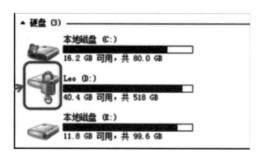

图 5-6　Bitlocker 加密

在现场勘验中，如果发现用户计算机采用了 Bitlocker 启动器加密技术并且处于解锁状态，侦查人员不能忽略此类分区，应该进入控制面板，通过 Bitlocker 管理导出密钥文件，在弹出的对话框中，根据提示将密钥文件另存到移动存储介质中，以便后续对 Bitlocker 加密分区进行数据提取，如图 5-7 所示。

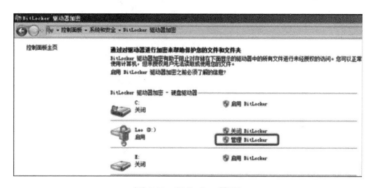

图 5-7　Bitlocker 管理

针对前面发现的虚拟容器或者 Bitlocker 分区数据，侦查人员应该及时将涉案文件直接复制到移动存储介质中，或者借助取证工具将涉案文件生成逻辑证据文件，进行数据提取固定，如图 5-8 所示。另外，在条件允许的情况下，侦查人员可以通过取证软件将该分区制作成 DD 或 E01 镜像。

图 5-8　Bitlocker 分区数据提取

在勘验现场中，还有可能遇到 Encrypting File System（EFS，加密文件系统）加密文件。EFS 和 Bitlocker 一样，是 Windows 内置的一套基于公共密钥的加密机制，可以加密 NTFS 分区上的文件和文件夹，能够实时、透明地对磁盘上的数据进行加密。由于 EFS 加密文件对授权用户是透明的，文件加密之后，不必手动解密，使用者能自动打开加密文件，而其他用户则无法打开加密文件。所以，对此类加密文件可以将其复制到移动介质中。

4. 正确关闭、封存计算机

侦查人员在关闭计算机时需要记录所进行的操作，并根据经验和现场情况等因素来综合确定关机方式。比如，个人计算机通常安装了 Winxp、Win7、Win10 等操作系统，一般采用直接断电的方式进行关闭。直接断电一方面可以防止内存数据或系统缓存数据回写到硬盘造成数据覆盖或破坏，另一方面可以防止用户痕迹被系统或应用程序自动清空。对于服务器，应按照正常的关机方式关闭操作系统，以防止操作系统及应用程序数据被破坏。

现场的计算机主机可能会连接各种设备，在封存主机前勘查人员需要记录计算机所连接的各种设备并对各种连接线做好标记，比如显示器连接线、打印机连接线、键盘鼠标连接线等等，做好标记后应进行拍照固定，以便后续的复原。

计算机证据封存是为了保护原始证物，以方便存储运输。根据实际情况，可以整机封存，也可以对单一介质或部件进行封存。不管采用那种封存方式都需符合以下要求：一是准确。即保证封条贴在正确的位置，确保除非破坏封条，否则无法使用封存设备。二是唯一。即每个封条都是唯一标识，要让对象在封条上签字确认。三是标识。即每个收集的证物都要贴上标签，注明提取时间、人员姓名及设备的名称、型号等信息。针对计算机主机的封存，应将封条盖住主机箱的电源接口位置，否则该计算机还能正常通电开启，就失去了封存的意义。针对计算机硬盘的封存，应将封条盖住硬盘的接口位置，确保硬盘在不破坏封条的情况下无法被通电使用，如图 5-9 所示。如果是比较小的硬盘也可以通过证物袋封存。

现场勘验结束后，要将现场提取的证物安全带回到单位或实验室进行分析。计算机主机运输时应将主机置于平稳、不受压的地方。获取的计算机证物应存储在正常室温的环境下，还应避免遭受湿气、磁力、灰尘、烟雾、水及油的影响。

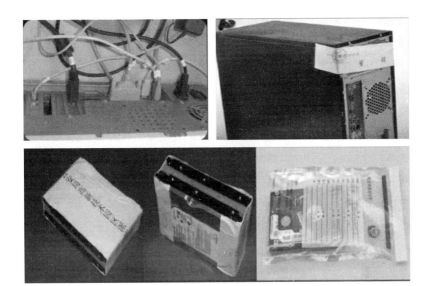

图5-9　计算机的固定及封存

5. 保全计算机数据

常见的计算机数据保全方法有介质静态固定和在线镜像两种。

（1）介质静态固定。介质静态固定是指针对已拆卸的硬盘或其他断电状态的存储介质进行原盘文件的克隆操作。这种克隆与复制文件不同，是对原硬盘逐扇区逐字节的精确复制，可以获取所有文件，包括已删除文件、隐藏文件、格式化文件、残缺文件等。常见的介质静态固定方法有介质位对位复制和制作镜像文件。介质位对位复制是将原始介质中所有扇区的每个位都精确复制到目标介质中。在介质位对位复制实际操作中，对目标盘的要求是容量需要大等于源盘并清空盘中数据，确保没有其他干扰数据和足够的空间存储，同时对于每个存储介质推荐做两个以上的证据副本。

镜像是冗余的一种类型，一个磁盘上的数据在另一个磁盘上存在一个完全相同的副本即为镜像。制作介质镜像文件也是目前比较常用的方式，通过制作介质镜像文件，可以有效并且无误地保存原始检材的副本，同时还具备压缩、时间戳等功能。常用的镜像文件类型有 DD、E01、L01。DD 镜像的优点是兼容性强，目前所有磁盘镜像和分析工具都支持 DD 格式。此外，由于没有压缩，镜像速度较快。DD 镜像最主要的问题就是非压缩格式，镜像文件与原始证据磁盘容量完全一致。即便原始证据磁盘仅有很少的数据，也一样需要同样的磁盘容量。很显然，解决 DD 镜像容量大问题的最好方法就是采用数据压缩，例如 gzip 或 bzip2。但是，这种压缩方式带来的问题是无法正常访问压缩文件中的数据，因为需要像访问真实硬盘的文件系统一样访问镜像文件，而普通压缩软件压缩后的 DD 镜像必须首先解压缩才能够使用。E01 镜像的私有文件格式，支持数据压缩，可以减少空间。L01 逻辑镜像主要针对部分文件或文件夹进行证据固定。在实际应用中，使用最多的是 E01 文件镜像，E01 文件是常用的介质镜像文件格式，以物理硬盘或分区为单位生成的镜像，当源介质存储容量特别大时，证据文件可被分割为多个片段存储，生成的证据文件扩展名依次为 E01、E02、E03 等。

下面以 FTK Imager 为工具介绍镜像文件制作。

首先单击 FTK Imager 快捷工具栏的按钮"Add Evidence Item"，在弹出的对话框中选择制作镜像数据来源的类型，FTK Imager 支持获取的数据来源类型有物理磁盘、逻辑磁盘、镜像文件和文件夹四种，如图 5-10 所示，这里选择物理磁盘。

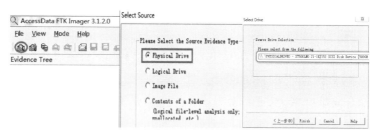

图 5-10　加载磁盘

然后选择要导出的目标磁盘，在弹出的对话框中选择要导出的镜像类型（DD、SMART、E01、AFF），如图 5-11 所示，这里选择 E01 镜像。

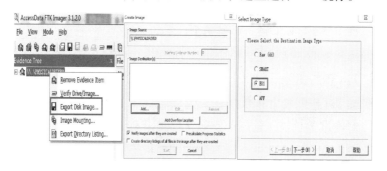

图 5-11　选择镜像

最后输入证据相关的基本信息后创建磁盘镜像，如图 5-12 所示。

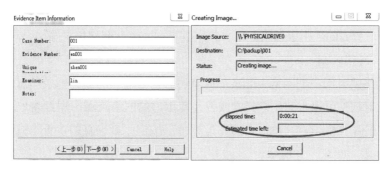

图 5-12 制作镜像

（2）在线镜像。侦查实践中，侦查人员遇到下列三种情形的计算机时可以实施在线镜像操作：一是计算机或服务器处于开机状态。现场勘验时如果计算机或服务器处于开机状态，且关闭主机、服务器后，会导致主机数据的消失、损耗，此时即可通过在线镜像来实现对硬盘数据的提取固定。二是硬盘难以拆卸的计算机。比如微型笔记本、一体机等，这些设备可能无法通过正常拆卸来实现证据的固定。三是服务器采用了磁盘阵列技术，且不方便关机。面对这些情形，侦查人员可以通过在线镜像工具（如美亚柏科的 DC-8670）直接对数据进行在线镜像，这里不再详述。

三、常规计算机数据的收集提取

常规计算机数据包括系统痕迹、用户痕迹、上网记录、应用程序数据（即时通信记录、电子邮件等）、日志等。在侦查实践中，侦查人员如果有专业的取证工具，可以通过一键式操作直接获取并固定这些数据；如果缺少专业的取证工具，则可以通过在操作系统中找到这些数据所在位置，借助照相、摄像、截图等方式固定数据，同时将数据复制到外置存储介质中。下面介绍 Win 7 操作系统中获取用户痕迹、上网记录等数据位置的方法，而对于系统痕迹、应用程序（即时通信记录、电子邮件）、日志等数据可以用美亚柏科的取证大师工具直接提取。具体采取哪种方法，可根据现场的实际条件和侦查人员的计算机水平灵活确定。

（一）用户痕迹

用户痕迹信息主要来源于用户注册表，注册表文件存储路径各不相同，但都是 ntuser. dat 文件。用户痕迹数据主要有网络映射、网上邻居、最近访问记录、Windows 引擎搜索记录、打印信息、回收站删除记录等。

1. 网络映射

网络映射用户把网络中的某个目录映射成本地驱动器的记录信息。通过网络映射数据可以了解用户经常或曾经使用过的网络资源，据此获取其他可能涉案的计算机信息。单击桌面"计算机"按钮，可以直接查看本机的网络映射情况，如图 5-13 所示。

图 5-13　本机的网络映射

2. 网上邻居

网上邻居是显示指向共享计算机、打印机和网络上其他资源的快捷方式，通过网上邻居数据可以自动识别网上邻居上的其他计算机信息，包括主机名、IP 地址等信息。如图 5-14 所示。

图 5-14　网上邻居

3. 最近访问记录

最近访问记录是指本地用户最近的访问痕迹，如最近访问的文档、媒体播放记录、最近程序访问记录、最近打开保存文档、最近运行记录、应用程序访问等，如图 5-15 所示。通过最近访问记录有利于分析用户使用文档、程序情况，有利于获取用户最近访问或保存的 word 和 excel 文件、图片等。

图 5-15　最近访问记录

4. Windows 搜索引擎记录

Windows 搜索引擎是指本地用户利用 Windows 搜索功能进行搜索的历史记录，包括全部或部分文件名搜索、文件内容搜索等信息，如图 5-16 所示。

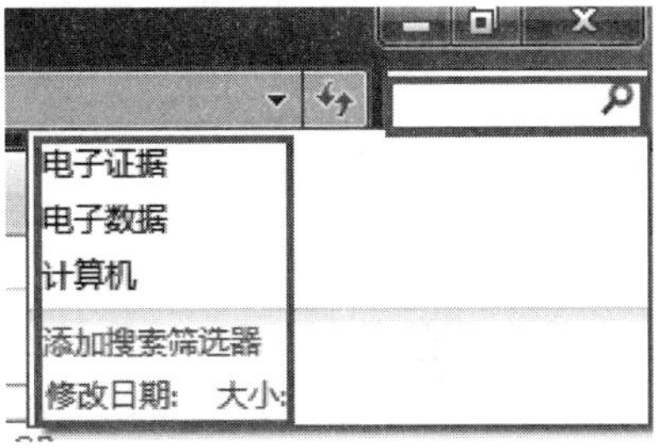

5. 打印信息

打印信息可以获取用户打印图片、

图 5-16　Windows 搜索引擎

文档等资料时留在本地的后台打印的原始资料信息，还可以还原打印的内容。

6. 回收站删除记录

回收站删除记录可以获取回收站里被删除的文件信息，包括部分已被清空了的删除文件。

（二）上网记录

常见的浏览器类型主要有 IE 浏览器、Google 浏览器、Firefox 浏览器、360 浏览器等。下面仍以 Win7 操作系统中 IE 10 浏览器为例，介绍获取上网记录数据的方法。

1. 收藏夹

收藏夹是指用户上网的时候把自己喜欢、常用网站的链接收藏在文件夹中，侦查人员可以通过收藏夹获取用户感兴趣的网站，具体收集方法如下。

（1）单击"开始"按钮，在搜索栏中输入"收藏夹"，如图5-17所示。

图5-17　搜索栏中输入"收藏夹"

（2）按回车，可获取收藏夹的文件路径及内容，如图5-18所示。

图5-18　收藏夹的文件路径及内容

2. Internet cookies

Internet cookies 记录了用户访问过的网站和访问的频率以及最近访问的信息等，侦查人员通过 cookies 可以获取使用者关注的网站类型。下面介绍导出 Internet cookies 文件内容。

（1）打开 IE 浏览器，选择菜单栏上"文件"选项，选择"导入和导出"，如图5-19所示。

（2）在对话框中选择"导出到文件"，单击"下一步"按钮，选择"Cookie"，如图5-20所示。

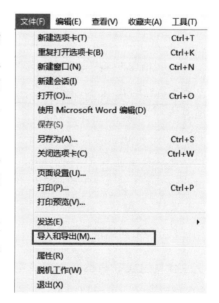

图5-19　导入和导出

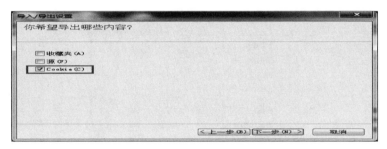

图 5-20　Cookie 选项

（3）选择导出 cookie 文件的路径，如图 5-21 所示。

图 5-21　导出路径

3. Type URLs

Type URLs 记录用户最近在 IE 地址栏中输入的地址信息，侦查人员通过 Type URLs 可以获取用户最近手动输入访问的网址，如在 IE 浏览器中输入字符"q"，可以获取该用户最近访问的相关网址，如图 5-22 所示。

图 5-22　访问网站记录

4. Temporary Internet Files

Temporary Internet Files 是 Windows 中储存 Internet 临时文件的文件夹，如多媒体内容等，获取 Temporary Internet Files 路径方法如下。

（1）打开 IE 浏览器，单击"工具栏"按钮，选择"Internet 选项"，如图 5-23 所示。

图 5-23　选择"Internet 选项"

（2）在 Internet 选项对话框中单击"设置"按钮，弹出的对话框中可以获取 Internet cookies 的路径，如图 5-24、图 5-25 所示。

图 5-24　Internet 选项对话框

图 5-25　网站数据设置对话框

（3）Internet history。Internet history 记录用户上网记录、打开过的文件信息等历史访问痕迹，侦查人员通过该记录可以得知使用者曾经访问过的网站及打开过的文件。可以通过打开 IE 浏览器，单击"收藏夹"按钮，选择"历史记录"选项卡，可以获取 Internet history 内容，如图 5-26 所示。

图 5-26　最近访问痕迹

针对以上浏览器的访问痕迹，可以快捷地查看浏览器的上网记录信息。在侦查实践中，面对大量的上网记录信息，也可以借助专业的取证分析软件进行二次搜索。通过二次搜索可以快速排查特定网站被访问的情况。取证软件可以对 URL 地址栏中的中文字符进行解码，从而分析出使用者在搜索引擎中搜索了哪些关键字，如图 5-27、图 5-28、图 5-29 所示。

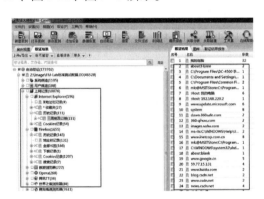

图 5-27　上网记录数据提取

图 5-28　提取数据检索

图 5-29　检索结果

（三）系统痕迹

以 Windows 操作系统为例，系统痕迹主要来源于系统注册表。注册表文件存储路径为操作系统所在分区下的 config 目录中（％SystemRoot%\\System32\\Config）。主要的系统注册表文件有 SYSTEM、SOFTWARE、SAM、SECURITY 等。常见的系统痕迹数据有系统信息、安装软件、USB 设备使用记录、应用程序运行痕迹、缩略图信息、快捷方式文件解析等。

系统信息包括操作系统版本、安装时间、最后关机时间、时区信息、服务信息、硬件信息、用户信息、网络配置信息及共享信息等。侦查人员通过操作系统安装时间，可以推断犯罪嫌疑人是否重装过操作系统，据此判断作案人是否存在试图销毁涉案数据行为；通过用户登录信息，可以推断犯罪嫌疑人经常使用的账号登录、密码设置时间及密码哈希值等。

USB 设备使用记录着系统上使用过的 USB 设备使用记录信息，包括首次插拔时间、最后插拔时间、设备 GUID、恢复已删除 USB 使用记录等。这些信息有助于分析存储介质的使用情况。

快捷方式（扩展名为 *.lnk）是 Windows 提供的一种快速启动程序、打开文件或文件夹的方法，是应用程序的快速链接。通过快捷方式文件可以获取该快捷方式文件对应的目标文件信息及其附带的其他信息，比如目标文件所在的分区、卷标类型、卷标序号等。利用这些信息还可以得知犯罪嫌疑人经常使用的应用程序或文档信息。

应用程序运行数据记录着应用程序的运行情况，据此记录可以进一步分析用户应用程序的规律特点，如用户常用的程序、某时段运行的程序等。

取证大师系统痕迹收集提取结果，如图 5-30 所示。

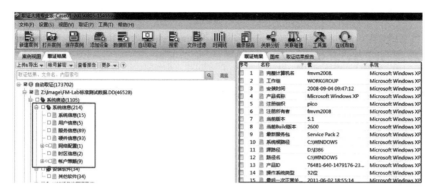

图 5-30　取证大师系统痕迹数据收集提取

（四）应用程序

现场计算机处于开机运行状态时，勘查人员应通过拍照、摄像、截图等方式记录计算机桌面显示的信息和用户正在运行的应用程序。如果现场计算机中存在打印的文档，侦查人员需先将此类文档内容进行截图固定，再检查是否设置密码，并将内容导出到移动介质中。这里主要介绍常见的应用程序即时通讯和电子邮件。

1. 即时通信

通常计算机上都安装有各种即时通信工具，常见的有 QQ、SKYPE、阿里旺旺、微信、飞信等。由于此类软件版本及加密技术一直在不断升级，常规的取证工具可能无法解析出较新版本的聊天内容，因此，如果现场计算机正在运行即时通信软件时，应优先导出具体的聊天内容和好友列表信息，并保存到侦查人员自带的移动存储介质中以备后用。以腾讯公司的即时通信软件 QQ 为例，如果现场勘验时用户的 QQ 处于登录状态，可以通过 QQ 消息管理器将聊天信息导出，并保存扩展名为 . bak、. mht、. txt 的文件，也可以查看用户联系人以及加入的各类群信息等，如图 5-31 所示。默认情况下，用户的 QQ 邮箱密码和 QQ 密码相同，侦查人员可以直接通过 QQ 主面板上的邮箱标志直接登录 QQ 邮箱查看用户的邮件来往信息，结合案情查看是否包括案件相关的邮件，还应将这些邮件的内容提取固定。有些案件中，用户的 QQ 空间也会留下重要的信息，比如说 QQ 空间里的照片、日志、留言、说说等。当用户 QQ 处于登录状态时，侦查人员可以在 QQ 主面板直接点击 QQ 空间图标进入查看相关信息。总之，不同应用程序可以获取的信息不同，对于用户已经打开的应用程序，侦查人员应该尽快地、仔细地去搜索相关的线索信息。当然，也可以借助取证大师直接获取 QQ、微信、飞信等常用的即时通信软件的数据，如图 5-32 所示。

图 5-31　QQ 聊天记录管理器

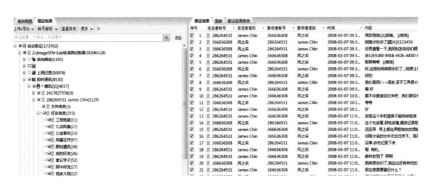

图 5-32　取证大师即时通信数据收集提取

2. 电子邮件

电子邮件是一种用电子手段提供信息交换的通信方式，是互联网应用最广的服务。通过网络的电子邮件系统，用户可以以低廉的价格、快速的方式与其他的网络用户联系。

下面举例说明电子邮件的传输过程。如一个 163 邮箱账号给新浪邮箱账号发送邮件，用户将邮件投递到 163 邮件服务器，163 邮件服务器根据投递地址，先从 DNS 服务器查询 MX 记录，从而获取新浪服务器的 IP 地址，然后根据这个地址，将邮件投递到新浪邮件服务器上，用户再从新浪邮件服务器上获取邮件信息。根据前面的投递情况，邮件在投递过程中，各个环节都有可能留下痕迹。电子邮件的构成可以分为三个部分：邮件头、正文、附件。其中邮件头，相当于传统邮件的信封，包括发件人信息、收件人信息、发件信息、服务器和客户端信息。邮件正文部分是发件人在信中写的内容，但是正文部分不是以明文的方式保存的。在发送邮件时，除了正文内容外，还可能发送图片、文档、程序，这些信息在发送时是经过编码的，常见的电子邮件编码有：MIMI/BASE64、Quoted、Unicode 等。电子邮件数据通常存储在电子邮件服务器、电子邮件使用者的计算机、手机、PAD 等中，存储形式有客户端存储的复合文件（PST、DBX、NSF、EDB 等）、WEB 端存储的网页、移动终端特定数据结构（SQLiter 数据库、私有格式）等。

取证大师电子邮件收集提取结果，如图 5-33 所示。

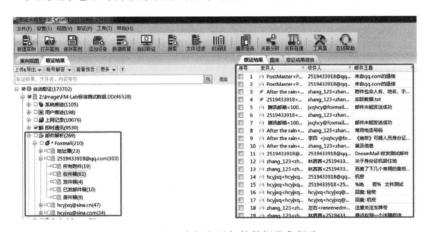

图 5-33　取证大师电子邮件数据收集提取

（五）日志

日志包括操作系统日志、网站日志、特定程序日志等。通过对日志信息的解析，可以还原操作计算机的痕迹，可为侦查提供重要线索。Windows 日志记录硬件、软件和系统信息，同时还记录系统中发生的事件。Windows 日志主要包括系统日志、应用程序日志和安全日志等。以 Win 7 为例，系统日志存放位置为：% systemroot% \\system32\\config\\ ∗. Evt。

IIS 日志，主要用于记录用户和搜索引擎蜘蛛对网站的访问行为。IIS 日志中，包括客户端访问时间、访问来源、来源 IP、客户端请求方式、请求端口、访问路径及参数、Http 状态码状态、返回字节大小等信息。IIS 日志类型有 W3C 扩充日志文件格式和 NCSA 公用日志文件格式。Microsoft IIS 日志文件默认位置:％systemroot％\\system32\\logfiles\\。默认文件名格式：ex＋年份的末两位数字＋月份＋日期，文件后缀:.log。

取证大师 Windows 日志收集提取结果、IIS 日志收集提取结果，如图 5-34、图 5-35 所示。

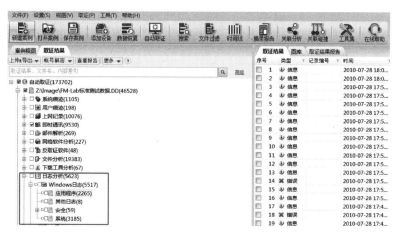

图 5-34　取证大师日志数据提取

图 5-35　取证大师 IIS 数据提取

四、计算机网络数据收集提取

网络数据收集提取除了涉及上述计算机常规数据中主机系统应用记录、系统事件记录、网页浏览历史记录、收藏夹、浏览网页缓存等数据外，还涵盖以下数据。

（一）网络设备信息

1. 服务器

服务器是指管理资源并为用户提供服务的计算机软件及运行以上软件的高性能计算机或计算机系统，其构成与个人计算机相似，但在稳定性、安全性、处理能力、可扩展性等方面要求更高。服务器的高性能主要体现在高速度的运算能力、长时间的可靠运行能力、强大的外部数据吞吐能力等。通常情况下服务器分为文件服务器、数据库服务器和应用程序服务器。

网络服务器数据的收集提取具有以下特点：第一，数据分布式存储，在数据提取过程中需要掌握服务器所有的应用部分和运行平台。第二，在开机情况下，为避免因关机而导致数据丢失或其他损失，一般使用在线调查的方式，对服务器的日志进行提取分析。第三，涉及海量数据提取更为复杂，数据通常存储在大型磁盘阵列中，相对于离线数据库数据提取的难度更大。第四，提取的数据分布在服务器端和客户端，需同时提取且须相互对照、印证。第五，提取人员需具备网站应用程序、系统构架机器安全等相关知识。[1]

以下对网站服务器数据收集提取的基本流程做简单介绍：

前台服务器配置文件的导出→前台服务器数据库数据的导出→前台服务器的仿真→后台服务器数据的导出和仿真→模拟用户操作→分析后台管理数据→解析网站数据[2]。

（1）前台服务器配置文件的导出。分析前台服务器的配置文件，确认服务器名称、IP 地址及端口与前期侦查发现的涉案服务器一致，找出网站服务文件所在的位置和全部代码及服务器应用的所有代码文件。

（2）前台服务器数据库数据的导出。分析服务器文件的配置，确认网站数据库类型及访问所需的账户名和密码，导出数据库中所有的数据。

（3）前台服务器的仿真。利用提取的代码和数据库仿真或模拟构建网站服务器，设置相同的主机名，建立同样的数据库连接方式。

（4）后台服务器数据的导出和仿真。使用与前台服务器相同的方式导出后台服务器的代码和数据库数据，仿真或模拟构建网站。

〔1〕　夏荣. Web 取证分析技术研究与应用. 网络安全技术与应用. 2017（1）：202.
〔2〕　刘浩阳、李锦，刘晓宇主编. 电子数据取证. 清华大学出版社，2015（11）：217-218.

（5）模拟用户操作。利用获取的账户名和密码登录网站，详细了解网站应用模块和程序，模拟用户操作行为，进一步确定所有相关数据的收集提取。

（6）分析后台管理数据。利用获取的账户名和密码登录后台管理系统，进一步确定所有后台管理数据的收集提取，并进行分析。

（7）解析网站数据。对网站数据进行综合解析，摸清网站结构、人员组织架构、涉案资金流转等情况。

目前，获取网站服务器数据的软件较多，如 Apache、Lighttpd、Nginx 等。

2. 路由器

路由器是互联网的主要节点设备，其路由功能可以实现数据从一个子网传输到另一个子网。在传输过程中，不仅记录了一般数据传输的路由信息，还存储了一些重要 IP 地址和 MAC 地址的访问信息。在侦查中，路由器网关中的 IP 地址及账号密码等相关信息不可忽略。

通常可以通过以下四个步骤实现路由器上的数据的分析获取[1]：第一步，将路由器打开，拆取存储芯片，如图 5-36 所示；第二步，采用物理提取的方式获取镜像；第三步，打开镜像的十六进制文件进行解析；第四步，分析获取到服务器 IP 地址、个人登录的账号密码等信息。

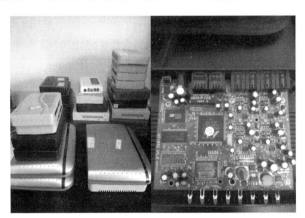

图 5-36　涉案路由器及内部芯片

特别需要注意的是，一般家庭或小型企业使用的路由器均不带日志存储功能，断电或者重启可能导致一些重要数据如路由表、监听服务、当前使用的密码等丢失。因此，只能在路由器断电前进行数据的提取。而企业级等其

---

〔1〕　在撰写路由器数据的收集提取时，参阅了微信公众号"电子物证"中的《路由器取证》一文。

他路由器则一般带有日志存储功能，只需提取日志进行分析即可。

3. VPN

VPN 是 Virtual Private Network（虚拟专用网络）的简称，通过特殊的加密通信协议在公用网络上建立一个临时的、安全的连接，是企业内部网的扩展，在企业网络中被广泛应用。VPN 是在互联网上临时建立的安全专用虚拟网络，一般可以通过服务器、硬件、软件等多种方式实现，如 L2TP、IP-SEC、PPTP、GRE、SSL 隧道等。通过 VPN 可以帮助远程用户、公司分支机构、商业伙伴及供应商同公司的内部网建立安全可信的连接，并保证数据安全稳定地传输。此类网络具有低成本、易使用的特点。

VPN 使用了特殊的加密通信协议，连接内外网时需要访问 VPN 服务器。VPN 服务器上一般有两块网卡，即两个地址，一个对应内网，一个对应外网，因此 VPN 可作为代理服务器上网。通过 VPN 代理可隐藏真实的 IP 地址，因此，有些犯罪分子为了逃避侦查，选择 VPN 作为代理服务器上网。当然，这样加大了案件的侦查难度。

VPN 数据通常可通过以下步骤获取：

（1）确定 VPN 服务。侦查人员遇到可疑 IP 地址时，可以通过端口扫描工具如 NMAP 确认该 IP 地址是否使用了 VPN 服务，并确定 VPN 协议类型。例如，监听 TCP 端口 1723 和 1701、UDP 端口 500 以上或其他非默认端口来判断这些端口是否使用了 VPN 服务。

（2）查找 VPN 提供商。很多企业提供了免费或者收费的 VPN 服务，同时也提供了这些 VPN 服务器的 IP 地址信息，侦查人员可以调查这些 IP 地址进行 VPN 服务器的定位，从而找到该 VPN 提供商以便调取连接日志资料。

（3）调取 VPN 服务器日志资料。在找到 VPN 服务器后，应及时调取 VPN 服务器日志资料。通常，微软自带的 VPN 日志存储位置为"％WinDir％\\system32\\LogFiles\\IN 年月 . log"，记录了客户端 IP、连入时间、客户端机器名等信息。

（二）IP 地址

IP 地址指的是互联网协议地址（Internet Protocol Address），又译为网际协议地址。计算机在互联网上进行通信时必须有 IP 地址，就像是网络上的电话号码，一般由当地网络运营商负责维护和分配。IP 地址是一个 32 位的二进制数，通常被平均分割为 4 段。由于网络设备的增多，出现了 IP 地址不足的现象，目前各地运营商大量采取动态分配 IP 地址以及随机分配并及时回收 IP 地址的方式解决这个问题。因此，在确定某个 IP 地址对应的网络设备时，必须先确定该 IP 地址的使用时间。在侦查中，若获取了 IP 地址记录，可以据此发现犯罪分子的网络踪迹。

1. 本地 IP 地址的获取

Windows、Mac OS 及类 UNIX 操作系统的主机均可以通过 ipconfig 命令获取计算机本地 IP 地址及其相关信息，如图 5-37 所示。

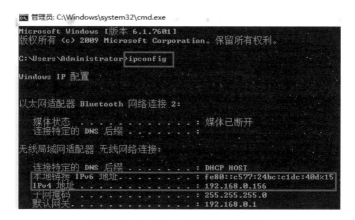

图 5-37　在主机上查询本地 IP 地址

也可以通过访问 www. ip. cn 等网站或通过搜索引擎搜索 IP 地址查询获取，如图 5-38、图 5-39 所示。

图 5-38　访问 www. ip. cn 网站查询主机本地 IP 地址

图 5-39　通过搜索引擎查询主机本地 IP 地址

2. 查询相关网络设备获取 IP 地址

可以通过查询服务器、存储型路由器及交换机等网络设备查询对象计算机的本地 IP 地址。

3. 调阅相关网络服务商 IP 日志资料获取 IP 地址

若掌握对象的 QQ 号码、支付宝、微博及博客等社交网站用户名等虚拟网络账号后，可根据规定调取相应网络服务商服务器上存储的对应账户登录 IP 地址信息。

4. 精确定位 IP 地址

获取 IP 地址后，往往需要对 IP 地址进行扩展，比如获知 IP 地址所在地点、使用人、用途、是否涉案等信息。通常可以通过以下几种方式进行 IP 地址的定位：（1）通过开源网站（如 www. maxmind. com）提供的 IP 地址数据库定位；（2）通过收费网站提供的 IP 地址数据库定位；（3）利用百度地图的高精度 IP 定位 API 接口，再运用编程语言撰写一个简单的脚本完成位置的定位。

（三）MAC 地址

MAC 是 Media Access Control 或 Medium Access Control 的简称。MAC 地址也称物理地址、硬件地址，用来定义网络设备的位置，由网络设备制造商生产时写在硬件内部。随着局域网规模的扩大，MAC 地址一般采用 6 字节，即 48 比特数据，前 24 位是由生产网卡的厂商向 IEEE（电气和电子工程师协会）申请的厂商地址，后 24 位由厂商自行分配。世界上任意一个 MAC 都是该网络设备的唯一标识，且与网络无关。[1]

----

〔1〕　刘浩阳，李锦，刘晓宇主编．电子数据取证．清华大学出版社，2015（11）：225.

1. 查看 MAC 地址

在 Windows 系统中，点击组合键"win + R"，输入命令"cmd"并按"回车键"，在弹出的命令行窗口中输入"ipconfig /all"命令并按"回车键"，在输出的信息中，查找"物理地址"，即为 MAC 地址。

由于电脑可能存在多个网卡及其 MAC 地址，仅 Wi-Fi 网卡的 MAC 地址才会发射 Wi-Fi 信号并被本设备检测到，因此需要进一步在其中找出哪些 MAC 地址是 Wi-Fi 网卡的。前面写有"无线局域网适配器"的项目为 Wi-Fi 网卡，其下的"物理地址"为其 MAC 地址，如图 5-40 所示。

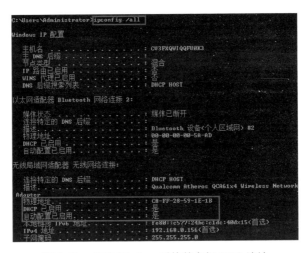

图 5-40　查看 Windows 系统的主机 MAC 地址

在 Mac OS 系统中，单击"系统偏好设置"→"网络"→"Wi-Fi"→"高级"→"硬件"，即可找到"MAC 地址"，如图 5-41 所示。

图 5-41　查看 Mac OS 系统的主机 MAC 地址

手机厂商为完善手机安全机制，避免被追踪和泄露隐私，在某些情况下，暴露出来的 MAC 地址非本机真实的 MAC 地址，而是随机发出的大量非真实 MAC 地址。若要对 MAC 地址进行验证，可以登录相关的 MAC 查询网页，如 IEEE 机构 MAC 网页 https：//regauth. standards. ieee. org/standards-ra-web/pub/view. html#registries、ATOOL 在线工具网页 http：//www. atool. org/mac. php 等。

2. 查询局域网中网络设备的 MAC 地址

现场勘验时，侦查人员需要了解现场计算机的网络连接情况，同时也可以查看主机上存储的 ARP（Address Resolution Protocol，地址解析协议）表获取目标网络设备的 MAC 地址。ARP 表中记录了 MAC 地址与 IP 地址的对应关系，通过地址解析将目标 IP 地址转化成目标 MAC 地址，并且每 30 秒更新一次。绝大多数系统都可以通过 arp 命令查看 ARP 表的内容，如图 5-42 所示。

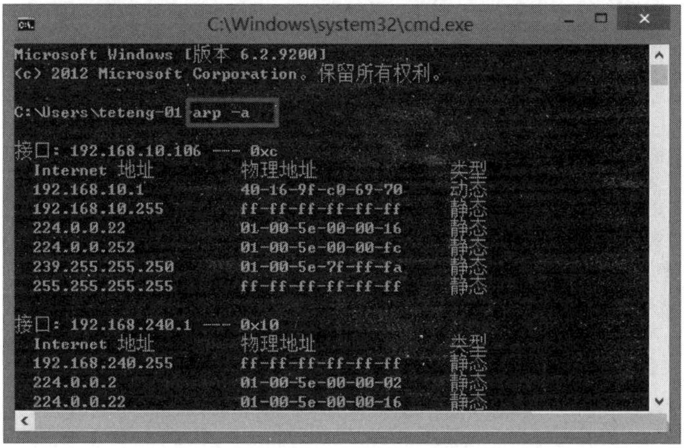

图 5-42　通过 arp 命令查看 ARP 表

（四）抓取网络数据

在网络数据收集提取中，若已获得相关的法律授权，可以通过网络嗅探等方式进行网络数据的抓取，并对网络数据包进行分析，从而使侦查人员可以进行溯源与调查。[1]

网络嗅探最初是网络管理员用以监控网络的，其基础是网络数据的抓

---

〔1〕　刘浩阳. 电子数据取证. 清华大学出版社，2015（11）：229-230.

取。嗅探中通常会用到 ARP 诈骗手段，如会话劫持、IP 欺骗等。其原理是通过修改远程计算机及网关设备上 ARP 缓存表的 MAC 地址信息使得网络数据都流经攻击者计算机。现以 ARP 欺骗嗅探为例，介绍网络数据抓取的相关步骤[1]

1. 前期环境准备

将网卡设置为混杂模式，接收一切通过它的数据。

2. ARP 欺骗

攻击端开启 ARPspoof 进行 ARP 欺骗，如图 5-43 所示。

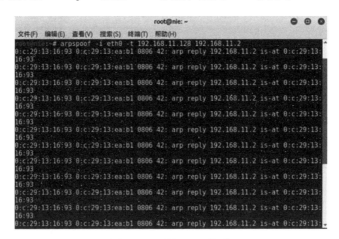

图 5-43　开启 ARP 欺骗

使用嗅探工具 ettercap 对目标主机进行 ARP 欺骗。

（1）扫描主机，选择 host list 列出扫描的主机，如图 5-44 所示。

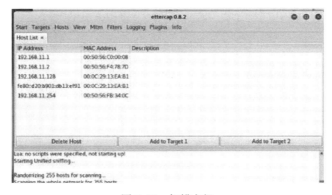

图 5-44　扫描主机

<hr>

[1]　在撰写此问题的过程中参阅了微信公众号"信安问答"之《公共 Wi-Fi 的安全隐患》。

（2）添加目标主机及网关 IP 地址为被攻击目标，如图 5-45 所示。

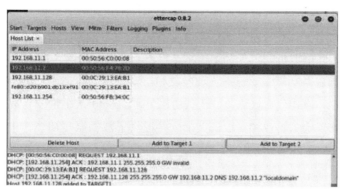

图 5-45　添加目标主机及网关 IP 地址为目标

（3）选择"Mitm-arp poisoing"→"sniff remote connections"→确定，执行 ARP 攻击，如图 5-46 所示。

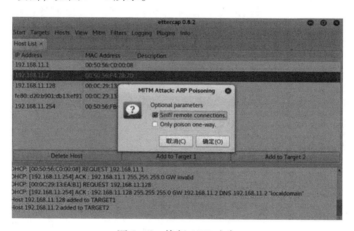

图 5-46　执行 ARP 攻击

（4）分析抓取的网络数据。

五、计算机数据恢复

数据恢复是电子数据取证的基础和核心技术，删除数据极有可能是重要证据，数据恢复是一项跨硬件平台、跨软件系统的技术，任何有存储的地方都可能会涉及数据恢复。数据恢复的对象通常涉及计算机、手机、服务器、监控视频等存储设备。介质中删的文件通常会有以下几种情形：一是文件记录和文件数据仍然完整保留在文件系统中，即未被覆盖。此情形通常可通过取证软件加载证据文件自动恢复。二是文件记录丢失，但文件数据完整保留在文件系统中。此情形可通过文件签名恢复。三是文件记录丢失，文件数据被覆盖。此情形可通过关键字搜索文件内容，手工恢复文件的残缺数据。

计算机数据恢复主要包括物理恢复和逻辑恢复。数据恢复的方法有：删除文件恢复、格式化分区恢复、丢失分区恢复、Raid 重组恢复、碎片重组恢复、物理修复等。美亚柏科取证大师软件提供了数据恢复功能，包括快速恢复、格式化恢复、签名恢复和分区恢复，如图 5-47 所示。为了更好地实现恢复取证，必须了解数据恢复的原理。

图 5-47　取证大师中的数据恢复功能

（一）文件快速恢复

快速恢复功能是针对主文件表（新技术文件系统 NTFS 中称为 ＄ MFT，Master File Table）中标记删除的文件做恢复。MFT 是一个映射磁盘中储存的所有对象的索引文件。在 MFT 中，NTFS 磁盘上的每个文件（包括 ＄ MFT 自身）至少有一映射项。MFT 中的各项包含如下数据：大小、时间及时间戳、安全属性和数据位置。

在取证大师中添加设备时，侦查人员可以根据需要选择"快速恢复""快速加载""不解析文件系统"，如图 5-48 所示。其中，快速恢复是指解析文件系统中被删除的文件；快速加载是指只列出检材中所有的正常文件；不解析文件系统是指将检材以未分配簇的形式加载。

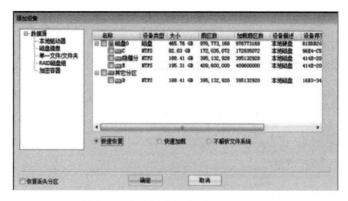

图 5-48　取证大师文件快速恢复界面

　　这里选择"快速恢复"，恢复结束后，在分区树状结构的根目录下，即可看到类似"丢失的文件"命名的文件夹，如图 5-49 所示。

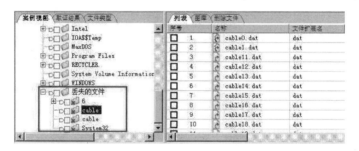

图 5-49　快速恢复后显示"丢失的文件"

（二）文件签名恢复

　　文件签名恢复是基于文件签名来实现的，是根据文件签名从未分配簇中恢复指定类型的文件。常见的文件类型有：视频及音频文件、压缩文件、图片、网页、电子邮件等。文件签名信息通常是在文件的头部，OFFICE 文件头部如图 5-50 所示，有的甚至还有固定的尾部信息，这是文件恢复的主要依据。另外，部分文件的签名信息中还包含了文件逻辑大小，取证分析软件可以根据该逻辑大小在未分配簇中恢复原始文件。

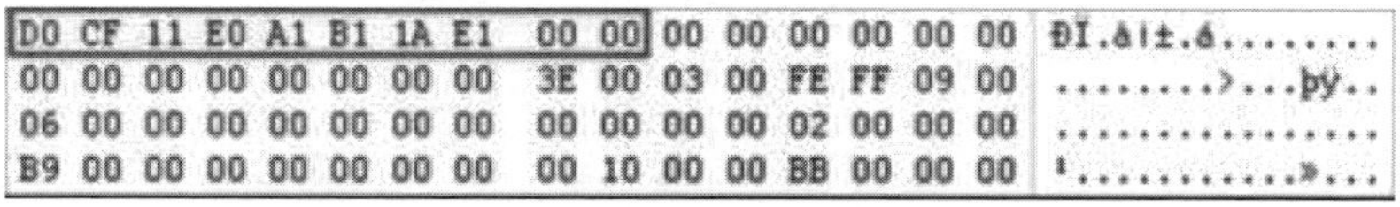

```
D0 CF 11 E0 A1 B1 1A E1   00 00 00 00 00 00 00 00   ÐÏ.à¡±.á........
00 00 00 00 00 00 00 00   3E 00 03 00 FE FF 09 00   ........>...þÿ..
06 00 00 00 00 00 00 00   00 00 00 00 02 00 00 00   ................
B9 00 00 00 00 00 00 00   00 10 00 00 BB 00 00 00   ¹...........».....
```

图 5-50　OFFICE 文件头部

　　如图 5-51 所显示的带有类圆状图标标注的文件类型，可以通过分析文件结构确定出文件的完整大小。带有头部和尾部签名的文件，通过搜索头部和尾部签名来确定文件的大小（如 JPG 文件）。

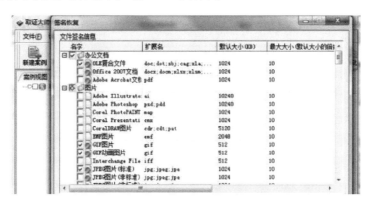

图 5-51　取证大师中签名恢复界面

　　有的文件只有头部签名，像这类文件一般在头部都会包含有与文件相关的属性，通过获取文件属性可以确定文件大小（如 BMP）。但是如果在文件大小范围内还是找不到文件的结尾，就用默认的文件大小当作是恢复出的文件大小。

　　因此，在磁盘空间上搜索与文件签名匹配的数据，并根据设定的文件大小将其后连续空间的数据恢复出来难以保证文件的完整性。侦查人员在文件签名中定义文件大小时，应根据不同类型的文件设置一个相对合理的大小。

　　在执行文件签名恢复时，侦查人员可根据签名需要在列表中选择文件类型。文件签名恢复通常是针对未分配簇进行操作，即需要勾选未分配簇选项。其中，按字节恢复选项决定查找文件签名信息的方式是逐字节进行的，可确保文件签名信息不在扇区或簇的开始位置时，文件也能被恢复出来，如图 5-52所示。

图 5-52　签名恢复结果

（三）分区格式化恢复

在磁盘的使用过程中，为了便于存储管理，通常需要将硬盘划分为若干个分区，包括主分区、扩展分区、逻辑分区等，如图 5-53 所示。

图 5-53　磁盘分区

磁盘中的逻辑分区通常需要格式化后才能进行数据的存储，在分区格式化过程中，需要指定文件系统类型，给每个簇分配单元大小，也可以根据需要设定卷标等。在 Win 7 操作系统中，如果不勾选快速格式化选项，格式化过程就会填充磁盘数据区域。以常见的文件系统 FAT 和 NTFS 为例，如图 5-54 所示。

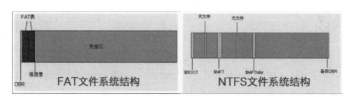

图 5-54　WINDOWS 文件系统结构

当分区格式化成 FAT 文件系统时，会创建 DBR、FAT 和根目录，也就是说格式化时会破坏 DBR、FAT 和根目录的信息，而真正存放数据的数据区并没有被格式化破坏，所以可以恢复大部分数据。但是，由于格式化破坏了 FAT 表，所以对于不连续存储的文件，恢复出来很有可能打不开。当分区格式化成 NTFS 系统时，会创建元文件来进行文件管理，也就是图片中的深色区域。其中，最关键的是 MFT 区域。由于格式化过程中，MFT 区域只写入必需的几个元文件记录，其他 MFT 记录并没有发生变化，所以大部分数据还是可以恢复的。

　　分区重新格式化后原文件系统被破坏，通过取证工具加载后无法直接查看到原文件系统的目录结构，只能够看到格式化后生成新的引导目录、系统原文件、回收站及文件夹等，这是被格式化分区的典型特征。当使用专业的取证分析软件加载磁盘后，发现有上述特征的分区，可以通过格式化恢复功能实现被格式化分区的恢复，如图5-55所示。

图5-55　分区格式化恢复结果

（四）分区丢失恢复

　　磁盘主引导记录（Master Boot Record，MBR），又叫作主引导扇区，是计算机开机后访问硬盘时所必须要读取的首个扇区，它在硬盘上的三维地址为（0柱面，0磁头，1扇区）。硬盘分区表占据主引导扇区的64个字节，可以对四个分区的信息进行描述，其中每个分区的信息占据16个字节。所以对于采用MBR型分区结构的硬盘，最多只能识别4个主要分区（Primary partition），对于一个采用此种分区结构的硬盘来说，想要得到4个以上的主要分区是不可能的。这时就需要引出扩展分区，扩展分区也是主要分区的一种，但它与主分区的不同在于理论上可以划分为无数个逻辑分区。扩展分区中逻辑驱动器的引导记录是链式的，每一个逻辑分区都有一个和MBR结构类似的扩展引导记录（Extend Boot Record，EBR），其分区表的第一项指向该逻辑分区本身的引导扇区，第二项指向下一个逻辑驱动器的EBR，分区表第三、第四项没有用到。

　　以上各种记录被破坏，都有可能导致数据丢失。造成丢失分区的原因主要有主引导记录（MBR）扇区损坏、扩展引导记录（EBR）扇区损坏、分区误删除（也可能是故意删除）、误分区等。除此之外，人为地删除分区或安装操作系统时的误操作都将导致分区丢失。分区故障归根到底就是分区结构出了问题，通常只要找回原来的分区结构并通过重建分区表就能恢复以前的分区。因此，丢失分区的恢复方法，可以通过人工寻址方式进行分析，如手工修复 MBR、EBR、DBR 等。同时，也可以借助工具或取证软件来快速实现，常用的软件有取证大师、EnCase、FTK、X-Ways 及其他数据恢复软件。

在取证分析软件加载检材过程中，侦查人员可以直接勾选恢复丢失分区来尝试自动恢复丢失的分区。如果在加载检材时，没有进行丢失分区查找，侦查人员还可以通过工具栏的数据恢复功能进行分区的恢复。

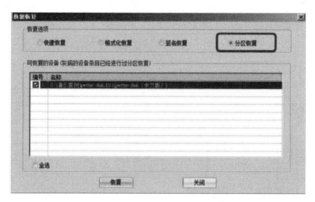

图 5-56　取证大师中数据恢复界面下的分区恢复选项

（五）RAID 重组

RAID 是 Redundant Array of Independent 的缩写，即独立磁盘冗余阵列。RAID 初衷是为了提供高端存储功能和冗余数据功能，通常应用在服务器存储中。RAID 重组中硬盘按编号排列，一般会从 0 开始编号，依次为 0、1、2。RAID 技术将各个单独的物理硬盘用不同的方式组合在一起成为一个逻辑硬盘，可以通过 RAID 卡或主板中集成的模块来实现。RAID 类型有 RAID0、RAID1、RAID2、RAID3、RAID4、RAID5、RAID6 等。为了做好 RAID 重组工作，侦查人员需要了解各种 RAID 类型的特点，这里主要介绍三种常见的 RAID 类型。[1]

在了解这三种 RAID 类型前，还需要了解下分块、条带、校验、热备和重建这几个基本概念。

分块是指一个硬盘驱动器分成多个大小相同、地址相邻的块，它是组成条带的元素。而条带则是同一磁盘阵列中的多个磁盘驱动器上的相同"位

---

〔1〕　在撰写此问题的过程中参阅了微信公众号"存储互联"之《超详细的 raid 技术总结来啦》。

置"（或说是相同编号）的分块。

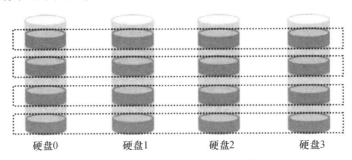

硬盘0   硬盘1   硬盘2   硬盘3

图 5-57   磁盘阵列的分块和条带

这里只介绍异或运算的校验，根据数据 A0 和 A1 的值，通过异或运算进行奇偶校验（数据的二进制存储），得到校验位 P，运算公式为 P = A0 × OR A1。

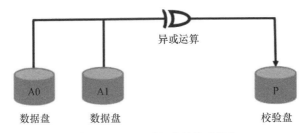

图 5-58   RAID 重组中的校验操作

重建是指当冗余的 RAID 组中某个硬盘失效了，在不干扰当前 RAID 系统正常使用情况下，用 RAID 系统中另一个正常的备用盘（即热备盘）自动顶替失效硬盘，及时保证 RAID 系统的冗余性。热备盘通常还分为全局式和专用式，全局式热备盘为系统中所有的冗余 RAID 组共享，而专用式热备盘则只为系统某一组冗余 RAID 组专用。

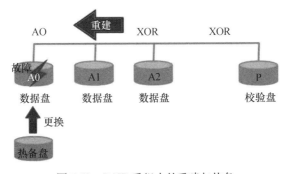

图 5-59   RAID 重组中的重建与热备

下面介绍 RAID 0、RAID 1、RAID 5 这三种 RAID 类型。

RAID 0 中所有硬盘的存储空间都用以存放用户数据，数据按照所设置的条带为单位进行分块存储，即每个文件的写入都将被分散在 N 块硬盘中。当读取这个文件时，理论上只要原来读取时间的 N 分之一。因此，RAID 0 的优点是成本低、数据传输速度快。但因为硬盘驱动器不能冗余，导致存储数据易丢失。

RAID 1 中硬盘的存储空间只有一半可以被用户使用，另一半是完整的镜像备份，从而使数据安全性大大提高，只有主磁盘发生损坏时数据才会丢失。但磁盘中实际可用的空间容量很小，数据存储空间的利用率很低。

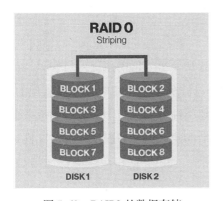

图 5-60　RAID0 的数据存储

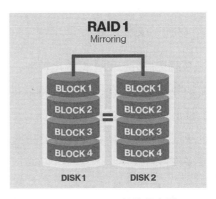

图 5-61　RAID1 的数据存储

RAID 5 可以理解成 RAID 0 和 RAID 1 的折中方案，要组成 RAID 5 阵列，至少需要三块相同的硬盘。其中，校验信息分散存储在各块硬盘中，即相当于用一块硬盘的容量来存储校验值，当 RAID 5 阵列中的某一块硬盘损坏时，可以从其他硬盘中恢复数据到新的硬盘中。因此，在涉及服务器的案件中，侦查人员经常用到 RAID 5 重组技术。

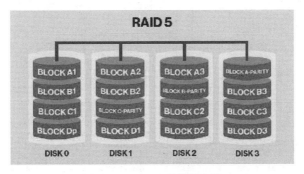

图 5-62　RAID5 的数据存储

针对带 RAID 的服务器调查，需要对获取的硬件进行 RAID 重建，只有正常重组完毕后，才能提取服务器中的数据。在 RAID 重组前，需要先关注 RAID 类型、顺序、条带大小。如果硬盘顺序出错，会导致文件目录无法显示，即使显示目录，文件也打不开，而人工分析磁盘顺序，是一个比较复杂的过程。因此在勘查服务器时，要先对硬盘的顺序进行编号，以减少工作量。

六、计算机内容深度检索

（一）文件过滤

通常待分析的数据量比较大，文件过滤功能可以帮助侦查人员快速地从海量数据中过滤出所需的关键数据。文件过滤是基于文件的属性值实现的。文件属性一般有文件名、时间、大小及其他属性等。但对于未分配簇或残留区中的数据无法使用文件过滤功能。下面借助美亚柏科的取证大师对文件过滤操作进行演示。[1]

1. 启动文件过滤功能

选择菜单栏中的"工具"→"文件过滤"选项，或单击工具栏上的"文件过滤"快捷图标即可启动文件过滤功能。

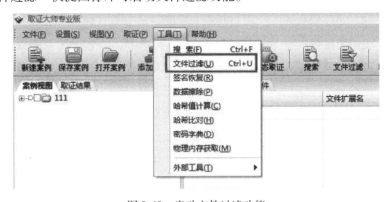

图 5-63   启动文件过滤功能

---

〔1〕 撰写本问题的过程中参阅了微信公众号"美亚柏科服务之星"之《取证大师工具介绍：文件过滤》。

2. 设置过滤条件

在图5-64所示的"文件过滤设置"窗口中设置过滤条件，主要划分以下五大类：

（1）文件名过滤。根据"文件名"属性过滤，可以输入精确的文件名，也可以使用通配符过滤特定类型的文件。文件名不区分大小写，多个过滤条件之间用空格隔开，为逻辑"或"的关系。通配符"＊"表示匹配任意字符，"?"表示匹配单个字符。

（2）文件属性过滤。根据图5-64所示的属性类型过滤，可同时勾选多个属性，多个属性之间为逻辑"与"的关系。其中，使用"加密文件"进行过滤时，必须先执行加密文件分析和文件签名分析操作。

（3）时间过滤。根据文件的"创建时间""最后修改时间""最后访问时间"进行过滤，可同时勾选多个属性，多个属性之间为逻辑"与"的关系。

（4）文件大小过滤。根据文件的逻辑大小进行过滤。

（5）重复文件过滤。根据文件的文件名或者 MD5、SHA-1、SHA-256 哈希值对重复文件进行过滤。

上述五大类过滤条件之间为逻辑"与"的关系。

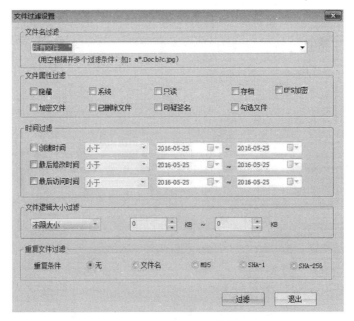

图 5-64 设置过滤条件

3. 查看过滤结果

过滤完成后会自动切换到图 5-65 所示的"过滤结果"视图。"过滤结果"视图中显示了当前过滤条件和符合过滤条件的文件列表。需要注意的是，查看过滤结果时，必须在"案例视图"中单击"全显"按钮，将需要查看的目录全部展开显示。

图 5-65　查看过滤结果

（二）正则表达式

正则表达式是对字符串（包括普通字符和特殊字符）操作的一种逻辑公式，即用事先定义好的一些特定字符及这些特定字符的组合，组成一个"规则字符串"，并用这个"规则字符串"表达对字符串的一种逻辑过滤。它描述了在搜索文本时要匹配的一个或多个字符串，常常被用来检索、替换那些符合某个逻辑公式的文本。侦查人员在进行关键字搜索时，如果只知道内容的一部分则通常需要借助正则表达式来完成，如查找尾数为 6 的车牌号，或者统一类型的数据，如手机号、银行账号等。正则表达式由普通字符和元字符组成，表 5-1 列出了常见的正则表达式符号及其含义。

表 5-1　常见正则表达式符号及其含义

符　号	含　义	符　号	含　义
.	代表任意一个字符	[^]	除了方括号内字符之外的任意一个字符
\ \ x	用十六进制的 ASCII 值表示符号	[-]	代表某个范围内的字符
?	该字符号前的字符出现 0 或 1 次	\ \	转义字符，当要表示 GREP 元素的符号时使用
*	重复该符号前字符 N 次（N≥0）	{m, n}	重复括号前的字符 m-n 次

续表

符 号	含 义	符 号	含 义
+	重复该符号前字符 N 次（N＞0）	（ ）	分组
#	代表任一 0 到 9 之间数字	{m,}	重复括号前的字符 m 次
[ ]	代表方括号内出现的任意一个	A ｜ b	分组之间并列关系

下面简单举几个例子：如表达式＾\\d ＄，描述匹配一个数字，匹配的例子 0，1，2，3；表达式＾\\d{n} ＄，描述匹配 8 个数字，例如＾\\d{8} ＄匹配的例子 12345678，22223334，12344321。

再来看下面这个表达式运用，它用到了转义字符分组和并列关系，可以搜索命中以下三种域名格式：www\\. meiyapico\\.（com）|（net）|（gov）表示，www\\. meiyapico\\. com、www\\. meiyapico\\. net 或者 www\\. meiyapico\\. gov。

正则表达式的编写在后面介绍普通关键词搜索中将继续得到应用，在关键词设置窗口中需要勾选正则表达式选项进行搜索。

（三）普通关键词搜索

文件过滤是根据文件属性来查找目标文件，但是不能对文件内容未分配空间和文件残留区信息进行搜索，侦查人员如果想从检材中挖掘出更多的信息，则需要通过关键词搜索技术进行内容匹配。在涉案数据的挖掘中，关键词的选定尤为重要，它将会影响侦查人员是否能从检材中分析出关键的重要线索或证据。关键词提炼的方法，可以使用已经掌握对象的基本信息，如姓名、地址、电话等；也可以使用特定案件中的通用关键词，如赌博类、诈骗类、敲诈类、反动类、"法轮功"、贪污受贿、谋杀类、泄密类等；还可以通过初步分析得到的重要信息，如聊天记录、上网信息等，提炼出具有代表性的关键字，从而进一步挖掘出更有价值的证据。下面结合美亚柏科的取证大师对文件过滤操作进行介绍[1]。

取证大师软件提供了强大的搜索功能，可以便捷地创建关键词，对案例中的所有数据进行搜索，包括文件残留区和未分配簇中的文件片段，并支持维吾尔文、柯文、哈文等各种文字的关键词搜索。普通关键词搜索流程一般是：创建关键词→确定搜索范围→设置搜索选项→执行搜索→查看搜索

---

[1] 在撰写本问题时参阅了微信公众号"美亚柏科服务之星"之《善用搜索功能让取证变的更快捷》。

结果。

具体操作步骤如下：

1. 启动搜索关键词

选择菜单栏中的"设置"→"搜索关键词"选项，进入"搜索关键词"视图，如图 5-66 所示。

图 5-66   启动搜索关键词

2. 创建搜索关键词

在任意文件夹上单击鼠标右键，选择"新建文件夹"即可创建新的子文件夹。选择"新建关键词"将进入"关键词设置"窗口，其中关键词的分类管理可以通过新建文件夹的方式实现，侦查人员可以对关键词进行批量的导入、导出，如图 5-67 所示。

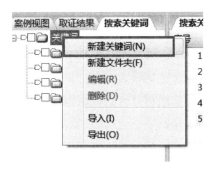

图 5-67   创建搜索关键词

3. 设置关键词

在"关键词设置"窗口中设置关键词、选择相应的编码方式，如图 5-68 所示。

图 5-68　设置关键词

各选项含义简要说明如下：

（1）名称。给关键词设定的一个显示名称，会在搜索结果中看到，针对固定关键词，一般关键词的名称就是关键词的内容。关键词是十六进制表达式或正则表达式时，有必要输入名称以便后续识别。

（2）关键词。要搜索的关键词，可进行批量输入关键词搜索，以"回车键"分隔。

（3）搜索表达式。将关键词转化为所选编码格式后的十六进制数据，该表达式是关键词搜索时实际匹配的数据，当批量搜索关键词时，默认选择首个关键词。

（4）常用编码。取证大师将编码方式按语言进行了分类，以便根据语种选择编码方式，在实际取证分析中，字符编码的选取将可能影响搜索结果。常用编码最多可支持 7 种编码，可通过点击"设置常用编码"进行多种组合方式选择，如图 5-69 所示。

文档类型	通常设置编码
Office（97–2003）	Unicode
简体中文网页	GB2312、utf-8
繁体中文网页	Big5、utf-8
邮件正文	Base64、Quoted-Printable
记事本文件（txt）	GB2312、Unicode、utf-8

图 5-69　常见文件的字符编码

设置完成后，单击"确定"按钮即可创建关键词。如图5-70所示，"搜索关键词"列表中显示了新增的关键词信息。

图5-70　创建关键词的结果显示

正则表达式关键词的创建方法与前面介绍过的方法相同，只要在"关键词设置"窗口左下方选择"正则表达式"即可，如图5-71所示。

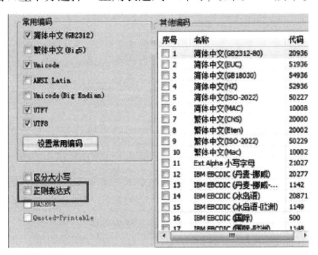

图5-71　创建正则表达式关键词

4. 执行关键词搜索

使用取证大师软件进行关键词搜索的操作方法如下：

（1）启动关键词搜索功能。如图5-72所示，选择菜单栏中的"工具"→"搜索"选项，或单击工具栏上的"搜索"快捷图标即可启动关键词搜索功能。

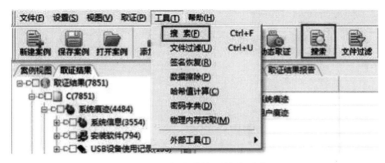

图 5-72　启动关键词搜索功能

（2）设置搜索选项。在如图 5-73 所示的"关键词搜索"窗口中设置搜索选项。侦查人员需要设置搜索选项，在关键词搜索窗口中，勾选设定好的关键词，并根据实际情况，设置搜索选项，如未分配簇、文件残留区、Page-File. sys 等。另外，窗口中高速硬盘模式指的是提高 SSD 磁盘或磁盘阵列的性能，压缩包搜索选项指的是压缩包中的文件内容及关键词搜索。设置完后，单击"开始"按钮进行搜索。用户也可在页面右侧的搜索栏内，右键单击选中文件夹来新建关键词。

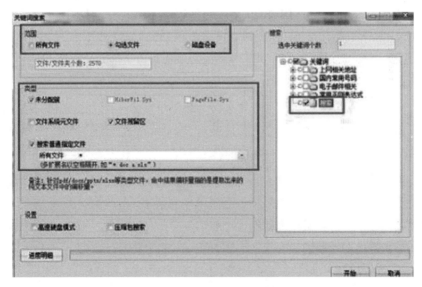

图 5-73　设置搜索选项

5. 查看搜索命中结果

关键词搜索结果在"搜索结果"视图中查看，如图 5-74 所示。

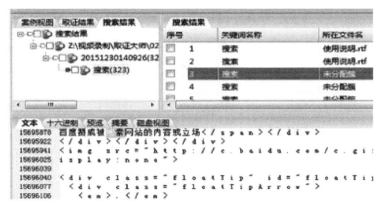

图 5-74 查看搜索命中结果

七、MAC OS 数据收集提取[1]

（一）Mac OS 介绍

Mac OS 是基于 Unix 内核的图形化操作系统，是首个在商用领域取得成功的图像用户界面操作系统。苹果机的操作系统已经到了 OS 10，代号为 MAC OS X（X 为 10 的罗马数字写法），这是 MAC 电脑诞生以来最大的变化。现行的最新的系统版本是 2017 年 3 月 31 日发布的 Mac OS Sierra 10.12.5。

MAC OS X 操作系统界面非常独特，突出了形象的图形和人机对话。另外，疯狂肆虐的电脑病毒几乎都是针对 Windows 的，由于 MAC 的架构与 Windows 不同，所以很少受到病毒的袭击。

由于苹果系统的独特性，苹果计算机越来越受到大众用户的欢迎。在美国，苹果公司已经是笔记本市场占有率第一的公司；在中国，越来越多的用户也选择了苹果计算机作为他们工作和学习的平台。因此，对 Mac 系统进行取证分析是很有必要的。

（二）Mac OS 系统信息

Mac 系统的基本信息主要包括产品名称、当前版本、版本序列号、产品

---

[1] 在撰写本问题过程中参阅了微信公众号"美亚柏科服务之星"之《MAC OS 取证》。

版权、完整计算机名、主机名、安装时间和最后登录用户，这些信息分别存放在\\System\\Library\\CoreServices\\SystemVersion. plist、\\Library\\Preferences\\SystemConfiguration\\preferences. plist 和 \\Library\\Preferences\\com. apple. loginwindow. plist 文件中，这些文件都是 plist 格式。除了这些最基本的系统信息，取证大师还获取了系统用户信息、网络配置、时区信息、开关机信息和系统安装记录。

　　系统用户数据存放在\\private\\var\\db\\dslocal\\nodes\\Default\\users 目录下，该目录下一个文件对应存放一个系统用户的信息，这些文件均为 plist 格式。通过解析这些文件，可以获取到用户的账户名称、创建时间、描述和密码哈希值。

　　网络配置数据存放在\\Library\\Preferences\\SystemConfiguration\\preferences. plist 文件中，该文件是 plist 格式。通过解析该文件，可以获取到网络的 IP 地址、DNS 服务器地址、物理地址等。

　　时区信息存放在\\Library\\Preferences\\. GlobalPreferences. plist 文件中，通过解析这个文件，取证大师可以获取到当前系统所在地以及当前系统所在时区。

　　系统安装记录存放在\\10. 10\\Library\\Receipts\\InstallHistory. plist 文件中，通过解析这个文件，可以获取到系统安装记录的系统名称、版本和安装时间。

　　开关机数据存放在\\private\\var\\log 目录下的 system. log、system. log. 0. gz 文件中，这些文件是系统日志文件。通过解析这些文件，可以获取到开关机记录的用户名和时间。

图 5-75　Mac OS 系统信息提取

（三）蓝牙

蓝牙功能可让手机、无线耳机、电脑、相关外设等众多设备之间进行短距离无线连接、实现数据交换。Mac 系统下可通过"系统偏好设置"的"蓝牙"面板来连接其他蓝牙设备。

Mac OS 系统的蓝牙数据存放在 \\Library\\Preferences\\com. apple. Bluetooth. plist 文件中，该文件是 plist 格式，记录了所有请求和被请求过连接的设备的信息。通过解析该文件，取证大师可获取到设备的地址、名称、最后名称更新时间、最后查询更新时间、最后服务更新时间以及配对情况。

图 5-76　蓝牙数据提取

（四）无线网络

无线网络，顾名思义就是能让用户不用使用网线便能连接入网。Mac 系统下可通过"系统偏好设置"的"网络"面板上的"Wi-Fi"连接无线网络。

图 5-77　无线网络数据提取

Mac OS 系统下，无线网络连接数据存放在 \\Library\\Preferences\\SystemConfiguration 文件夹下的 com. apple. airport. preferences. plist 文件中，该文件是 plist 格式，记录了所有保存的无线网络信息。通过解析该文件，取证大师可获取到无线网络的名称、安全性及最后连接时间。

（五）打印功能

打印功能能把电脑中的文字或图片等可见数据，通过打印机等输出在纸张等记录物上。在 Mac OS 系统下，打开要打印的文件，在上方的状态栏单击"文件"→"打印"选项，即可进行打印。

打印数据存放在 \\private\\var\\spool\\cups 目录下，该目录下以 c 开头的文件"c×××××"存放着打印信息，一个文件对应一个打印任务，每个 c 开头的文件都有对应的 d 开头文件"d×××××-×××"，d 开头的文件是打印预览，但是打印完成时 d 开头的文件会被删除。

通过解析"c×××××"文件，取证大师可以获取到打印文件名、任务创建时间、完成时间、打印份数、打印机 URL、打印机 ID 等有用信息。

图 5-78　打印功能数据提取

（六）终端

Mac OS 系统拥有自己的终端——Terminal，它相当于 Windows 下的命令提示符，Linux 下的指令集、shell 命令行。Mac 终端通过打开"Finder"→"实用工具"→"终端"，即可打开。

终端数据存储在 \\Users\\［UserName］目录下的 . bash_ history 文件中，该文件使用 UTF-8 编码存储。通过解析该文件，取证大师可以获取到每一条执行过的命令内容。

图 5-79　终端数据提取

（七）内置地图

Mac OS 内置地图与大多数地图软件的功能差不多，用户可以输入目的地址查询地理位置，也可以输入起始位置和目的地址查询路线。

图 5-80　内置地图数据提取

地图数据存放在 Users \\ UserName \\ Library \\ Containers \\ com. apple. Maps \\ Data \\ Library \\ Maps 目录下，GeoHistory. mapsdata 文件存放搜索记录，GeoBookmarks. plist 文件存放收藏记录。

通过解析 GeoHistory. mapsdata 文件，取证大师可获取到位置搜索记录和路线搜索记录。位置搜索记录包含位置名称、地区、经纬度，路线搜索记录包含起点位置、起点位置的经纬度、终点位置、终点位置的经纬度。

通过解析 GeoBookmarks. plist 文件，取证大师可获取到收藏位置和收藏路线。收藏位置包含位置名称、地区、经纬度，收藏路线包含起点位置、起点位置的经纬度、终点位置、终点位置的经纬度。

（八）内置备忘录

Mac OS 内置备忘录除了可以记录文字内容之外，还可以添加文本文件、音视频文件等媒体文件，其最大的优点是可以同步到 iCloud，实现与 iPad、iPhone 之间的同步。Mac OS 10. 11 之后的备忘录还可以对指定备忘录进行加密处理，让备忘录应用可以得到更有效的保护。

Mac OS X 10. 10 及更早的系统中，备忘录数据存放在＼＼Users＼＼［User-Name］＼＼Library＼＼Containers＼＼com. appLe. Notes＼＼Data＼＼Library＼＼Notes 目录下的 NotesV1. storedata（Mac10. 8）、NotesV2. storedata（Mac10. 9）或 NotesV3. storedata（Mac10. 9）文件中，这三种解析文件是 sqlite 数据库文件，且数据库结构相似。而 Mac10. 11 及 Mac10. 12 的备忘录数据存放在＼＼Users＼＼［User-Name］＼＼Library＼＼Group Containers＼＼Group. com. apple. notes＼＼NoteStore. sqlite，该文件也是 sqlite 数据库文件。

Mac10. 10 之前，备忘录信息及内容存储在表 ZNOTE 和表 ZNOTEBODY 中，备忘录的内容是明文存储的；Mac10. 11 之后，备忘录信息及内容存储在表 ZICCLOUDSYNGOBJECT 和表 ZICNOTEDATA 中，备忘录的内容进行了加密。

Mac10. 10 之前，附件存储在＼＼Users＼＼［UserName］＼＼Library＼＼Containers＼＼com. apple. Notes＼＼Data＼＼Library＼＼CoreData＼＼Attachments 目录下，附件信息存储在 NotesV3. storedata 数据库文件的表 ZATTACHMENT 中；Mac10. 11 之后，附件存储在＼＼Users＼＼［UserName］＼＼Library＼＼Group Containers＼＼Group. com. appLe. notes＼＼Media 目录下，附件信息存储在 NoteStore. sqlite 数据库文件的表 ZICCLOUDSYNGOBJECT 中。

通过这些数据库表与表之间的某种关系，取证大师可以获取到备忘录的名称、内容、创建时间、修改时间以及附件信息（包含附件名称、类型以及路径）。

图 5-81　内置备忘录数据提取

（九）iCal 日程

Mac 自带的日历程序有一个很好用的功能——日程管理。用户能够在日历程序上新建日程并对日程进行管理，还可以登录 iCloud 账号同步日程信息，实现设备之间的日程共享。

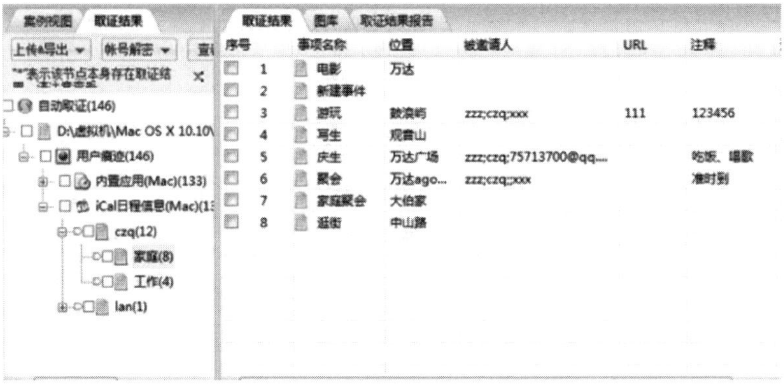

图 5-82　iCal 日程数据提取

iCal 日程数据存放在\\Users\\UserName\\Library\\Calendars\\目录下的 Calendar Cache 文件中，该文件是 sqlite 数据库文件。表 ZNODE 是日程类型表，表 ZCALENDARITEM 是事件信息表，然而被邀请人和位置信息没有存放在事件信息表中，而是分别存放在表 ZATTENDEE 和表 ZLOCATION。

通过解析 Calendar Cache 文件，取证大师可以获取到日程的事项名称、位置、被邀请人、URL、注释、开始时间、结束时间、创建时间和修改时间。

（十）Mac 通话及短信功能

苹果公司在 2014 年全球开发者大会（WWDC）大会上发布了 Mac OS10. 10 与 iOS 8 系统，这一次苹果公司把这两套系统融合在一起——Mac 电脑上实现通话和短信功能。在 Mac 电脑升级到 Mac OS Yosemite 以上的系统且手机升级到 iOS 8 以上系统的前提下，两个设备登录同一个 Apple ID，便可以在 Mac 电脑上进行通话和发短信。

通话数据存放在\\user\\［username］\\Library\\Applicationupport\\Call-HistoryDB 目录下的 CallHistory. storedata 文件中，而短信数据存放\\user\\［username］\\Library\\Messages 目录下的 chat. db 文件中，这两个文件是 sqlite 数据库文件。

通过解析这两个记录，短信记录能够获取到发送号码、接收号码、内容、时间、阅读时间，而通话记录能够获取到拨打时间、持续时间、国家代码、地址。其中通话记录的号码进行了加密处理，这一技术点待后续突破。

图 5-83　Mac 通话及短信数据提取

第六章　侦查中移动终端数据的收集提取

据第 40 次《中国互联网络发展状况统计报告》显示，截至 2017 年 8 月，我国网民规模达到 7.51 亿，互联网普及率为 54.3%，手机网民规模达 7.24 亿，占比提升至 96.3%。[1] 因此，论及侦查中电子数据收集提取，不可避免地也要论及移动终端数据的收集提取。在移动互联网时代，移动终端数据正超越计算机数据成为侦查中电子数据取证的重点标的。

当论及侦查中移动终端数据收集提取之前，仍然有必要先理清几个词条。一是移动终端设备。其是指能够搭载各类操作系统，接入移动互联网，拥有各种根据用户的需求定制化功能的移动智能设备，如手机、可穿戴设备、平板电脑、物联网终端等。其中手机是移动终端设备最典型的代表，为方便理解，本书中的移动终端数据的收集和提取主要也以手机为例。[2] 二是手机数据。随着手机的不断智能化及互联网技术的发展，手机由原来单一的通话工具变为一个综合信息处理平台，人们可以在以手机为载体的虚拟空间中完成办公、学习、购物、娱乐等日常生活中的各种活动。伴随着越来越多的应用场景在手机端出现，原来需要通过计算机才能完成的操作几乎都可以在手机上实现，如用户可以通过手机即时通信、收发邮件、交易支付等。在此过程中，线上与线下各种活动高度融合，手机等移动终端中必然会留下各种信息和数据。在手机中可以发现使用者的基本属性特征、社会关系网络、行为轨迹记录、行为习惯偏好、经济行为状况、视频图像信息等，这些数据是手机数据的重要内容。三是涉案手机数据。同样，在当前的犯罪活动实施过程中，手机也将记录着大量与犯罪有关的信息。正因为手机功能的日益多

〔1〕　CNNIC. 中国互联网络发展状况统计报告［EB/OL］.（2017-9-7）　［2017-10-1］. http：// www. changzhou. gov. cn/ns_ news/448150477040523.

〔2〕　陈飞. 智能移动终端应用数据取证技术研究. 东南大学硕士学位论文，2015：12.

样化，犯罪分子亦不断地将目标转向手机，不断地挖掘手机系统存在的漏洞来从事不法活动。目前牵涉到手机的犯罪行为大致有：在犯罪行为的实施过程中使用手机来充当通信联络工具；手机被用作一种犯罪证据的存储介质；手机被当作短信诈骗、短信骚扰和病毒软件传播等新型手机犯罪活动的实施工具。在本章中，我们认为犯罪嫌疑人实施犯罪行为的过程中在手机上（不管是自身还是受害者）留有与犯罪有关的数据都称为是涉案手机数据，涉案手机数据是收集提取的主要数据。四是涉案手机数据提取。在现代侦查实践中，手机身影频现，涉案手机数据是侦查的重要线索证据来源。涉案手机数据提取是指侦查人员或专业技术人员使用专用的软硬件设备，对可能包含证据信息的移动通信设备，存储介质以及移动通信网络进行收集、恢复和固定，并将所获取的信息进行分析和展现的过程（手机数据取证）。在梳理上述词条的过程中，我们自然也明确了涉案移动终端数据不仅局限于移动终端本身，它还会与电信运营商、网络运营商、网络服务商、电商等网络平台拥有的服务器发生关联，获取这些相关平台服务器里的数据也是侦查中获取电子数据的重要任务之一。

一、手机数据基础

（一）手机数据来源

从数据来源上讲，手机数据大致来源于以下几个方面：机身存储、外置存储、云存储、SIM/UIM 卡、移动运营商、执法部门。如图 6-1 所示。

图 6-1　手机数据来源

1. 机身存储

手机机身存储数据采用的是 FLASH 存储，主要有 NOR Flash 和 NADN Flash 两种。根据存储数据的变化特性，手机机身存储又可分为静态存储区域和动态存储区域。动态存储区域是手机运行程序时使用的临时存储介质，其存储容量越大，手机能同时运行的程序就越多，运行响应时的速度就越流畅，但是运行内存只能暂时存储数据，断电之后数据会清空而无法长期存储，这跟计算机中的内存作用相当。静态存储区域是用来存储和保存手机中的系统文件和其他的如图片、视频、应用程序等用户使用数据，其存储空间越大，手机存储的数据就越多，而且手机即使断电，数据也不会丢失。动态存储区域空间大小并不能影响手机的运行速度，这就跟计算机中的硬盘作用相当。

2. 外置存储

手机机身存储容量往往较为有限，所以很多手机都提供外置存储设备，用于存储更多的数据。手机的外置存储卡（又称外存卡）相当于一个外部可移动的闪存介质，是除手机内存以外的存储器，具有存储文件、照片、资料、游戏等功能。当用户的内存大小已经无法满足需求，就会配置一个用来扩展手机的内存，目前市面上常见的外置存储卡有 MMC、SD、TF、Mini SD 等。

3. SIM/UIM 卡

手机中用于通信的卡目前主要有两种：SIM 卡和 UIM 卡。SIM 卡主要由中国移动和中国联通两家运营商提供 GSM 网络，UIM 卡由中国电信提供 CD-MA 网络。以 SIM 卡为例，SIM 卡是（Subscriber Identity Module 客户识别模块）的缩写，也称为用户身份识别卡、智能卡，GSM 数字移动电话机必须装上此卡方能使用。SIM 卡在芯片上存储了数字移动电话客户的信息、加密的密钥以及用户的电话簿等内容，可对 GSM 网络客户身份进行鉴别，并对客户通话时的语音信息进行加密。SIM 卡所有的数据文件的形式可分为五类：第一类是 SIM 卡厂商存储的产品原始数据。第二类是手机的一些固件信息，主要包括 GSM 的 IMSI 码、IMSI 认证算法、加密密钥生成算法及各种鉴权加密信息。第三类是手机存储的个人数据，如短消息、电话簿、通话记录等信息。第四类是移动网络数据，包括用户在使用 SIM 卡过程中自动存入和更新的用户信息数据和网络服务。第五类是其他一些相关手机参数，其中包括个人身份识别号（PIN）、个人解锁号（PUK）等信息。

4. 云存储

在移动互联网时代，随着手机硬件的高度集成化和存储介质的扩大化，使得手机能够存储的信息越来越丰富，而云存储技术的出现，使得手机能够存储的内容不再局限于本地的短信、通话记录、照片信息，还包括存在于云存储服务商提供的存储空间内。大部分的手机厂商、互联网应用提供商都会提供云存储空间，方便用户提供远程备份数据，比如常见的 iCloud、百度云、360 云等。这些云上可以自动备份音乐、照片、视频、应用程序、书籍，其至同步至其他移动终端设备上。

5. 手机运营商和执法部门

手机话单信息需要通过运营商进行调取，以便分析个人或某基站的通信情况。移动运营商的业务数据库储存了注册用户实名认证的身份信息、通话记录、短信数据等。运营商保存用户的通话记录（包括主被叫、通话时间、通话时长等信息）及短信记录（包括收发方、发送时间等信息），这些数据在手机本身存储的情况下可以直接提取，但若在工作中发现上述记录疑似被删除的情况，则需要通过运营商进行调取。

（二）手机身份信息

1. 国际移动用户识别码

国际移动用户识别码（International Mobile Subscriber Identification Number，IMSI）是区别移动用户的标志，储存在 SIM 卡中，可用于区别移动用户的有效信息。其总长度不超过 15 位，同样使用 0—9 数字。其中 MCC 是移动用户所属国家代号，占 3 位数字，中国的 MCC 规定为 460；MNC 是移动网号码，由两位或者三位数字组成，中国移动的移动网络编码（MNC）为 00；用于识别移动用户所归属的移动通信网；MSIN 是移动用户识别码，用以识别某一移动通信网中的移动用户。

2. 国际移动设备识别码

国际移动设备识别码（International Mobile Equipment Identity，IMEI），又称国际移动设备身份码，是手机的唯一识别号码。通俗地讲就是手机串码、串号、机身码等。IMEI 是由 15 位数字组成的"电子串号"，它与每台移动电话机一一对应，而且该码是全世界唯一的。每一部移动电话机在组装完成后都将被赋予一个全球唯一的一组号码，这组号码从生产到交付使用都将被制造生产的厂商所记录。以 iPhone 手机为例，IMEI 的查询方法有四种：一是卡托查询，二是手机包装盒查询，三是通过界面（设置→通用→关于手机）查询，四是拨号状态输入【*#06#】查询。

3. 集成电路卡识别码

集成电路卡识别码（Integrate circuit card identity，ICCID），是一个 20 位数字的特殊编码方式，存储在 SIM 卡内。ICCID 为 IC 卡的唯一识别号码，由 20 位数字组成，其编码格式为：××××× 0MFSS YYG× ××××× 。

前六位系运营商代码，中国移动的是 898600，中国联通的是 898601，中国电信的是 898603。

二、手机数据收集提取基本流程

参照本书第五章计算机数据的收集提取基本流程，侦查中手机数据收集提取的基本流程如图 6-2 所示。

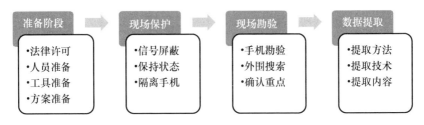

图 6-2　手机数据收集提取基本流程

（一）手机数据收集提取准备

手机数据收集提取准备是指侦查人员在受理案件时充分收集案件情况，全面了解与案件相关的手机数据材料，根据掌握的手机数据情况以及可能存在的手机数据，进行手机数据收集提取的工作方案制定。

手机数据收集提取的准备和计算机数据收集提取的准备大致相同。准备工作包括人员准备、了解案情、法律文书准备、勘验工具准备等。两者的区别主要是取证工具的不同，以及可能遇到的突发事件的处理方法的不同。由于市面上手机特别是手机设备型号种类繁多，现有取证工具不可能适用所有手机设备，因此在条件具备的情况下，应尽可能多地了解所要取证的手机信息，备好所需的取证工具。

（二）现场手机保护

侦查实践中，保护手机设备的做法可以参照本书第四章所述的涉及计算机犯罪现场的保护，这里以手机保护为例来谈保护措施及注意事项。需要强调的是，保护目标手机最为重要的手段就是隔离手机和信号屏蔽，其意义有三：一是避免污染检材。由于不同手机对于数据存储设有不同的存储上限，任何新电话的打入和短信的接收都会对手机原有内容进行覆盖，可能导致一些数据的永久性丢失，甚至在一定程度上影响原始数据的可信性。二是采用科学手段阻断沟通。要避免办案人员在还没有做好准备的情况下，接到嫌疑犯或团伙成员的试探性电话。侦查实践中，必须在信号被屏蔽的情况下才能消除同案嫌疑犯的戒心，还要防止手机遭到反侦查的窃听或定位。三是安全保障。在恐怖活动中，手机会被作为重要的操控和触发工具。针对特定的案件，及时对嫌疑手机进行信号控制是极为重要的。

隔离手机，先要割断目标手机与其他设备的连接，防止数据同步导致新数据对当前数据的污染。手机最常见的同步是通过数据线与计算机同步，以及通过无线网络与云端存储空间同步。停止同步，就是拔掉数据线或者关闭无线网络。不过需要留意的是，同步过程中的突然断开会导致设备故障，比如变砖（设备死机、无法正常开启）、数据丢失等。有时候很难辨别设备是在系统升级还是在同步数据，如果是前者，那么等待升级完成并记录下这一过程是比较稳妥的做法。

为了防止短信、电话、应用通知等新数据覆盖当前的数据，需要将手机与所有网络频段隔离开，即隔绝一切可进行数据交互的信号。

隔断的方法有两种：一是开启飞行模式或直接关机。这种方法简单易行，风险在于飞行模式不一定能全面有效地断开所有网络。另一风险是一旦关闭设备，重启时会激活一些安全认证机制，这样就不得不想方设法进行重新验证，重新验证给取证制造了障碍，拖延了取证进程。二是通过外部设备对信号进行屏蔽。屏蔽工具主要有以下几种：其一是蜂窝网络屏蔽卡。蜂窝网络屏蔽卡的内部缺少建立设备与相应网络之间连接所需的特定数据元素，可以理解为是一张缺少蜂窝网络通信模块的 SIM 卡。其制作过程是对原始 SIM 卡的克隆，但在这个过程中，认证密钥和其他的用户信息没有被复制。有些设备的数据在导出时需要插入 SIM 卡，或者访问设备时需要 PUK 码，在这种情形下，使用蜂窝网络屏蔽卡替代原始的 SIM 卡，不仅可以满足取证的需求，也可以避免手机中的数据被修改。其二是信号屏蔽器。屏蔽器多种多样，有便于携带但是屏蔽范围仅在几米范围内的便携式屏蔽器，有可以屏蔽整片区域但比较昂贵的屏蔽设备。目前司法实践中比较常用的是一种手机信号屏蔽袋。其三是信号干扰/欺骗设备。信号干扰是通过发出比手机信号更为强烈的信号妨碍网络通信，致使设备网络不能正常使用。信号欺骗是使手机错误地认为最近的信号塔传来无服务的信号。[1]

---

〔1〕 王森. 基于手机取证的证据问题研究. 华东政法大学硕士学位论文，2016：8-10.

（三）涉案手机现场勘验

在现场勘验时，侦查人员处理手机设备的基本原则同样是开机不关机，关机不开机。在勘验过程中应把握以下要点：

一是对待检的手机拍照固定。在关机的状态下，着重拍摄手机电池下面的背贴标签，手机的正面、背面、手机的 IMEI/ESN/MEID；开机状态下，可依次进入手机"设置→关于手机→状态信息"将相关信息拍照固定。手机附属品如 SIM 卡、存储卡要进行比例拍照固定。

二是手机处于开机状态时仍保持开机状态。随机存储器 RAM 存储着大量易失数据，比如一些账号的登录密码，一旦关机，将会失去此类数据。智能手机某些重要数据删除后并不会马上清除，而是在下次关闭电源重新开机后才会完全清除。这些都要求不要随意关机、开机。对处于开机状态的手机要查看手机电量是否充足，要防止手机电量不足而自动关机。为了防止超过密码输入错误次数造成数据被擦抹掉，现场勘查人员通常需要询问对象，或采取措施获取以下信息：锁屏密码，聊天工具账号密码，各类网站账号密码，支付工具账号密码，邮箱账号密码等。

三是不能盲目对关闭手机进行开机操作。对已经关闭的手机进行开机操作，也会造成手机数据的破坏，因此不建议直接在手机上操作提取相关数据。稳妥的办法是对手机外部存储系统进行镜像。一般可通过专业取证软件 EnCase 或 FTK 制作成 E01 或 DD 格式的镜像文件，最后通过手机取证工作站对镜像文件进行分析取证。

四是确保手机信号处于屏蔽或关闭状态。智能手机靠无线信号进行数据通信，当手机与网络连接时，会发生数据变化。当 WLAN 无线网络打开时，手机与无线信号也会通信，使数据发生改变。所以要对 WLAN 功能进行关闭或对信号进行屏蔽，还要关闭移动数据上网功能，以防数据发生变化和被远程控制进行数据擦除操作。包装手机时，应采用防静电、防潮、防尘的专用物证袋，要做好标记，妥善保管。

五是取出手机中的存储卡。取出手机存储卡时可将手机中的 SIM/USIM/UIM 等卡一并取出，用 UICC 读卡器结合相关取证软件单独操作获取卡上的基本信息、网络信息、短信息、通话记录等各类数据信息。需要注意的是，取卡时通常要先拆卸手机电池。移除后的手机电池不能立即装回手机。将电池装回手机可以导致手机自动开机造成数据的丢失。

六是确定取证重点。侦查人员在勘验前熟悉案情很有必要。通过熟悉案情确认哪些电子数据是关键、重要的证据。比如，通过木马植入盗刷银行卡案件，多关注 apk 木马程序安装、程序运行所生成的文件等的收集提取；对于涉毒案件，多关注通话记录、短信等信息的收集提取。

七是外围搜索。由专业人员收集周边的数据线、SIM 卡、存储卡等物品。手机设备品牌种类较多，不同品牌和型号默认出厂配件不一样，侦查人员在勘查时应当注意收集查封如下部件：充电器、电池；相关数据传输线缆；手机相关可移动存储媒介（如内存卡）；购买终端或 SIM 卡得到的文档手册等。这些资料会提供终端的详细信息如 IMEI、ICCD 号，有时候甚至包含开机密码、PIN 密码和 PUK 密码。

手机取证过程中最大的风险来自手机自身状态的易改变性。手机都有复位选项，可以直接把设备中的内容清除并且恢复出厂设置，有一些设备甚至支持远程擦除，因此必须做好预防措施。要第一时间将嫌疑人与设备相隔离，不能以任何理由让嫌疑人操作设备。有时手机被发现时可能已经受到一定程度的意外或人为的物理破坏，设备上一些明显的外部损伤不一定会影响数据的提取，把手机带回实验室进行进一步的检查和修复，有可能将其修复到可以进行检验和分析的状态。

把手机的勘验与其他痕迹物品的勘验结合起来是有必要的。勘验手机时同时勘验手机上的指纹等，有助于确定机主或曾经使用过该设备的人。在一些人赃俱获的现场，第一时间询问机主用于访问设备内容的密码以及手势，有助于后期提取数据时采用更加安全的策略。如果手机的屏幕处于唤醒状态，应该将屏幕内容拍下来，记录下时间、服务状态、电池电量和其他所有显示的图标。

（四）手机数据收集提取

1. 手机数据提取方法[1]

提取手机数据的方法多种多样，主要有以下几种。

（1）人工提取法。在专业化的取证设备出现之前，手机取证都是直接在

---

〔1〕　在撰写本题过程中参阅了微信公众号"电子数据取证与鉴定"之移动终端取证工具篇。

手机上查看相关数据，并使用相机等翻拍设备记录证据。这种方法任何一个取证人员都能胜任，但也存在相当的局限性。首先，这种检验手段仅能获取已有数据，对于删除的数据无法进行提取，同时对于手机加密和破损的情况也无法应对。其次，必须保证该设备能正常开机，同时并未设置密码或者已知密码。即便能正常进行提取，机身存储的庞大数据对于取证人员手工查看和翻拍来说是相当繁重的工作。最后，就智能手机而言，这种检验手段无法快速定位到有效信息，同时也无法进行高效的关联。

手工提取的优点是门槛低。对于那些缺少其他提取手段的取证人员来说，手工提取无疑是不得不选择的解决办法。目前，国内有不少专用于翻拍的设备，专业翻拍设备的面世可以在一定程度上减小翻拍的工作量。比如，瑞源公司生产的 EDEC 1030 小型数码设备翻拍仪便是一款好用的翻拍设备。

（2）逻辑提取法。逻辑提取是基于文件系统层面的提取方式。通过数据线将手机与取证主机连接后，依靠取证软件直接对手机内的信息进行导出和固定。这种提取方式的原理类似于计算机中的复制，获取的是手机内未删除的数据。在功能机甚至是早期的智能机上，为了克服内存小的缺陷，大部分设备都会有一个卡槽用于连接外置存储卡。外置存储卡可以通过读卡器与主机连接，使其相当于一个挂载在计算机上的磁盘，完全适用计算机取证的方法。逻辑提取操作较为简单，支持的取证软件多，甚至不用取证软件也能实现，耗费的资源较少。同时，逻辑提取能比人工提取获取更加丰富的数据，而且逻辑提取速度快，提取的内容更全面，提取的数据更能反映事实。比如，逻辑提取导出的视频或图片可以通过查看 exif 信息判断出拍摄的时间乃至地点，而人工提取只能停留在视频图片所呈现的内容上。因此，现在手机数据取证的首选是逻辑提取。然而，随着对手机信息安全的日益重视，针对手机所采用的安全措施越来越复杂，高强度的密码、隔离系统核心权限，大大地限制了逻辑提取的可挖掘范围。

（3）物理提取法。物理提取就是直接获取手机的完整镜像文件，而后对镜像文件进行解密解析。在手机安全机制不断加强的影响下，逻辑提取的发挥空间不断缩小，访问设备需要通过安全验证机制（密码或手势），即使破解或者绕过了安全机制，以普通用户的权限能够获取的数据也大不如前。通常需要获取系统权限才能查看整个设备的数据，就是常说的 iOS 系统的越狱或者 Android 系统的 Root。而物理提取不仅可以解决上述问题，还可以对设备中的未分配空间进行分析或者对删除的文件进行恢复。物理提取是侦查中常用的手机数据提取手段。目前获取物理镜像的方法主要有两种：一种是通过上传修改过的引导程序或者其他代码到设备的内存中，进而捕获内存数据并发送至取证主机。另一种是 JTAG 方式。JTAG 最初用于对芯片的测试。由于许多制造商支持 JTAG 标准，取证人员可以利用特殊用途的独立编程设备与 JTAG 兼容的组件进行通信，从而获取设备的镜像。当设备不能通过数据线或其他无线方式正常连接时，JTAG 提取不失为一种可选的策略。

（4）Chip-off 芯片提取法。Chip-Off 技术是当前移动设备检验中最复杂、最底层的数据获取技术。Chip-Off 芯片提取法需要将手机中的存储芯片通过热风枪或拆焊台与主板剥离，清理芯片表面的焊锡，然后将芯片安装到芯片读取设备上，直接对芯片本身的电路和协议进行分析，获取其原始镜像或相关数据。Chip-off 提取具有破坏性，对于设备和检验人员都有相当大的技术挑战。此外，芯片提取对于 iOS 设备无效，因为其进行了硬件级加密。

由于检验设备成熟程度、检验人员技术水平等多种因素的限制，目前这个层次的提取技术并不普及，但是随着越来越多的取证厂商开始涉及该领域，相关芯片读取设备也开始推向取证市场。例如俄罗斯 ACE 的 PC-3000 Flash、效率源的 SCE 9168 等设备已上市。

（5）微读法。微读技术是指在电子显微镜下对 NAND 或 NOR 芯片存储层进行微观状态的观察，并借助均衡磨损原理等固态介质存储理论进行数据还原。这种技术是电子取证的最尖端领域。完成这样的检验需要具备深厚知识的专家级团队，还需昂贵、专业的设备及充足的时间。目前，国际上还鲜有这样的取证机构，也没有商用微读技术设备上市。

2. 手机数据提取技术[1]

手机数据提取涉及密码绕过、数据恢复、镜像、云端提取等技术。

（1）密码绕过技术。社会信息安全意识的提升以及手机功能的不断强化，用户使用的手机大多设置了锁机密码。部分手机应用软件的开发商在开发相应软件时也会进行加密处理。设置手机密码时，图案密码、字符密码或PIN 码等都是可以选择的。正常情况下，只有输入准确无误的密码，才能解锁手机进入操作界面。比如 iPhone 等智能手机，如果连续输错 10 次密码，

---

〔1〕　沈臻懿．手机取证技术．检察风云，2017（2）：35-36.

手机会自动删除所有的数据。由于 iOS 操作系统并不对外公开，因此针对该操作系统的取证也成了手机取证的一个难点。

为了能够有效提取设置了锁机密码手机的相关信息，侦查人员先要越过密码障碍。相对于破解密码而言，手机密码绕过技术是一项更为合适的获取手机信息的专门技术。所谓手机密码绕过技术，是指利用一定的技术手段，不需要经由密码输入的途径，对已设置密码的手机或软件内的数据进行提取。密码绕过包括用户自主设置的手机密码绕过与手机内软件密码绕过两个方面。由于无须对密码进行破解，只在绕开密码的前提下进入手机系统中提取与作案活动有关的信息，因此，手机密码绕过技术的应用更为隐蔽，且不易为作案人所察觉。

（2）数据恢复技术。手机数据被删除是侦查中常见的难题。犯罪人利用手机作案后，有时会故意删除数据，以避免犯罪证据被执法人员发现。通常犯罪人会对浏览器、聊天软件、支付软件中的信息及浏览记录进行销毁，或者植入病毒，以破坏手机数据。不过，被执行删除操作后的手机数据并非不复存在。手机在进行每一步操作后，都会以数据形式存于手机 SQLite 数据库中。当操作者选择删除某些数据后，这些数据其实并没有被删除，只是被打上了已删除记号，在手机应用中不再显示。比如，当操作者选择手机通讯录中的某一联系人信息并予以删除时，操作系统所做的工作仅是在该联系人信息前添加已删除记号。当手机使用者此后浏览通讯录时，被删除的联系人信息便不会在通讯录中显示。

（3）镜像技术。通俗而言，镜像就如同照镜子一般，即利用文件存储的形式，使一个磁盘上的数据在另一个磁盘上存在一个完全相同的副本。侦查人员在对手机 SIM 卡、内存卡、闪存卡等介质内的数据进行提取时，通常需要采取镜像提取。镜像提取可以确保数据的完整性。在进行镜像提取时，屏蔽盒是必不可少的工具。屏蔽盒可以将开机状态下的手机进行屏蔽与隔离，避免外界短信及电话对手机的干扰，以保证镜像提取到的数据的原始性。需要注意的是，手机数据镜像提取的方式有多种，如 JATG 提取方式，或者将芯片拆下后直接读取镜像数据。无论采用哪种方式，都需要通过文件解析，在保证数据原始性、完整性的基础上，使其成为办案所需的文件。

（4）云端提取技术。云计算环境下的各类操作都离不开本地客户端软件（桌面 CS 架构软件、手机终端）或浏览器，因此本地留下的一些痕迹数据就显得尤为关键，侦查人员应及时全面地收集提取本地数据。账号、COOKIE、浏览历史、缓存数据、系统日志、手机上的图片、服务供应商、浏览器、SQLITE 数据、恢复数据信息等都要收集提取。根据这些数据信息可以获取犯罪嫌疑人的相关信息，便于下一步的取证分析。

云端数据取证有以下几种情况：一是有权限情况。通过前期工作，知道犯罪嫌疑人的账号等信息，利用该信息获得相关的服务厂商，通过"嫌疑人→犯罪嫌疑人→虚拟身份→云服务用户→云端数据"方式，提取与虚拟身份相关的日志、上传的文件以及相关信息。二是无权限情况。一般是利用主机渗透等技术获得权限，再利用虚拟机在线迁移技术，或者就近克隆技术完成对嫌疑云端数据的取证分析。三是依赖云服务商通过云管理系统去获取。这种方式不是直接与犯罪嫌疑人的关联设备打交道，而是在第三方服务供应商的配合下，利用虚拟化技术和数据迁移技术调取云主机的相关存储内容信息（可参考云端数据的虚拟迁移隔离下的电子取证），再通过只读或最大程度不篡改以获取相关可疑人的数据信息。

3. 手机数据提取工具

关于移动终端数据提取工具在本书的第三章已作介绍，在这里只是扼要地再加以强调。常见的用于手机数据提取工具有 UFED Touch、DC-4501、RH-6900 等。

（1）UFED Touch。以色列 Cellebrite 公司是国际上最早生产手机取证工具的厂商之一，该公司生产的手机取证工具是世界上水平最高的取证工具之一。UFED Touch 是 Cellebrite 公司生产的新一代产品，具有携带方便、性能卓越等特征，是目前国际主流的手机取证工具。UFED Touch 支持以"位对位"的形式对手机、GPS、平板电脑以及中国山寨手机等大部分移动设备中的数据进行物理获取和深度分析。

（2）DC-4501。DC-4501 手机取证系统是厦门市美亚柏科信息股份有限公司自主研制生产的手机数据取证产品。DC-4501 可用于手机数据恢复、检索、提取、深度分析。作为 DC-4500 手机取证系统的升级换代产品，DC-4501 集成了更高性能的主机设备，取证速度更快、效率更高。

（3）RH-6900。RH-6900 是一种可用于国产山寨手机、品牌功能手机、新型智能手机等全品牌及各种操作系统的数据提取分析工具，由大连睿海信息科技有限公司研发。RH-6900 不仅支持状态完好手机的数据提取，也支持破损、浸泡、腐蚀手机的数据提取。该产品全面支持 NAND FLASH、NOR

FLASH、EMMC FLASH、EEPROM FLASH 等各类型芯片 8000 余种，其自带的配套软件，可完成数据提取、数据解析、报告出具等全流程工作。

4. 手机取证通常所要获取的数据[1]

手机取证所要获取的是手机中的数据及与手机相关联的电信、网络运营商服务器中的数据。这些电子数据能反映出手机使用者通过手机所建立的关系网络以及所实施的过往行为，既包含电话簿、通话记录、短信记录、第三方应用程序用户数据、话单、基站数据等，也包含手机里被删除的数据。

获取手机里的数据时要搞清手机的类型、型号，弄清手机数据存储的物理方式（存储介质）、逻辑方式（文件系统）以及文件结构。

目前通过手机取证可以获取以下（但不限于）信息：

（1）网络即时通信信息。此类信息包括 QQ、微信、飞信、易信、陌陌等。支持提取联系人、聊天记录、群信息、群成员列表、群聊天记录等信息。

（2）微博类信息。此类信息包括新浪微博、腾讯微博等信息。

（3）上网记录信息。此类信息包括使用人利用 GPS、3G 上网方式保存的浏览记录等。

（4）电子邮件信息。此类信息包括使用人通过手机收发电子邮件保存的信息。

（5）网络交易信息。此类信息包括网络购物、网上缴费、网银交易信息。

（6）交通信息。此类信息包括乘坐飞机、动车、轮船、汽车等公共交通工具的等级和乘坐记录。

（7）地理位置信息。某些软件，例如地图、导航工具，记录使用人的 GPS 移动信息，还有 Wi-Fi 的位置信息。

（8）日程信息。

（9）就医问诊信息。

（10）设备和账户信息。此类信息包括使用人保存的文档、账户等信息。

（11）机身存储删除数据的恢复。

（12）Wi-Fi、蓝牙连接记录。

（13）用户行为信息。包括搜索痕迹、运行痕迹、文档打开编辑痕迹、打印痕迹、视频播放痕迹、输入法的动态字典、备忘录等。

---

[1] 刘浩阳，李锦，刘晓宇主编. 电子数据取证. 清华大学出版社，2015：201.

（14）照片、语音和视频。使用 iPhone 拍照的照片内嵌有 GPS 信息。

（15）交友婚介信息。

（16）传统三类通信信息。此类信息包括通讯录、通话记录、短信（彩信）。

（17）其他对于侦查和取证工作有利的信息。

至于话单、基站数据通常要履行法律手续到通信运营商处调取。通过对话单、基站数据的分析可以揭示一系列问题。

（五）手机及数据保管

与保管其他电子数据一样，将作为证据展示的手机应被妥善保管。但是保管手机与保管其他类工具也有不同之处。手机作为移动通信工具，在开机状态下会接收到外界拨入的电话、短信等信息，新收到的电话、短信等信息会影响原有数据，因此对手机保管环境有特殊的要求。手机保管场所必须是密闭环境或者是屏蔽环境，不能让外在的电磁信号影响手机的完整性，随意开关机、联网都可能会对手机原有数据造成影响或破坏。在勘验手机过程中，侦查人员应当及时记录涉及的每一个设备的基本信息、收集的时间、收集的地点、数据来源、提取的过程、使用的方法、操作人及签字、见证人及签字。在存储证据时，要妥善保管，避免被强磁、高温、灰尘、潮湿等环境因素破坏存储介质，导致证据和线索丢失。手机等无线通信设备需做信号屏蔽处理。

三、Android 手机数据收集提取

（一）Android 操作系统基础知识

1. Android 操作系统简介

Android 是 Google 于 2007 年 11 月 5 日宣布的基于 Linux 平台的开源手机操作系统的名称，该平台由操作系统、中间件、用户界面和应用软件组成。Android 操作系统大致可以分为四层架构：一是 Linux 内核层。Android 系统是基于 Linux 2.6 内核的，这一层为 Android 设备的各种硬件提供了底层的驱动，如显示驱动、音频驱动、照相机驱动、蓝牙驱动、Wi-Fi 驱动、电源管

理等。二是系统运行层。这一层通过一些 C/C++ 库来为 Android 系统提供主要的特性支持，比如 SQLite 库提供了数据库的支持，Webkit 库提供浏览器内核的支持等。同时，在这一层还有 Android 运行时库，它提供了一些核心库，能允许开发者使用 Java 来编写 Android 应用。其中，关键是 Dalvik 虚拟机，它使得我们每一个 Android 应用都能运行在独立的进程当中，并且拥有一个自己的 Dalvik 虚拟机实例，相比 Java 虚拟机（JVM），Dalvik 是专门为移动设备定制的，它对手机内存、CPU 性能有限等情况做了优化处理。三是应用框架层。这一层主要提供了构建应用时可能用到的 API，Android 自带的一些核心应用程序就是使用这些 API 完成的，开发者可以通过使用这些 API 构建自己的应用程序，比如活动管理器、View 系统、内容提供器、通知管理器等。四是应用层。所有安装在手机上的应用程序都是属于这一层的，比如系统自带的联系人、短信等程序，或者我们从 Google Play 上下载的程序，以及我们自己开发的应用程序。

2. root 权限

Android 系统的内核层就是 Linux，所以 Android 系统 root 权限的获取其实和 Linux 获取 root 权限的原理是一样的。若要在 Linux 系统下获取 root 权限，方法就是执行 sudo 或者 su 命令，在 shell 命令窗口中会提示输入 root 用户的密码，如果密码正确就可以获得 root 权限了。Android 本身并不会去提供 root 权限的获取，大部分手机在出厂的时候根本就没有 su 这个程序，也就是说这一块被删除掉了。所以要想获得 Android 系统的 root 权限，第一步就是要把编译好的 su 文件复制到 Android 手机的/system/bin 目录或者/system/xbin/目录下。只要把 su 目标程序文件放到那两个目录之下，那么接下来就可以在 Android 手机的 adb shell 窗口或者串口下输入 su 命令运行了，执行成功代表着当前进程可以执行 root 权限下的任何命令。要完成将编译好的 su 二进制文件复制到写操作保护的/system 目录下这个目的，本身就需要当前进程获得 root 权限，当前的办法就是利用 Android 系统的 root 漏洞来实现，可以通过使 ADB（Android Debug Bridge）进程获得临时 root 权限的办法，就可以通过 ADB 命令访问到系统其他应用的文件。因为很多手机生产厂商为了保证自己的利益默认不允许用户删除系统自带应用，所以大多数人会选择 root 之后进行系统的清理。应用市场上功能强大的 root 的工具很多，各个互联网巨头旗下也都有自己的 root 工具，市场上比较厉害的有 KingRoot、Z4Root 等。

3. SQLITE 数据库

在 Android 系统的程序库层，SQLite 数据库引擎模块已被集成其中，已经成为系统的标准数据库。应用程序层中的手机应用软件在存储大量结构化数据时，一般会采用 SQLite 数据库进行记录存储。比如，手机中常用到的通讯录管理软件、通话记录、短信应用、浏览器历史记录以及其他即时通讯软件的聊天记录等，采用的存储方式都是 SQLite 数据库格式。作为系统架构中的数据库，开发的应用软件只需调用几个框架层提供的数据库操作 API 函数就可以完成数据库的各种操作，无须关心数据库连接细节，有利于开发。除了 SQLite 存储架构，对于那些常见的应用偏好设置和状态标识等少量的数据，一般采用的是 XML 结构进行存储。另外就是标准的文件系统下的各种类型文件的存储形式，与计算机中的文件系统存储没有区别，毕竟 Android 系统本来就是依托在 Linux 系统之上。

4. ADB 工具

ADB 是一个开发调试工具，能够帮助实现 Android 系统设备和个人计算机之间进行通信。这种通信可以通过 USB 数据线进行，同时也支持通过 Wi-Fi 无线局域网进行。ADB 本质上是一个客户端/服务器架构的程序，其中客户端是被连接手机的计算机的一个后台程序，服务器端是 Android 手机设备上的一个守护进程，通信的过程就是客户端与服务器端的数据传输。ADB 提供了非常丰富的功能命令给开发者使用。其主要的功能有：运行设备的 shell 命令行、管理设备的端口映射、计算机和 Android 设备之间进行文件的上传和下载、将计算机本地的 apk 软件包安装到 Android 系统上等。ADB 在 Android 系统取证中是非常重要的基础程序，开发过程需要借助它来进行证据文件的获取。在手机中开启 USB 调试，就会在设备中启动一个 ADB 守护进程。计算机的后台也会有一个守护进程，ADB 客户端软件是通过与计算机后台的守护进程来执行各种操作的。在手机设备没有 root 的情况下，守护进程是以一个普通用户的身份执行的，否则就是以管理员的身份执行。

（二）Android 操作系统数据提取

1. USB 调试模式

USB 调试模式是 Android 提供的一个用于开发工作的功能，使用该功能可在计算机和 Android 设备之间复制数据，在移动设备上安装应用程序，读取日志数据，等等。根据 Android 系统的不同版本，USB 调试模式开启方法略有不同，具体如下。

（1）Android 2.1—2.3.7 系统打开方法。点击"设置"→"应用程序"→"开发"→"USB 调试"进行勾选，但不同的手机由于 rom 不一样，可能有细微区别，如图 6-3 所示。

图 6-3　Android 2.1—2.3.7 系统开启 USB 调试模式

（2）Android 4.0—4.1.2 系统打开方法。点击"设置"→"开发人员选项"→"USB 调试模式"进行勾选，如图 6-4 所示。

图 6-4　Android 4.0—4.1.2 系统开启 USB 调试模式

（3）Android 4.2 及以上版本系统打开方法。点击"设置"→"关于手机"→"版本号"（连续点击 7 次后返回"设置"）→"开发人员选项"→

"右上角打开开发模式" → "USB 调试模式" 进行勾选, 如图 6-5 所示。

图 6-5 Android 4.2 及以上版本系统开启 USB 调试模式

2. Android 一键 root

在 Android 系统中, 超级用户一般命名为 root。一旦获得了手机 root 权限, 就成为了在 Android 系统中可以进行任意启动或停止一个进程、删除或增加用户、增加或者禁用硬件等涉及最高权限操作的唯一账户。安卓智能手机获取 root 权限就像是苹果手机的越狱, 手机 root 成功后, 用户就可以任意下载更多免费的安卓游戏和应用。对手机用户而言, 安卓手机获取 root 后主要有以下几点好处: 一是可以备份手机中的系统和软件应用等重要的私人资料, 这样即使手机出现故障丢失了相关数据, 也可以在备份中还原。二是可以下载安装使用高级的程序应用。因为 Android 平台碎片化及各安卓手机制造厂商导致的版本不一, 使一些高级的程序和应用在一些没有 root 的安卓手机上无法正常安装使用。三是可以修改手机系统, 也就是 root 后可以给安卓手机刷机, 用户可以体验不同安卓系统的乐趣。四是可以把一些程序应用安装在 SD 卡上 (不过 Android 2.2 以下的程序应用默认只能安装到手机上) 以减轻手机负担。很多安卓用户会发现, 手机在没有 root 之前, 下载的程序和应用都是默认安装到手机内存里, 用户不能将其安装到 SD 卡中。获得 root 权限后, 用户就可以选择将程序应用下载到 SD 卡里安装了。五是可以汉化手机系统。拥有 root 权限, 可以加载汉化包, 实现系统汉化。这主要是针对那些自带默认语言为非中文汉语的安卓手机, 这些手机原本是面向非中文国家和地区销售的, 但最后中文汉语的用户也在使用, 为了更好地使用这些手机，就必须对这些手机进行汉化。下面介绍两种 root 方法。

第一种，利用手机本身的一键 root 权限，有的手机在设置中会有"权限管理"设置，点击打开，然后获取 root，不过这种操作一般需要通过连接电脑，在电脑中获得。第二种，通过下载 root 软件获得 root 权限。这种方法是在飞行模式下，连接电脑，使用电脑端破解设备的 root 权限，常见的软件有刷机精灵、百度一键 root、Kingroot、root 精灵、360 一键 root 等。美亚柏科 DC-4501 提供了 Andriond 一键 root 工具，如图 6-6 所示。

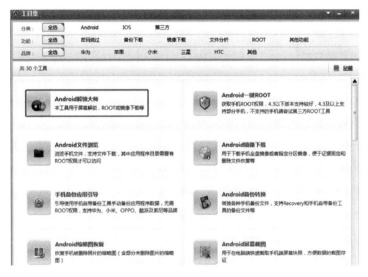

图 6-6 DC-4501 一键 root 工具

3. Android 文件浏览

Android 文件浏览是常用的取证工具之一，它用来对安卓手机进行文件浏览或下载。Android 手机里的数据有些无法用取证设备解析或者解析异常，此时，侦查人员便可以用安卓解析浏览工具将这些数据对应的文件或文件夹导出，再单独对其进行取证分析。比如，一些不常见的 APP，取证分析软件可能无法直接解析数据，此时就需要人工提取分析。Android 文件浏览工具的使用需要满足两个条件：一是需要开启 USB 调试模式；二是需要获取 root 权限。如果手机未获取 root 权限，那么文件访问就会受到限制。如访问 data 目录及子目录。安卓手机常用数据存储路径和文件名如表 6-1 所示，侦查人员可以根据需要在表格中找到所需目录或文件。

表 6-1　Android 常见文件目录

项　目	位　　置	文件名称
SMS 短信	/data/data/com. andrion. providers. telephony/database/	mmssms. db
运营商	/data/data/com. andrion. providers. telephony/database/	telephony. db
MMS 彩信	/data/data/com. android. mms/databases/	wappush. db
联系人	/data/data/com. android. providers. contacts/databases	Contacts2. db
浏览器表单	/data/data/com. andriod. browser/databases/	Webview. db
浏览器缓单	/data/data/com. andriod. browser/databases/	webviewCache. db
基站历史记录	/data/data/com. google. andriod. location/files/	Cache. cell
Wi-Fi 历史记录	/data/data/com. google. andriod. location/files/	Cache. wifi
浏览器地理位置	/data/data/com. android. browser/app_ geolocation/	cachedGeoposition. db

下面介绍 DC-4501 中"Android 文件浏览"工具的使用。

（1）将手机连接计算机，打开"Android 文件浏览"工具，会弹出提示，如图 6-7 所示。[1]

图 6-7　DC-4501 Android 文件浏览设备连接

（2）设备连接成功后，工具会自动识别到手机及系统文件。工具顶部会

---

〔1〕　在撰写本题过程中参阅了微信公众号"美亚柏科服务之星"之手机取证工具箱介绍：文件浏览。

显示该工具的使用条件；窗口左侧会显示手机型号、品牌、权限等；系统文件和用户数据。

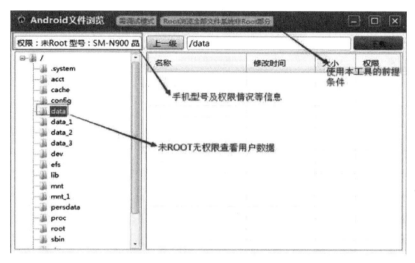

图 6-8　Android 文件目录

（3）未获取 root 权限的手机可以查看手机照片、QQ 及微信的语音、图片等数据（如图 6-9 所示），但无法查看机身内存的用户数据，如图 6-8 所示的 data 目录显示是空的，没有数据。

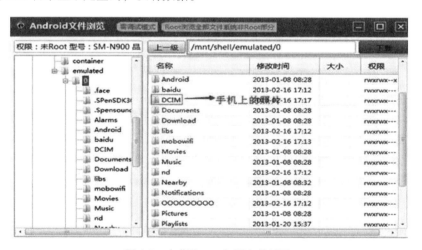

图 6-9　未获取 root 权限文件目录

（4）对于已经 root 的手机点击 data 目录，如图 6-10 所示。

图 6-10　已获 root 权限文件目录

4. Android 镜像获取

Android 镜像类似于计算机磁盘镜像，借助相应的软件工具对手机机身存储数据进行全面的获取，全面获取的数据通常用来做手机删除数据的恢复。目前，安卓系统未对存储数据进行全盘加密，可实现镜像数据解析。安卓镜像获取的意义有二：一是通过镜像制作可以减少对手机的操作，最大限度地保护手机的原始性；二是通过对镜像文件的分析，可以最大化地恢复手机中被删除的数据。安卓镜像获取需要满足一定的条件：一是开启 USB 调试模式和获取 root 权限；二是 USB 将手机与取证设备连接。

（1）在工具箱中打开 Android 镜像下载工具，如图 6-11 所示。

图 6-11　Android 镜像下载工具

（2）主界面如图6-12所示，顶部有工具使用要求，需要调试和root。

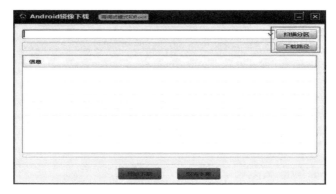

图6-12　调试和root

（3）手机接入电脑，点击"扫描分区"即可扫描接入电脑的手机。

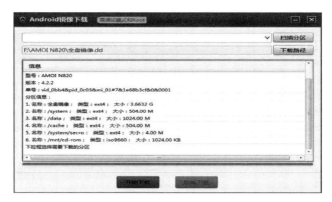

图6-13　扫描分区

（4）点击"扫描分区"按钮前面的下拉列表框可选择需要镜像的分区。

图6-14　镜像下载

5. 应用程序数据提取

应用程序数据取证一般是借用取证工具对已导出的应用程序文件夹中的数据进行解析，并按类别展现解析结果（如短信、微信、QQ 及其他 APP）。当手机串号丢失等原因导致应用程序出现自动解析失败或异常时，可以手动导出 QQ 目录进行应用程序数据提取。

手机数据提取工作中，提取最多的应用程序是 QQ 和微信，QQ 和微信所发送的语音、图片和视频可能隐藏着许多重要线索。在此重点介绍手机 QQ 接收的语音、图片和视频的存储路径。在 Android 系统中，QQ 默认情况下都会在外部存储卡上生成一个 Tencent 文件夹，打开这个文件夹下面的 MobileQQ 文件夹后，可以看到很多以 QQ 号命名的文件夹，如图 6-15 所示。[1]

图 6-15　MobileQQ 文件夹

这些以 QQ 号码命名的文件夹里就保存着这个 QQ 号所发送和接收的语音文件，如图 6-16 所示。

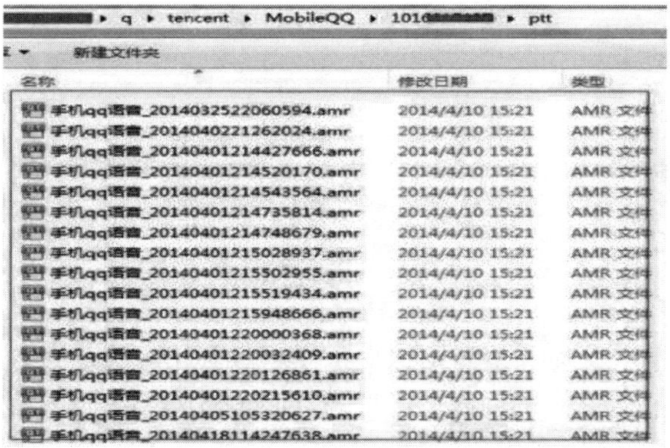

图 6-16　QQ 号所发送和接收的语音文件

---

〔1〕 在撰写本题过程中参阅了微信公众号"美亚柏科服务之星"之手机取证工具箱介绍：手机 QQ 信息存储路径解密。

Diskcache 文件夹保存着缓存图片，缓存图片直接双击无法打开，需要以图片的方式打开方可查看，打开后如图 6-17 所示。

图 6-17 Diskcache 文件夹保存缓存图片

Photo 文件夹保存的是完整图片，双击直接打开即可。Tencent 文件夹下的 QQfile_ recev 保存着接收到的视频文件，如图 6-18 所示。

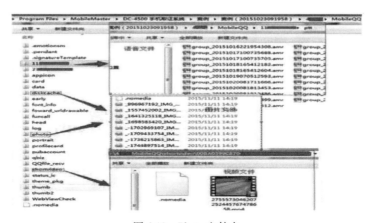

图 6-18 Photo 文件夹

在侦查实践中，侦查人员可以根据需要复制相应的文件夹或文件。

6. Andriod 常规数据提取

如前所述，SQLite 数据库是一种轻量级的数据库管理系统，在智能终端中被广泛使用，很多应用程序数据都会存储在 SQLite 库中，比如微信聊天记录、短信记录、通信录、上网记录、基站历史记录等都会存储在 SQLite 中，

所以 SQLite 是数据提取的重要内容之一。在提取分析过程中可以借助相应的
SQLite 文件浏览工具。以下以短信记录提取分析为例，介绍 DC-4501 中
SQLite 文件浏览工具的使用。[1]

（1）打开工具箱找到"SQLite 文件浏览"工具并打开此工具，如图 6-19
所示。

图 6-19 SQLite 文件浏览

（2）图 6-20 显示为工具主界面。

图 6-20 工具主界面

（3）点击"打开文件"，加载需要分析的 DB 数据库文件，如图 6-21 所
示，我们选择的是手机短信数据库。

---

〔1〕 在撰写本题过程中参阅了微信公众号"美亚柏科服务之星"之手机取证工具箱介绍：SQLite
文件浏览工具。

图 6-21 打开短信数据库

（4）打开文件后就可以查看数据库内的数据，如图 6-22 所示，我们看到的为短信列表，删除标签"是"表示为删除的数据。

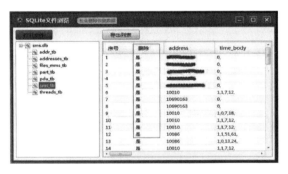

图 6-22 浏览短信数据库内容

（5）如果数据库中有需要的数据，可以通过"导出列表"把需要的数据导出分析。

图 6-23 导出数据列表

经过上述操作就可以对数据库进行进一步的挖掘，并且可以跟之前的取证结果进行对比，确认删除数据是否有缺失，保证取证数据的完整性。

四、iPhone 手机数据提取

（一）iPhone 手机数据基础

1. iOS 操作系统介绍

iOS 操作系统是由美国苹果公司开发的手持设备操作系统，原名叫 iPhone OS。苹果公司于 2007 年 1 月 9 日的 Macworld 大会上发布该操作系统，于 2010 年 6 月 7 日的 WWWDC 大会上改名为 iOS。该操作系统设计精美、操作简单，依托该系统苹果公司设计的 iPhone 手机迅速占领市场。随后苹果公司的其他产品，诸如 iPod Touch、iPad 以及 Apple TV 等产品都采用该操作系统。iOS 操作系统以 Darwin 为基础，与苹果台式机的 Mac OSX 操作系统一样，也属于类 Unix 的商业操作系统。

2. iOS 文件系统

iOS 文件系统常见的应用程序目录如下：

- /var/wireless/Library/CallHistory：存放通话记录、网络流量、使用时间等记录。

- /var/mobile/Library/AddressBook：存放联系人数据。

- /var/mobile/Library/Calendar：存放日历及提醒事项记录文件。

- /var/mobile/Library/Maps：存放地图搜索书签记录。

- /var/mobile/Library/SMS：存放短信。

- /var/mobile/Library/Notes：存放备忘录。

- /var/mobile/Library/Safari：存放 Safari 保存的书签。

- /var/mobile/Library/Mail：存放电子邮件数据。

- /var/mobile/Library/Preferences/com. apple. accountsettings. plist：存放邮箱设置。

- /var/mobile/Library/Preferences/com. apple. mobilephone. speeddial. plist：存放个人收藏（快速拨号）。

- /var/mobile/Media/Recordings：存放语音备忘录。

- /var/mobile/Media/iTunes_ Control：存放 iTunes 同步的电影、歌曲等媒体文件。
- /var/mobile/Media/DCIM：存放照片里面的胶卷。
- /var/mobile/Media/PhotoData：存放照片里面的图片（含相机胶卷的识别库缩略图等）。
- /var/mobile/Media/Books：存放 iBooks 同步的书籍。
- /var/mobile/Media/PhotoStreamsData：存放照片流。

3. iPhone 手机数据提取步骤

对 iOS 设备进行数据提取，首先要保证取证平台上安装有 iTunes；其次，在取证工具识别 iOS 设备的过程中，要保证设备的屏幕锁已打开，否则会导致软件无法识别 iOS 设备。当设备被识别到之后，取证工具就可以借助 iTunes，以提取设备中文件系统备份的形式来完成数据的提取操作，并在之后对提取到的数据做分析。[1]

（二）iPhone 手机数据提取

1. iPhone 文件浏览

（1）将手机连接电脑，打开"iPhone 文件浏览"工具，会弹出提示，如图 6-24 所示。[2]

图 6-24　iPhone 文件浏览

---

〔1〕　刘浩阳.电子数据取证.清华大学出版社，2015（11）.
〔2〕　在撰写本题过程中参阅了微信公众号"美亚柏科服务之星"之手机取证工具箱介绍：文件浏览。

（2）单击"确定"按钮，如图 6-25 所示。需要注意的是，因为苹果系统限制，iOS 8.3 及以上的系统该工具不支持应用浏览；在窗口左侧显示的是手机型号、系统版本以及系统文件和应用程序文件列表。

图 6-25　iPhone 文件系统

（3）iPhone 手机常用数据收集提取是手机拍摄的照片和视频，以及应用程序信息如 QQ、微信、陌陌等。如图 6-26 所示。

图 6-26　iPhone 文件下载

（4）选中对应的文件，单击右上角的"下载"按钮，选择路径后保存。

2. iPhone 数据备份

iPhone 可以通过苹果官方软件 iTunes 或 iTools 对手机数据进行备份，默认备份的内容包括通讯录、短信等基础数据，包括手机上安装的各种手机应用程序，iTunes 备份存储路径和安装的系统有关，XP 系统在 Documents 目录下，而 WIN7 系统在 Users 目录下，备份文件夹是用 iPhone 设备标识 UDID 进行命名的，它是由 40 位十六进制数字组成。除 iTunes 以外，iTools、爱思助手等第三方工具也能实现对 iPhone 的手机文件备份。其备份路径，可以通过查看对应软件的设置选项，或者搜索特定配置文件名，也可以通过取证软件自动检测。

（1）iTunes 备份。打开 iTunes 并将需要备份的设备连接到电脑。如果出现信息询问设备密码，或让您"信任此电脑"，按屏幕上显示的步骤操作。点击 iTunes 窗口左上角的设备图标查看该设备。

图 6-27　iTunes 连接设备

单击右边"立即备份"。可备份的内容有通讯录、日历、备忘录、短信和设置，如果选上给 iPhone 备份加密还可备份账户密码和健康的数据内容。但是 iTunes 无法备份 APP 以及存储到手机的 PDF，恢复后只能到 App Store 已购买里面重新下载。如果想要恢复可单击 iTunes 的"恢复备份"即可，iTunes 是苹果官方的软件，相对比较安全，也是较多人选择的备份方式，但是无法全部备份。

图 6-28　备份界面

（2）iCloud 备份。iCloud 备份的内容包括照片、邮件、通讯录、日历、Safari 等。通过 Wi-Fi 网络连接，无需将设备插入电脑，就可使用 iCloud 进行备份。但是免费的空间只有 5G，最多提供 2TB 的储存空间。

图 6-29　iCloud 备份

（3）爱思助手备份。爱思助手有全备份和分类备份两种备份方式。打开电脑端的爱思助手并将需要备份的设备连接到电脑。单击底部"备份/恢复"，然后在弹出的小窗口中选择适合的备份方式。恢复的时候同样点击"恢复"即可。

图 6-30　爱思助手全备份

爱思助手全备份：一键备份设备内数据到电脑，所有的数据都会被备份，包括短信、通讯录、照片、备忘录、APP 以及微信聊天记录等。

爱思助手分类备份：可以选择性地将需要的每项数据单独备份到电脑。可备份和恢复的项目有照片、音乐、铃声、通讯录、备忘录、应用。

图 6-31　爱思助手分类备份

3. iPhone 备份浏览

在 iPhone 数据提取过程中，可能会遇到电脑中存有苹果手机备份文件，因为备份的数据在电脑中无法直接查看。此时可以使用手机取证工具箱中的"iPhone 备份浏览"工具来查看备份文件数据，如果有需要的数据就可以使用手机取证软件解析备份文件。同时，当个别 iPhone 手机无法被取证软件识别时，需要先使用 iTunes 备份，然后通过取证软件解析时可以使用此工具查看备份数据，也可以导出需要的数据单独分析。[1]

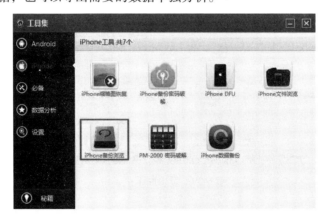

图 6-32　iPhone 备份浏览工具

---

〔1〕　在撰写本题过程中参阅了微信公众号"美亚柏科服务之星"之手机取证工具箱介绍：iPhone 备份浏览。

（1）运行"iPhone 备份浏览"工具，点"导入备份"如图 6-33 所示。

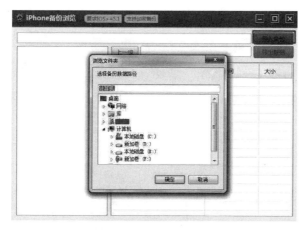

图 6-33　选择导入备份

（2）在弹出的对话框里面选择 iPhone 的备份文件夹路径。

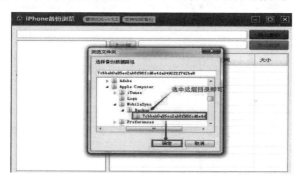

图 6-34　选择导入备份目录

（3）导入后，数据如图 6-35 所示。

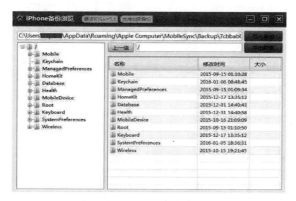

图 6-35　备份文件目录浏览

（4）图6-36、图6-37、图6-38所示是解密后的数据，这里能找到很多重要的数据，如短信、通话记录、通讯录、QQ、微信、照片等数据。

图 6-36　微信目录

图 6-37　通话记录目录

图 6-38　照片目录

4. 其他数据提取

微信聊天记录、短信记录、通信录、上网记录、基站历史记录等都会存储在 SQLite 中，对于这些数据的提取可以借助 iPhone 文件浏览和 SQLite 文件浏览工具，具体提取分析方法可以参照 Andriod 系统中的提取方法，这里不再赘述。

第七章　侦查中视频数据的收集提取

　　视频数据，通常称为视频监控资料，也叫视频资料或视听资料，是指运用光电效应和电磁转移的原理，将事物运动、发展、变化的客观事实情况，原原本本地录制下来，再经过播放，重新显示原始的形象，来证明案件事实情况的证据。在证据上，通常把视频监控资料归入视听资料证据。2012 年修改的《刑事诉讼法》也将视听资料与电子数据并列。但我们仍认为，在信息技术与视频技术高度融合的今天，视听资料变成了视频数据，视频数据成了电子数据的一种。

　　视频数据的收集提取是视频侦查中的基础工作。但目前视频侦查中视频数据的收集提取欠规范化和科学化，视频数据的收集提取缺乏权威性的理论指导。尽管有一些视频侦查类书籍、论著面世，但仍缺乏对视频数据收集提取系统化、精确化的阐述。鉴于如此研究现状，我们选择此课题进行研究，试图通过研究实现对视频数据收集提取系统化、精确化的论述，还希望研究成果能对视频侦查起具体的指导作用。

　　在侦查中，当进行现场勘验检查、搜查、扣押、查询时都可能涉及视频数据的收集提取。在侦查各个环节对视频数据的收集提取均体现为对证据的调取。侦查中视频数据收集提取的基本法律依据是《刑事诉讼法》《公安机关办理刑事案件程序规定》《刑事诉讼法解释》《收集提取和审查判断电子数据问题规定》等。侦查中，为了更好地做好视频数据的收集提取工作，侦查人员应当熟悉视频监控系统的种类，还要熟悉视频监控系统的基本组成，至于侦查中视频数据收集提取的范围、内容、步骤、方法、分析等应根据案件的具体情况加以确定。

一、视频监控系统种类

　　在中国的许多城市都实现了监控探头的全覆盖或无缝对接，形成了天网。各种各样的道路、卡口也都安装了视频监控系统。中国的大多数村庄也布建了视频监控系统。

视频监控种类多样，从建设目的的不同可以分为以下几类：

（一）智能卡口监控系统

智能卡口监控系统指依托道路上特定场所，如收费站、交通或治安检查站等卡口点，对所有通过该卡口点的机动车辆进行拍摄、记录与处理的一种道路交通现场监测系统。智能卡口监控系统是一种依托工业技术级的高清摄像技术而形成的卡口监控系统，它用于城市道路、高速公路出入口、收费站等地段的全天候实时检测与记录，可自动识别过往路口车辆号牌、颜色等，能验证车辆的合法身份，可自动核对黑名单库，实现自动报警。智能卡口监控系统可对路口情况进行监控与管理，实现出入口车辆的数据采集、存储，便于警务人员及相关部门对道路的监控。该系统具有管理维护、统计、查询及报表打印等功能，可实现对交通违法、肇事逃逸等嫌疑车辆的监控与处置，可以进行全天候记录，识别率达95%以上。目前智能卡口监控系统覆盖面更为广泛，可以安装在公路任意段面上，包括城市出入主要道路口、收费站，省际和市际卡口等处。

智能卡口监控系统有利于对道路运行车辆的构成、流量分布、违章情况等进行常年不间断的自动记录，为交通规划、交通管理、道路养护部门提供重要的数据，也为纠正交通违章行为、侦破交通事故逃逸和机动车盗抢案件提供重要的依据。

（二）道路交通监控系统

道路交通监控系统也称交警非现场执法系统或电子警察，是公安交通管理部门，为维护交通安全秩序，监控、发现、查处驾驶员和车辆违反交通管理法规行为，疏导交通，而在城市路口和城乡道路中设置的视频监控系统。

道路交通监控系统获取车辆信息主要有两种方式：地感线圈触发方式和视频触发方式。地感线圈需要在车道上切割环行线槽，然后埋设感应线圈（或感应棒）。车辆通过时感应线圈会发出信号给相应设备，对车辆的检测比较准确。但是，地感线圈触发有其劣势：一是需要在地下埋设感应线圈，成本比较高，建设较麻烦。二是当路面变更时需要重埋线圈。三是受气候、路面质量影响大。寒冷冰冻天气、路面质量不好时线圈容易受损，线圈需定期更换。四是感应线圈通常只安装在路面少数固定区域，因此感应线圈通常无法准确辨识出车辆运行轨迹，也无法判别不按车道标识行驶、违章变道、异常停车等行为。而视频触发方式采用图像处理和分析技术，对路口车辆进行定位和跟踪，对车辆运动轨迹进行分析，从而能判别出闯红灯、不按车道标识行驶、违章变道等违章行为。视频触发方式具有功能强大、施工维护方便、成本合理等特点。随着视频触发方式设备检测性能的快速提高，视频触发方式正逐步取代地感线圈触发方式，成为现代电子警察系统的发展方向。

另外，有些城市还建设有重点车辆查控系统，重点车辆查控系统的原理同城市智能卡口系统一样。相比而言，重点车辆查控系统在城市中的布点范围更广，获得数据量更大。因为重点车辆查控系统不仅是为了查控多次违章和事故逃逸的车辆，也为了实时掌握道路交通流量。

（三）街面安防监控系统

街面安防监控系统，是指公安机关为了实现对社会面的控制，根据统一布局，合理规划，在街面设置的视频监控系统。这种监控系统一般由政府投资、公安机关承建，或者由相关通信运营商建设，公安机关通过购买服务方式获取。道路交通视频监控主要针对机动车通行的道路进行监控，而街面安防监控主要针对路面行人进行监控。一般情况下，此类监控系统的视频直接接入公安机关指挥中心或交警指挥系统。

（四）社会视频监控系统

社会视频监控系统是指政府机关、企事业单位、家庭个人基于内部管理或安全防范的需要而建设的系统。

社会视频监控系统分为三级：一级为市直属各委、办、局确定的城市管理、交通运政、安全生产、水利三防、环境保护等应用的监控点；二级为区县级市确定的用于各地区城市管理、安全生产等非治安防控目的的视频监控点；三级为各单位大楼院墙内部的重要监控目标，如大厅、通道、电梯、机要室、仓库，以及周边需要监控的区域，如大门、门前广场等。

社会视频监控系统种类多样，主要有以下几种：

（1）重点单位、企事业单位、楼堂管所视频监控。重点单位、企事业单位、楼堂馆所视频监控，是指企事业单位、楼堂馆所等，为了单位内部安全防范，或根据地方治安部门的统一部署，在单位内部设置的视频监控系统。由于监控设置主体的不同，监控设备类型不统一，视频监控格式多样化，这类系统的视频数据调取和查阅的难度是比较大的。不过，这些视频监控弥补了公安监控的不足，补上了公安监控的盲区和死角，在社会治安防控中能发挥一定的作用。

（2）道路收费站视频监控。道路收费站视频监控，是指公路交通部门或相关道路投资方，为了实现对公路的有偿使用，并对收费情况予以监控管理，而在进出道路的收费站设置的视频监控系统。由于道路收费站一般都设置在交通要道、环绕城市，在格局上形成一种包围状态，因此基本上能够控制通过该道路出入城市的所有车辆。车辆经过收费站要停车缴费，所以能够获得比较理想的车辆、驾驶员和乘坐人员的图像。当下动态自动识别系统的运用，使道路收费站视频在追踪和排查可疑车辆上发挥更大的作用。

（3）居民小区视频监控。居民小区视频监控，是指在居民小区出入口、边界及小区内部设置的视频监控系统。居民小区视频数据一般存储在物业管理公司监控中心。居民小区视频监控除了小区公共视频监控外，还包括高层楼房电梯视频及楼道视频。

（4）营业性场所视频监控。营业性场所，是指网吧、舞厅、歌厅、游戏厅、洗浴中心、饭店、金银首饰店、商场、超市等场所。这些场所一般都要根据当地治安管理部门的有关规定，在场所内设置视频监控系统。

（5）银行等金融机构网点视频监控。银行金融系统为保障金融系统的安全，根据自身的需要和公安部门的统一规定，都安装了视频监控系统。目前，银行等金融机构网点的视频监控十分全面，设备也较先进，从前坪、入口、大厅、柜台、ATM机等地方均有视频监控设备。

（6）公交、地铁、车站、码头、机场及火车、汽车、轮船、飞机等视频监控。这些场所的重要部位均安装有视频监控。部分公交站台及公交车内部、地铁站内部及车厢内部装有监控系统。一般车站站台监控为双向拍摄，覆盖整个站台。地铁内部视频监控包括地铁站的出入口、通道、闸口及站台等处，地铁每一节车厢内部均有监控。

（五）其他类视频监控

1. 侦查中拍录的视频

（1）讯问中拍录的视频。《刑事诉讼法》第一百二十一条规定：在办理可能判处无期徒刑、死刑或其他重大犯罪案件时，应当对讯问过程进行录音或录像。《公安机关讯问犯罪嫌疑人录音录像工作规定》指出，讯问过程中，应当进行录音录像的案件类型主要有三种：重大犯罪案件、在特定场所或用特定方式进行讯问的案件以及具有特定情形的案件。

对这些特定案件的犯罪嫌疑人进行讯问时需进行同步录音录像。这些录音录像就是讯问中拍录的视频。

（2）隐匿身份侦查中拍录的视频。隐匿身份侦查中拍录的视频是指隐藏身份的侦查人员为了揭露、证实犯罪，收集犯罪证据而秘密录制犯罪过程的行为。

（3）控制下交付中拍录的视频。控制下交付中拍录的视频是指公安机关有意放行违禁品继续流转，当在其流转的过程中严密监视，特别是在目的地交易时进行秘密录像，以揭露、证实犯罪。

（4）重点嫌疑人专案监控视频。侦查中安排侦查人员对重点犯罪嫌疑人进行监视，并将重点嫌疑人的犯罪过程拍录下来以揭露、证明犯罪。

（5）重点区域专案监控视频。在一些治安不好、人口流动量大、常发案件的地方安装视频监控系统，保证发案时能够获取到与案发有关的视频监控资料。

2. 个人数码摄像机、手机摄制的视频

个人用摄像机、手机拍下的视频也可能成为揭露、证实犯罪的证据，在侦查中需要收集。

3. 新闻媒体摄制的视频

新闻记者拍下的视频也可能成为揭露、证实犯罪的证据，在侦查中需要收集。

在侦查中需要收集提取的视频资料还包括聊天视频、高清抓拍和频闪拍摄图像等。

以上各类视频监视，根据其是否处于移动状态，可将视频监控分为定点式视频监控和移动式视频监控。

二、视频监控系统的基本组成

构成系统的视频监控由前端设备、传输信道、控制设备和终端设备四个部分组成，这四个部分相互关联、相互制约。

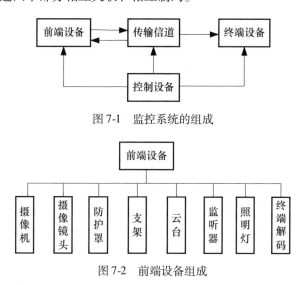

图 7-1　监控系统的组成

图 7-2　前端设备组成

（一）前端设备

视频监控前端设备就是用来获取视频和音频信号。视频前端设备包括摄像机及其配套的镜头、云台、解码器、支架和护罩等。按摄像机外形来分，有半球、普通枪机、一体机、球机、云台、烟感、针孔、飞碟等，球机有匀速球、高速球和智能高速球等，还有集成了网路协议的网络摄像机等。摄像机能够把景物的光信号转变为电信号，为监控系统提供图像信号源，它是前端设备中最主要的设备。在摄像机上可加装电动的可变焦距镜头，使摄像机观察的距离更远、更清楚；有时将摄像机安装在电动云台上，通过控制，可以使云台带动摄像机进行水平和垂直方向转动。云台不仅起到固定摄像机的作用，更重要的是扩大了摄像机的视野范围。解码器的作用就是接收控制中心的控制命令并驱动云台、镜头和摄像机工作。支架的作用是固定摄像机。护罩的作用是保护摄像机和镜头工作稳定并延长其使用寿命。摄像机和镜头一般都放在防护罩中。防护罩分为两类：一类是室内用防护罩，另一类是室外用防护罩。

（二）传输信道

传输信道是传输视频信号、音频信号、控制信号的传输媒质，没有传输信道，就不能实现信号的传递。传输的信道分为两类：一类为有线传输信道，另一类为无线传输信道。

有线传输信道指的是借助于看得见、摸得着的传输介质传输，有同轴视频电缆、双绞线、光缆等。

由于现场环境的限制或者移动需要，就需要借助于无线传输方式传输视频信号。有线传输系统的传输效果是可以预测的，而无线信号由于所处环境影响、不同波长的特性，传输信号无法预测。视频信号可以通过多种无线方式进行传输，如模拟微波、数字微波、3G4G 网络、Wi-Fi 无线局域网、卫星系统等。不同的无线系统有其特殊的适应性，用户可以根据实际的需求选择恰当的无线传输方式进行视频传输。

（三）控制设备

控制设备构成控制平台。通过此平台对设备进行管理并对视频进行切换。"视频系统的管理控制平台管理着所有的用户、数据和控制信号，承担图像的切换、显示、存储及其他处理任务，发出用户的控制命令，同时也负责用户的论证和授权。……在组成部件上，它包括矩阵、网络视频服务器、数字式硬盘录像机、数据视频中心服务器、视频解码器、录像服务器等设备，分别提供用户认证与授权、视频切换、数字视频还原、模拟信号压缩与数字化等功能。"[1]控制平台涉及的设备与软件很多样，且专业性较强。

（四）终端设备

终端设备是视频监控系统前端信息的存储、记忆、显示与处理的输出设备。侦查人员可以通过终端设备所获取的前端信息，去分析、综合、辨别真伪、判断是非、及时打击各类犯罪。终端设备配备的好坏及与前端设备搭配的合理与否，是系统是否丢失前端信息和不失真地再现前端信息的关键。

---

〔1〕　陈刚，续磊. 视频侦查规范化指引. 中国民主法制出版社，2017：46.

终端设备包括观察图像的显示器，告警的扬声器和警示灯，监听扬声器，记录查证的硬盘录像机，即时将图像记录、印出的摄像机，事件发生即予上报和记录的电话自动拨号机及打印机等。终端设备中最基本的、必不可少的设备是显示部分，显示部分一般由几台或者多台监视器组成。它的功能是将传输过来的图像一一显示出来。在视频监控系统中，特别是在由大量摄像机组成的视频监控系统中，一般都是几台摄像机的图像信号用一台监视器轮流切换显示。

三、视频数据的调取范围

侦查活动中需要调取种类多样的视频数据。"从广义上说，一切能够记录犯罪事实，可以为侦查破案提供帮助的视频信息资料，都属于视频侦查取证的对象范畴。例如，各种摄像机、照相机、手机、电脑摄像头、可视电话等摄录的视频图像，只要记录了犯罪活动过程、犯罪行为，都可为侦查破案提供线索，为证实犯罪提供证据，都属于视频侦查取证的对象。"[1]

就具体侦查而言，可以从以下几个方面对调取范围加以确认：

从时间范围上讲，侦查中需要调取的视频数据涉及案中、案前、案后。犯罪分子实施侵害行为时形成的视频数据是必然要收集提取的，犯罪分子预备犯罪阶段形成的视频是要提取的，甚至预备阶段之前形成的相关视频数据也是要调取的。除了案中、案前形成的相关视频数据要收集提取，侦查中面对犯罪侵害行为发生之后直到破案之前整个时间段内所形成的视频数据都需关注，必要时也需收集提取这些视频数据。

从空间范围上讲，侦查中需要获取的视频数据涉及多种空间。侦查中不仅要在犯罪现场调取视频数据，还要在视频监控系统终端调取视频数据。犯罪现场及附近的视频监控系统前端设备里就可能存储有视频数据，在现场勘查时，对犯罪现场及附近视频监控系统设备里存储数据的获取与现场勘查工作同步，把对视频数据的收集提取纳入现场勘验检查工作内容，在收集提取物证、书证、电子数据时也收集提取视频数据。视频监控系统终端所在地通常与犯罪现场有一定的距离。有的离犯罪现场较近，有的离犯罪现场较远。在现场勘查过程中或在现场勘查结束后还需对视频监控系统终端里存储的视

〔1〕　曹晓宝. 论视频侦查取证的策略与规范操作程式. 山东警察学院学报，2017（2）：65.

频数据实施调取。就犯罪现场勘查而言，侦查中不仅要获取主体犯罪现场的视频数据，而且要获取关联现场或可能的关联现场的视频数据。现场勘查时可以直接调取主体现场上对犯罪嫌疑人及犯罪活动本身的直接记录视频数据，也可以调取主体现场周围、犯罪嫌疑人可能的来去道路上、其他可能的关联现场上的对犯罪案件相关构成要素予以记录的视频数据。另外，侦查中不仅在现场勘查时获取视频数据，还会在搜查、查询、扣押中调取视频数据。

从内容情况上讲，侦查中需要获取的视频数据的类型是极其广泛的。上文提到的五大类视频数据在侦查中可能都是要收集提取的，而且在侦查中不仅要获取与实质性犯罪有关的视频数据，还要获取与犯罪间接相关的视频数据。

在侦查实践中，侦查人员在实施视频数据调取之前，对调取范围的确定是很有必要的。确定调取范围可以使调取工作不出现或少出现遗漏，以利于提高工作效率。调取视频数据范围应从侦查的实际情况出发，调取的视频数据应该随着案件侦查的深入而不断拓展。

四、视频数据调取准备

在实施视频数据调取之前，做好一些准备工作是很有必要的。关于人员准备可参照本书第四章，在这里对人员准备不加赘述。本部分重点就调取具体目标的确定、相关法律手续的履行、调取存储工具的准备、意外情况的应对等进行阐述。

（一）调取目标的确定

在确定调取目标之前需要先确定调取的范围。确定调取的范围即从调取的时间、空间、内容等方面分析需要调取的视频数据。而目标是范围下的具体化标的，即需要调取哪一个具体的客体及数据，或针对具体的哪一个客体实施调取行为。侦查实践中，调取的目标可能是现场勘验检查中的具体某一计算机及数据，也可能是搜查中发现的某一具体的移动硬盘及数据，抑或是现场勘查中在现场附近出现的具体的网盘及数据，还可能是扣押中遇到的具体的移动终端及数据。在准备工作阶段，对调查目标的确定只能是初步的，随着侦查工作的深入，需要调取的目标可能会随之改变，这种变化是正常的。

（二）履行相关法律手续

与调取其他证据相同，调取视频数据之前需要履行好审批手续，应当经办案部门负责人批准，开具调取通知书。当然，如果是现场勘查、搜查中的调取可以用刑事犯罪现场勘查证、搜查证顶替调取通知书，还要备好调取证据清单（含封存电子数据清单）、介绍信、证件等。由于视频数据容量大，文件数量多，为了避免遗漏、重复和混淆，还有必要备好调取视频数据统计表。视频数据统计表要清楚地记下监控设备商、监控操作系统类型、监控软件、文件存储的位置和存储规则、校对系统时间、摄像探头位置、角度、提取的地点、时间、内容等。

（三）准备好调取存储工具

"提前准备采集图像资料需要的移动存储工具，包括移动硬盘、U 盘等，在正式采集前，要保证移动存储工具工作状态正常，系统兼容性良好，存储空间足够大，且内部没有留存机密文件。"[1]不管是联网还是非联网的视频数据，调取时都需将数据下载或复制到存储介质上。由于视频数据通常量很大，所以准备的存储介质应该是大容量的。从实际情况出发，存储介质可以选择移动硬盘，也可以选择光盘或 U 盘。无论是哪一种存储介质，作为存放调取数据的存储介质都需经过清空、杀毒或者格式化处理。

由于视频监控设备不统一、新旧程度不统一、输出端口不统一等，侦查实践中，调取人员通常要准备若干个移动硬盘、光盘或 U 盘。"有视频快速拷贝工具、笔记本电脑、网线等技术设备的，应在采集前对设备工作状态进行检查，确保正常运行。"[2]

为了保证存放视频数据存储介质的证据能力和证明力，需要对存有视频数据的存储介质作进行封存、标识、记录。因此，在视频数据调取之前准备一些标签、纸、笔以及照相机也是必要的。

---

〔1〕 陈刚，续磊. 视频侦查规范化指引. 中国民主法制出版社，2017：95.
〔2〕 陈刚，续磊. 视频侦查规范化指引. 中国民主法制出版社，2017：95.

必要时可采用录音或者录像等方式固定视频数据内容及取证过程，因此根据情况还应备好录音、录像设备或执法记录仪。

值得一提的是，为了高效地收集提取视频数据，更加方便地利用视频资源，目前一些公司研发出了视频侦查设备工具。比如，四川效率源信息安全技术股份有限公司研发的 VIP 8800 视频侦查单兵系统便是一款面向视频侦查领域的专业设备。该系统不仅具备视频全能提取、视频数据恢复、视频检索摘要、万能转码与播放、视频图像分析等功能，还支持案件管理、报告生成、磁盘镜像等功能，能较全面地满足视频侦查的需求，可帮助一线侦查员高效地获取视频资源，快速地利用视频资源为侦查服务。专业工具的引入可大大提高视频数据的收集提取和使用效率。

（四）意外情况应对

对可能出现的设备故障、数据过期、被调取单位或被调取人不配合、视频无法调取等情况事先应有预估，当出现意外情况时可根据事先备好的预案应对。

五、视频数据调取分析

视频数据调取分析是调取过程中的一种具体化分析。面对庞杂的视频数据，哪些该调取，哪些不该调取，在具体调取之前应作具体的分析。如果盲目地调取会浪费侦查时间，影响侦查效率。在视频数据调取时应进行以下一些分析：

（一）从时间关系确实需要调取的视频数据

就现场勘查中的调取而言，如果案发时间确定，就可以将案发时间前后现场或者现场周围的视频数据作为调取的重点。这个时间段的选取"宁大勿小"，以防错漏。另外，如果案发现场没有监控探头，需要调取外围的视频数据，可以结合交通工具使用情况推断犯罪嫌疑人可能进入监控探头的时间。就其他时空里的视频数据而言，所要调取的视频数据应该是与犯罪有关的数据。不管是案前、案中、案后形成的视频数据，只要是与犯罪有关的都可以根据侦查需要进行调取。

（二）从空间关系确定需要调取的视频数据

就现场勘查阶段的调取而言，如果已知犯罪嫌疑人或者可疑车辆运行方向，可以沿途调取视频数据，实施循线追踪。如果犯罪嫌疑人来去方向不明或者跟踪丢失目标时，可以依据犯罪嫌疑人的面貌、衣着、车辆、携带物品等显著特征，以犯罪嫌疑人出现的视频监控或者最后消失的视频监控为中心，向四周拓展发现可疑目标，进而调取视频数据。就其他场合的调取而言，同样要通过分析案情根据侦查需要实施调取。

（三）根据犯罪现场遗留物调取视频数据

犯罪嫌疑人在作案过程中会在犯罪现场留下各种各样的遗留物，这些遗留物隐藏着特定的用于揭露犯罪的信息。在侦查中，侦查人员可以通过对遗留物的分析确定可疑对象，进而有针对性地调取视频数据。

（四）依据逻辑关系调取视频数据

这是一种推理判断式的调取，通常与侦查中的案情分析相结合。通过案情分析，判断犯罪嫌疑人应该具备的特征以及犯罪嫌疑人可能活动的空间，继而在特定的空间寻找发现可疑目标，进行提取视频数据。

（五）通过关联信息扩展调取视频数据

通过已有的视频数据分析，可以发现很多的关联信息，如通信信息、资金流转信息、住宿信息、卡口信息等，通过对关联信息的拓展可以为调取视频数据提供重要的依据。

当然，视频数据调取分析远远不止以上几个方面。侦查中还可以结合犯罪嫌疑人日常生活视频数据等分析调取视频数据。

六、视频监控点分布图的制作

监控点分布图是一种通过图形来固定并展示监控点分布位置等要素的现场图。通过该图可以直观地反映出监控点的分布以及周围环境，侦查人员利用该图可以快速、准确、全面地调取与案件有关的视频监控数据。监控点分布图还便于侦查人员分析研判、宏观地掌握犯罪嫌疑人的活动范围和轨迹、划定侦查范围和方向、总结汇报工作进展等。

根据案件侦查需要，监控点分布图可分为基础监控点分布图和案件监控点分布图。基础监控点分布图是指辖区民警运用制图学的原理和方法，在一定的载体上，概括出辖区内所有监控探头的位置、方向、角度、状态等要素的平面图。案件监控点分布图是侦查人员运用制图学的原理和方法，在一定的载体上，概括出与案件有关联的所有监控探头的位置、方向、角度、状态等要素的平面图。

当电子地图与现实情况差别较大或者电子地图上重要的地点、路线显示不明显时，也应该绘制案件监控点分布图。在日常工作中，各派出所、各办案单位都要注意收集监控点信息，不断补充完善位置监控点分布图。

关于视频点位分布图的具体制作标准，公安部于 2013 年制定发布了《现场视频分布图编制规范》（GA/T 1017-2013），可参照该编制规范进行绘制。

（一）监控点分布图制作

监控点分布图制作通常要按以下步骤操作：

1. 进行细致的实地调查

监控点分布图制作的前提就是要进行实地调查。通过对监控承建主体的调查以及实地观察，了解、记录每一个监控点具体的位置、方向、角度、监控范围、探头类型、运行状态等。在实地调查时除了了解记录明显的监控点外，还要了解记录隐蔽探头。

2. 备好电子地图或者图纸

监控点分布图的制作分为两类，第一类是直接在准备好的电子地图打印纸上用笔标注或者用绘图软件直接标注；第二类是用笔或者计算机绘图软件绘制监控点分布图。在侦查实践中，基础监控点分布图的制作大多用第一类分布图的制作方法，而案件监控点分布图的制作多采用第二类。

3. 确定方位

第一类监控点分布图制作是根据电子地图标注的，所以方位与电子地图相同，即上北、下南、左西、右东。在制作第二类监控点分布图时，可以参照电子地图去确定方位。需要注意的是，电子地图方位为上北、下南、左西、右东，不能出现方位的偏斜。

4. 确定图的比例

监控点分布图比例的确定，取决于图纸的大小和所画的内容（监控点范围大小及所反映物体需要达到的精确程度）。绘制时要把某个区域监控点的位置、建筑物、景物等描绘在一张绘图纸上，必须按照一定的比例将建筑物、景物缩小，不能随意去画。由于监控点范围较大，不是目测所能解决的，比例大小的确定以电子地图为参考。

5. 监控点分布图结构和内容的构思

监控点分布图应该按照美观、简洁、层次分明、重点突出等要求来绘制，为此，绘图前要合理地安排设计分布图的画面布局和结构。现场图要反映的主要内容，图的标题、图例、指北针等构成要素的位置，图形的大小和选择的比例等，这些在绘制前都要安排好，做到有条理，精心构思。监控点分布图的布局虽然没有固定的格式，但在分布图反映的主要内容基本确定的前提下，构图一般应遵循以下标准：图的标题多居于图纸正上方，也可竖向安排在左右两侧。指向标应在图的右上角位置。绘制人、绘制日期等内容多安排在右下方。图例、比例尺多在图中的左下角或左右两侧中间或中间偏下的位置。画面设计得合理，绘制出的监控点分布图才能既美观、协调，又突出主题，能客观地反映监控点分布状况。

6. 绘制监控点分布图

对监控点分布图结构和内容进行完善，根据监控点分布图的构成要素完成监控点分布图的绘制。

（二）利用 Photoshop 软件对电子地图进行标注

对电子地图进行标注的方法很多，可以在 Baidu 电子地图、Google Earth 电子地图、警用电子地图等上直接利用标注工具进行标注；也可以将电子地图截图，利用 PPT 进行标注或者利用 Photoshop 软件中自定义形状工具进行标注。下面我们重点介绍如何利用 Photoshop 软件对电子地图进行标注。

（1）实地查看视频监控探头，注意查看监控探头的位置、类型、角度，并作相应记录。

（2）打开 Google 地图或者 Baidu 地图，找到需要的区域位置并调整好比例，利用电子地图自带的编辑工具截取图并保存，也可以按下拷屏键（PrtSc），再复制到 Windows 附件画图面板中或者 Photoshop 工作区中，将不需要的部分裁除，保存图片。如果监控点区域很大，那么截取的图片将非常大，为了保证图片的清晰度和可标注，需要多次截取，再合并图片。合并图片可以通过 Windows 附件中画图面板实现多个图片合并，也可以通过 Photoshop 实现多个图片合并。

利用 Photoshop 合并图片的具体操作如下：

① 在 Photoshop 软件中打开新建文件，修改宽度和高度值；

② 将需要合并的图片一张张复制到图层，作调整；

③ 合并图层。

（3）利用 Photoshop 标注一些信息，如探头的位置、类型、角度、文字说明等。

标注的具体方法如下：

① 点击 Photoshop 软件中的自定义形状工具；

② 工具属性栏中选中完整像素栏；

③ 点击鼠标右键，标注案发现场、探头位置（注意前景色）；

④ 工具属性栏中选直线工具，选好粗细像素，画出犯罪嫌疑人的行走路径；

⑤ 选文字工具，增加文字说明；

⑥ 合并图层，保存。

（三）利用绘图软件绘制监控点分布图

绘图软件很多，常见的有 Photoshop、Adobe image、Auto CAD 等。由于监控点分布图主要是由基本线条和形状组成，画面比较简单，因此推荐使用 Visio 软件。Visio 是一个专业化办公绘图软件，它可以帮助用户创建系统的业务和技术图表、说明复杂的流程或设想、展示组织结构或空间布局，其最大特色是"拖曳式绘图"。Visio 提供了为各专门学科而设计的模具和模板，通过拖动模具中的图形组合图形，可以满足不同用户各种行业的需要。使用 Visio 创建的图表使用户能够将信息形象化，并能够以清楚简洁的方式有效地交流信息，这是文字和数字所无法实现的。Visio 还可通过与数据源直接同步自动图形化数据，以提供最新的图表。用户可以对 Visio 进行自定义，以满足各种特殊的需要。因此，利用 Visio 软件绘制监控点分布图简单易学，且分布图制作清晰明了。

七、视频数据调取方法

视频数据调取应遵循及时、全面、客观、规范、合法的原则，如果不遵循这些原则便可能导致调取方法的不当。

由于不同厂家生产的视频监控设备在输出接口和输出设备上存在一定的差异，调取、保存监控数据时应采取与之相适应的方法。目前，调取的具体方法有 6 种，分别是实物提取法、复制法、软件下载法、视频采集法、屏幕抓拍法、"一步式"提取分析法。

（一）实物提取法

实物提取法也称原件提取法，即直接调取存储视频数据的电子设备或介质。在侦查实践中，能提取原件的尽量提取原件，在无法提取原件的情况下才提取复制件。就视频数据而言，侦查实践中提取实物的机会并不多，多数情况下是提取复制件。

（二）复制法

复制法就是将视频数据不加任何修改地复制到另一个移动存储设备上，这是目前调取视频数据普遍采取的方法。这种方法由于最大限度地保留了视频数据的原始性，因而也是调取视频数据的较佳方法。复制法又分为直接复制和本机复制两种方式。对于软盘、磁带、闪存盘、移动硬盘等采用直接复制的方法。当视频存储设备比较复杂、不易拆卸时可以采用本机复制的方法。与直接复制不同的是，本机复制采用镜像工具进行镜像。在视频数据调取中，用得较多的还是直接复制法。采用复制法时，如果涉及大容量的视频数据调取，经视频监控管理人员许可，可以将硬盘卸载下来，利用硬盘复制机实现快速复制。由于不同监控设备生产商使用不同的视频压缩标准和封装方式，因此在调取时要同时复制系统自带的播放器软件。

（三）软件下载法

软件下载法是指将监控系统主机与计算机连接，并用专门软件将保存在监控系统中的录像数据下载到计算机中。目前，很多网络视频监控或 DVR 监控系统支持利用 Windows 浏览器直接访问数据，支持下载。这种方法获取视频数据较快。软件下载法原先用于输出方式为双绞线（即网线）的监控系统（常见于银行自动提款机），所需软件一般由监控设备制造厂商提供。目前，很多单位和部门，如公安、银行、大型国企都安装了平台网络监控系统。在调取这些单位的视频数据时，可以通过监控管理系统平台或者客户端直接下载相关时段的视频数据。

（四）视频采集法

实战中经常会遇到一些监控视频设备中的数据不支持复制，而且此类设备中视频数据的文件制式与 Windows 文件不同，无法直接识别。在此情形下可采用视频采集法。所谓视频采集法，是指将监控系统视频信号直接输出到具有刻录功能的摄像机中，利用摄像机的刻录功能将所需图像资料转录到录像带等介质上，再通过视频采集卡将数据采集到电脑硬盘上，或直接将视频信号接入视频采集卡导入电脑硬盘中。这种方法适用于监控系统输出接口为 VGA 口，显示设备为监视器（即电视机）的情况，早期的模拟和部分数字视频监控系统采用此种输出接口和显示设备。

（五）屏幕抓拍法

屏幕抓拍法就是将照相机或者摄像机利用三脚架固定好，并调整好焦距，直接对显示设备屏幕进行拍摄从而实现对所需视频数据的提取。由于显示设备刷新频率与摄录设备快门速度难以达到一致，这种方法所得到的图像质量不高，适用范围有限，只有在其他方法不奏效的情况下才用此法。采用此方法时应提高显示设备刷新频率，同时控制好摄录设备的快门速度以达到最佳效果。

（六）"一步式"提取分析法

即借助视频数据获取分析专用工具，实现视频数据的恢复、提取、转码、播放、分析、报告生成、磁盘镜像等。这是一种综合性的调取利用方法。

为了实现规范化操作，在选择合适的调取方法时，还要注意以下事项：

1. 校准时间差

视频监控图像上都有时间显示，这个时间与主机或者服务器上的时间一致。在调取视频数据时，要注意校正时间，以北京时间（可以使用手机网络时间）为标准，给出误差值。时间校正可以为视频数据分析提供精确时间参考。时间校正的方法为：视频监控时间比北京时间快 t（单位：秒/分），标记为 − t；视频监控时间比北京时间慢 t，标记为 + t。若调取临近的视频，可以根据已知的视频时间，推算出下一个视频犯罪嫌疑人出现的可能时间。若已知的视频出现目标的时间为 T1，比北京时间快 t1，下一个出现目标视频监控的时间比北京时间慢 t2，目标运动的时间为 t，那么应该调取下一个视频监控的时间为：T2 = T1 − t1 + t − t2。若案发后视频系统时间重新设置过，要注意时间重复或者缺失，再对视频监控时间进行校正。

2. 确定播放器

由于不同监控系统视频监控数据压缩和封装标准不一样，视频文件格式多样化，因此要选择相匹配的播放器才能播放。首先，使用监控系统自带播放器播放。许多监控系统都自带有针对其视频压缩格式的播放器，一般存放于监控软件的安装目录下，文件名如 player.exe，可将其复制到计算机中进行播放。需要注意的是复制播放器必须连同相关动态连接库文件（.dll）一同复制，否则无法播放。如果无法确定动态连接库文件，那就将整个安装目录都复制下来。所以调取人员要向视频监控主管单位了解视频监控格式，以获取监控自带播放器软件。其次，使用兼容性播放器播放。目前，一些较知名的大型监控设备生产商一般采用较成熟先进的压缩技术，一些小厂生产的监控设备也会采用这些名牌大厂的压缩卡，所以其提供的播放软件具有较强的兼容性。最后，使用通用播放器播放。要使监控数据能在 Windows Media Player 等通用播放器中播放，需要在电脑中安装相应视频解码器插件。

3. 实时调取和快速浏览

由于存储容量的限制，视频监控数据保存时间从几天到一两个月不等，然后就会被后来保存的资料覆盖，因此需要在案发第一时间内保证数据的提取。数据被覆盖后几乎不可能恢复。如果一段视频数据的部分被覆盖，可以视情况将没有覆盖的部分处理后播放。如果全部被覆盖，需要专业技术才能恢复。如果复制了某一视频监控资料，要快速浏览一遍，保证复制的监控点和范围准确，以避免遗漏或者调错。

此外，在调取时应当制作笔录。

八、视频数据调取流程

（一）查找发现目标监控点

如果前期已经制作视频监控点位分布图的，可以比较轻松地确定采集监控点的范围和点位。如果没有制作的则通常要与现场勘查工作结合起来查找。凡是能够进行摄影摄像的系统和设备，都可以成为视频数据的来源。如前文所述，现在视频数据的来源十分丰富，侦查人员要根据案件具体情况，深入分析，认真排查，充分考虑视频数据来源的多元化，细致查找与发现可资利用的监控点。

通常侦查人员可以采用从中心向外围扩散的方法查找。查找时还应与现场访问工作相结合。可在段警、物业、保安及其他知情人士的协助下查找与确定。一般情况下，如果犯罪分子步行作案，可以以距中心现场 500 米为半径的范围内查找；如果犯罪分子骑自行车作案，可以以距中心现场 2000 米为半径的范围内查找；如果犯罪分子驾驶机动车作案，就必须根据其活动轨迹在大范围内查找，有时甚至需要跨地区查找。当然，这只是一般情况。

对监控点的查找应细心。除了取得段警、物业、保安及其他知情人士的协助外，还应从监控系统安装管理部门获取监控分布图，然后结合实地调查获取现场及调取范围内的所有企事业等单位自行安装的监控点情况。侦查实践中，视频数据资源的查找有时并不是一次就能完成的。侦查人员应有动态化的查找观念，在侦查过程中随时发现确认新的目标监控点。

（二）确定视频数据资料持有者

"确定要采集的监控点后，下一步就要与视频图像资料持有者取得联系并提取视频图像资料。一般来说，出于不同目的用途建设的视频系统，其管理者与图像资料持有者不同。……侦查人员在推测图像资料持有者时，应观察分析该摄像机用途或在周边走访询问，同时注意发现与记录视频监控杆上设备箱体的编号等信息并进行查询，综合推定图像资料的持有者。"[1]

---

〔1〕 陈刚，续磊.视频侦查规范化指引.中国民主法制出版社，2017：95.

（三）调阅与观看视频图像资料

与视频图像资料持有者取得联系后，侦查人员依法调取视频数据。通常是侦查人员自行操作视频系统，调出视频资料进行观看，确定涉案视频片段并进行调取。调取时侦查人员对需调取什么时段、怎么样的视频应心中有数，同时还需注意调取的及时性和完整性。如前文所述，在调阅视频数据时，要对系统日期和时间进行校准。通常按发案时间或犯罪嫌疑人可能经过各监控点的相应时段查看。在查看时，侦查人员应把握与犯罪相关的人、车、物、事等要素，由近到远，从重点到一般，继而不断缩小观看范围，最后确定要提取的视频数据。

（四）调取图像数据与播放程序

确定要调取的视频数据后，采用适当的方法实施提取。视频数据导出后，一般由系统自动命名，因此侦查人员在提取时要留意记录，或对数据文件进行重命名，使文件与摄像机彼此对应。同时，在提取视频数据时务必将播放程序一同复制。

（五）图像处理研判

图像处理就是用图像处理技术对模糊图像或特定部位图像进行处理，包括：用相关的软件对视频格式进行转换；用相关设备对视频图像进行清晰化处理；根据视频情况结合案件侦查需要对疑难视频进行有针对性的处理。图像研判是指对视频数据蕴含的信息进行分析。图像中蕴含的信息可分为直观信息和间接信息。直观信息包括：人像的面貌、身高、体态、衣着、动作、人数、语音等；犯罪空间和时间；涉案物品。间接信息包括：人的居住、活动情况，机动车的移动方向、轨迹、停靠地域、活动规律和特点等。在研判时，应将信息结合起来进行综合分析，对重点图像经处理仍模糊的也不要轻易放弃。[1]

（六）记录调取工作和图像资料情况，履行相关手续

在完成调取工作后，"应详细记录采集地点、时间、方式、系统管理责

---

〔1〕　李双其．信息化侦查战法．中国人民公安大学出版社，2011：171.

任人身份信息及图像资料的内容、时长、画面质量、文件大小等情况。同时严格履行法律程序，由视频系统管理责任人填写调取证据法律文件，并向其了解视频图像保存周期等信息以备后用，此外还应向其进行保密提示，强调证据保全责任。采集全程侦查人员应规范言行，并使用执法记录仪进行摄像记录。"[1]

九、视频数据资料管理

《公安机关办理刑事案件程序规定》第二百一十八条规定："对于可以作为证据使用的录音、录像带、电子数据存储介质，应当记明案由、对象、内容、录取、复制的时间、规格、类别、应用长度、文件格式等，并妥为保管。"由于视频数据具有易篡改、删除等特性，使得视频数据资料管理非常重要。

视频数据资料的管理是视频数据调取工作的延续。尽管法律作了规定，但目前公安机关关于视频数据资料管理工作缺乏自上而下的具有可操作性的程序规范。视频数据资料管理保全的手段五花八门，没有统一的标准，现状不容乐观。

对侦查办案人员而言，其应立足于案件办理环节，建立完善的视频资料管理机制，对已收集并进入案件办理流程的视频数据资料要进行严格细致的管理，确保视频数据不丢失、不失真、不泄露。涉案视频数据资料应由专职管理人员统一管理；应明确涉案视频数据资料的入库、保存、调用的规定；应同步建立管理台账；对涉案视频数据资料的共享与删改进行规定。

值得一提的是，未破案件视频数据资料对以后案件串并、证据提取等工作有着十分重要的作用，因此要重视对未破案件视频数据资料的搜集、保存和管理，防止数据因各种客观原因而灭失。可以通过配置小型服务器或搭建视频网上业务平台与数据库实现对视频数据资料的专业化、标准化管理。

结合证据保全的一般规则，根据视频数据的特征，在保全过程中特别要注意的是，如果使用移动硬盘等保存视频数据资料，要注意存放的环境。如在强磁体环境下，会消去磁盘或者磁带上记录的磁信号，使得证据的原始性、完整性得不到保障。

---

[1] 陈刚，续磊.视频侦查规范化指引.中国民主法制出版社，2017：95.

十、视频图像处理

受视频系统自身原因及摄像机高度、角度、距离、光照等条件影响，视频图像往往会出现模糊、变化、变色等情况。在图像的生成、传输过程中，由于多种因素的影响，也会造成视频图像的降质。为了更好地从视频数据中获取有价值的信息，通常需要对质差视频进行处理。

视频图像处理有狭义和广义之分。狭义的视频处理"指的是通过数字信号处理，对视频图像进行增强、校正、去模糊等处理，突出、复原需要的画面，发音视觉效果"[1]。广义的图像处理除了狭义的处理外，还包括视频编辑、格式转换等。

（一）模糊图像处理

常见的图像处理方法有图像变换、图像增强、图像复原、图像编码、图像压缩、图像分割、图像识别等。最常用于模糊图像处理的方法有图像增强和图像复原。

图像增强主要是增强感兴趣区域的过程，它可以是一个失真的过程。图像增强可以对图像的整体或者局部进行操作，目的就是增强感兴趣特征，而非改善视感质量。在模糊图像成因不明确的情况下，使用图像增强技术可以主观地改善图像的效果。由于没有评价的标准，很难预测哪一种增强技术是最好的，因此通常只能通过试验和分析误差来选择一种合适的方法。图像增强有两类方法，即空间域法和频率域法，前者是在原图像上直接进行数据运算，后者是在图像的变换域上进行修改。图像增强的方法有灰度级修正、直方图均衡化、锐化、滤波等。

图像复原是试图利用退化过程的先验知识使已被退化的图像恢复本来面目。因此，对于模糊的图像，先需要了解模糊的原因，再构建模糊退化模型，从而恢复图像的本来面貌。与图像增强不同，图像复原是用某种试探的方式改善图像质量，以适应人眼的视觉和心理。这是图像复原与图像增强的根本区别所在。

---

[1]　陈刚，续磊．视频侦查规范化指引．中国民主法制出版社，2017：99.

在进行模糊视频图像处理时，要根据模糊的原因，建立不同的系统退化模型，将降质了的图像以最大的保真度恢复成真实的景物。模糊视频图像处理包括单帧模糊图像处理和模糊视频处理两部分内容。

单帧模糊图像处理主要包括去模糊、去噪声、图像增强等技术。去模糊是通过判断图像的模糊类型和模糊程度，确定模糊核心，建立系统退化模型，再应用维纳滤波去除高斯模糊、运动模糊、散焦模糊、衍射模糊等多种模糊图像。

由于单帧图像增强存在一定的局限性，如信息量有限，难以恢复出未知信息；噪声与信息并存，去噪的同时还要保持图像中的细节。而采用序列图像中的多帧图像可联合恢复单帧高质量图像，可以利用每帧中的互补信息，将更多的信息融合到单帧图像中，从而提高图像的质量；也可以利用噪声随机性的特性，采用多帧图像在时间轴中平均的方法来消除噪声。

模糊视频处理时，一般将视频转化为序列图像，再对这些序列图像进行去模糊图像。通常包括三个过程：预处理、图像配准、多帧重建。预处理一般包括图像放大、去模糊、亮度、对比度调整、合格帧的选取等。图像配准一般有三种方法：光流场、特征点匹配、块匹配。多帧重建的方法有多帧融合、多帧平均、超分辨率重建等。

模糊图像处理的实现工具可大致分为软件类和编程类两类。软件类主要包括通用的数字图像处理软件（如 Photoshop）和为公安图像处理而开发的专用模糊图像处理软件（如"警视通""识慧""名捕""恒锐"等）。

虽然图像处理软件较多，但图像清晰化处理目前仍是一个难题。如果原始图像数据不具有足够的可用信息，处理后的效果很难达到所需要的目标，这需要在前期设备投入上加以改善。

（二）视频编辑与格式转换

视频编辑是指对与案件有关联的视频进行加工的过程，主要包括分割、选择、合并、转换、标注说明等操作。这些视频可以作为案件汇报材料，也可用于排查访问、证据等。

为了将与案件有关的视频片断分离出来，有必要将视频进行剪辑；为了案件分析的需要，需要将与案件有关的视频片断合成；为了便于编辑和视频播放，需要对视频格式进行转换。

视频编辑方法分为两大类：一类是线性编辑，另一类是非线性编辑。现代编辑大都是非线性编辑。非线性编辑是在计算机技术的支持下，对视频素材在"时间线"上任意进行修改、拼接、渲染、特效等处理。所谓的"非线性"指的就是通过软件可以随机访问任意素材，不受素材存放时间的限制。

在实际工作过程中，经常会碰到调取的视频无法用播放器播放或者无法用编辑软件编辑，这时就需要对视频格式进行转换，以满足播放器或者编辑软件的格式需要。对视频文件的格式转换，需要具备支持相应压缩标准解码器的专门转换软件。

十一、视频图像鉴定

如果视频图像存在被人为篡改与剪辑的可能性，就需要依靠专业人员对视频进行鉴定。

视频图像鉴定属于声像资料鉴定工作。按照国家有关的司法鉴定技术规范，视频图像鉴定指的是运用现代科学技术手段结合专业经验知识，对录像带、磁盘、光盘、存储卡等载体上记录的声音、图像信息的真实性、所反映的情况过程、人体、物体的同一性等问题，进行科学判断的过程。随着视频图像在司法领域的地位越来越突出，许多司法鉴定机构均开辟了视频图像处理与鉴定业务。在制定标准方面，公安部于2013年制定发布了适用于法庭科学领域声像资料检验鉴定的相关技术标准，分别是《视频中物品图像检验技术规范》（GA/T 1018—2013）、《视频中车辆图像检验技术规范》（GA/T 1019—2013）、《视频中事件过程检验技术规范》（GA/T 1020—2013）、《视频图像原始性检验技术规范》（GA/T 1021—2013）、《视频图像真实性检验技术规范》（GA/T 1022—2013）、《视频中人像检验技术规范》（GA/T 1023—2013）、《视频画面中目标尺寸测量图像方法》（GA/T 1024—2013），供各地公安机关与鉴定机构参照执行。

根据国家发展改革委、司法部制定的《司法鉴定收费管理办法》的规定，声像资料鉴定的范围是：

（1）录音资料中话者同一认定；

（2）录音资料辨识；

（3）录音资料的真实性完整性鉴定；

（4）录音资料的降噪处理；

（5）语音分析检验；

（6）录音器材检验；

（7）录像资料同一性认定；

（8）录像资料辨识；

（9）录像资料的真实性完整性鉴定；

（10）录像资料的模糊图像处理；

（11）图片资料同一性认定；

（12）图片资料辨识；

（13）图片资料的真实性、完整性鉴定；

（14）图片资料的模糊图像处理；

（15）人像鉴定；

（16）特种光学技术检验；

（17）多（超）光谱检验；

（18）计算机人像组合；

（19）手工模拟画像；

（20）手工雕塑复原头像；

（21）计算机模拟复原头像；

（22）声像资料鉴定文证复审；

（23）话音鉴别；

（24）微弱语音增强；

（25）语音采集；

（26）录音内容转录盘。

侦查中，侦查人员提取涉案视频图像资料后，通过先行观看确定是否需要鉴定。需要鉴定的，侦查人员应进行鉴定委托。委托前，侦查人员应对视频图像资料进行备份，准备好所在单位出具的鉴定委托文书、介绍信和个人证件等手续材料。委托洽谈时，侦查人员应向受托方提出具体的鉴定要求、介绍案件的有关情况、说明视频图像资料的来源等，还要配合受托方做好样本的审核与初检。在确定可以委托鉴定后，侦查人员要与受托方签订委托协议。鉴定结束后，侦查人员应对鉴定效果进行验收。

十二、视频图像分析

视频图像分析"指的是侦查人员结合具体案情与证据线索，通过人工浏览或借助视频内容分析程序，观看和解读涉案视频图像内容，从中查找与发现涉案要素及其运动情况，并进行客观准确的描述记录，最终形成结论性报告的工作过程"[1]。毋庸置疑，视频图像里蕴含着十分丰富而复杂的信息。从侦查应用角度来分，视频图像里蕴含的信息包括人物信息、物品信息、交通工具信息、背景信息等。而人物信息又包括受害人信息、作案人信息、关系人信息等；物品信息包括携带物品信息、遗留物品信息、遗失物品信息、作案工具信息等；交通工具信息包含车型信息、车牌信息、车主信息、个体特征、轨迹信息等；背景信息包含时空信息、异常信息等。至于人物信息中的作案人又会涉及作案人行为、携带物品、作案人数、体貌特征、生理特征、职业特征等信息。单就作案人行为又会牵扯到通信、上网、资金流转、使用出租车、住宿、航班等信息。

视频图像分析除了对视频图像进行分析外，还要对视频图像之间的关联性、视频图像信息等进行分析。

视频图像中包含的信息有些可以直接获取，有些不易发现，获取信息的多少直接关系到视频图像的侦查效能。视频图像分析的过程就是获取侦查信息的过程。这些信息包含直观信息和潜在信息。当然，直观信息和潜在信息只是相对的：对一些侦查人员而言，该信息可能是潜在信息；而对另外一些侦查人员来说，该信息可能就成了直观信息。视频图像分析主体的水平决定了对信息认识的深度。

视频图像分析根据分析主体不同，可分为智能视频图像分析和人工视频图像分析。智能视频图像分析是指借助于高速处理的计算机，采用预先设计好的算法模型，对采集的视频图像进行自动分析和提取，得出结论的过程。智能视频图像分析具有分析数据量大、速度快的优势，同时还存在受外界环境影响大、分析能力有限的弱点。人工视频图像分析是指分析人员根据自身的知识、经验对视频图像画面进行分析，从而获取关键信息的过程。人工视频图像分析是智能视频图像分析的完善和补充，智能视频图像分析算法是人

---

〔1〕　陈刚，续磊. 视频侦查规范化指引. 中国民主法制出版社，2017：100.

为预先设计好的程序，不能保证捕捉到视频图像画面中所有的信息，只是进行粗略的筛选工作，分析的内容较单一，不够"聪明"和"灵活"，不能将一些重要的信息挖掘出来。人工视频图像分析虽然分析速度慢，但分析的内容比较全面、细致，且根据视频图像画面情景分析等能获得智能视频图像分析所分析不出来的信息。智能视频图像分析与人工视频图像分析的特点各不相同，但却在视频图像侦查中缺一不可。智能视频图像分析是视频图像侦查提高效率的推动力，而人工视频图像分析是保证视频图像侦查效果的必要手段。

无论是智能分析还是人工分析或是综合性分析，视频图像分析结束时都要制作工作报告。"工作报告应采用统一规范的格式与用语，翔实记录图像分析研判事项的来由、案情背景、分析过程、结论及依据、工作意见，以及视频图像的参数、质量、内容等方面内容。"[1]

十三、视频数据收集提取的规范化与科学化

目前，利用视频数据开展侦查成为了一种十分常见的侦查手段。但是，由于视频监控类别繁多，视频数据资源种类繁杂等客观原因，加上视频侦查缺乏权威的理论指导，各地在具体侦查活动中各自为政，因而导致了视频侦查工作极其不规范，其中就包括视频数据收集提取的不规范。视频数据该由谁收集提取？该如何收集提取视频数据？该如何分析视频图像？许多基础问题尚无明确的标准可依。视频数据收集提取是视频侦查的基础工作，基于规范化、科学化的收集提取，才能获得合法、可靠的视频数据，有了合法可靠的视频数据才能使视频侦查活动在正确的轨道上运行。因此，实现视频数据收集提取的规范化与科学化是当前视频侦查中极为重要的问题。

（一）视频数据收集提取的规范化

收集提取的规范化主要包含三层意思：一是把视频数据收集提取归入具体的取证措施；二是着眼于视频数据的证据能力与证明力实施收集提取活动；三是确保作为证据使用的视频数据展示的完整性。

---

[1] 陈刚，续磊. 视频侦查规范化指引. 中国民主法制出版社，2017：102.

视频数据的收集提取可以归入两种具体的取证措施：一是现场勘验检查；二是证据调取。在现场勘查阶段，勘查人员应根据作案人活动情况在现场及现场附近或作案人来去沿途收集提取视频数据。这个阶段对视频数据的收集提取成了现场勘查的一个组成部分，可把视频数据的勘查作为现场勘查的内容之一，依照现场勘查的程序、步骤、方法、规则对视频数据实施勘验检查即可。当然，由于视频数据自身的特点，在收集提取视频数据时还应采用特定的方法和技术。如果是其他阶段的收集提取，视频数据的收集提取则表现为一种调取。如果是调取，根据《公安机关办理刑事案件程序规定》的有关规定操作即可。

讲究规范化，一个很重要的目的是保证视频数据的证据能力和证明力。为了保证视频数据的证据能力和证明力，必须从对视频数据审查判断的视角来收集提取视频数据。

《刑事诉讼法解释》第九十二条规定："对视听资料应当着重审查以下内容：（一）是否附有提取过程的说明，来源是否合法；（二）是否为原件，有无复制及复制份数；是复制件的，是否附有无法调取原件的原因、复制件制作过程和原件存放地点的说明，制作人、原视听资料持有人是否签名或者盖章；（三）制作过程中是否存在威胁、引诱当事人等违反法律、有关规定的情形；（四）是否写明制作人、持有人的身份，制作的时间、地点、条件和方法；（五）内容和制作过程是否真实，有无剪辑、增加、删改等情形；（六）内容与案件事实有无关联。对视听资料有疑问的，应当进行鉴定。"

以上审查的内容也是收集提取视频数据特别要注意的问题。收集提取要体现合法性，要保证收集提取的视频数据的客观性，要确认所收集的视频数据与案件有关。

作为证据使用的视频数据展示的完整性，也是视频数据收集提取规范化的重要一环。如上所述，视频数据主要通过两种措施获取，通过两种措施获取的视频数据在展示上存在些许不同。不管是勘验收集还是调取获得，以下一些内容都须尽可能展示：

（1）调取证据通知书或刑事案件现场勘查证。

（2）标明与犯罪及取证有关的监控点的分布图。

（3）现场勘查笔录或调取笔录。

（4）收集点监控设备、存储介质照片及说明。

（5）视频监控系统管理人员陈述。陈述的内容包括资料的来源、型号、状态、时间、地点、方法、存储、提取、封存等。

（6）提取的视频图像资料清单及签名。

（7）提取的视频监控资料及说明。

（8）视频截图表及说明。

（9）已提取视频资料查看表。

（10）嫌疑人、车等出现时间表。

（11）视频图像分析报告。

（12）视频图像鉴定意见或检验报告。

（13）视频侦查报告书。主要包括：案情、收集提取经过、分析方法过程、侦查过程、视频截图辨认及笔录、视频侦查实验及笔录、法律手续、结论等。

为了保证视频数据可以作为证据使用，在视频侦查中以上内容应尽可能完整地展示。

（二）视频数据收集提取的科学化

当下，视频数据收集提取的非科学化表现比比皆是，主要体现为收集提取的盲目性和随意性、视频图像分析手段的落后性以及视频资源利用的分离性。视频数据收集提取的科学化主要通过三条路径加以保证：一是用先进合理的手段收集提取视频数据；二是依照技术规范实现对视频数据的收集提取和审查判断；三是在视频数据的收集提取与使用中引入效益理念，进行费效比考核。

1. 用先进合理的手段收集提取视频数据

视频监控类别繁多，视频数据资源种类多样，不同环境、状态下的视频数据收集手段应该是不一样的。有的可以实物提取，有的只能复制获取，有的可以通过软件下载，有的可以用视频采集卡采集，有的可以实施屏幕抓拍，有可以利用工具实现"一步式"收集分析。获取视频图像的方法多样，具体采用什么样的方法应根据客体物的具体情况加以确定。所谓的合理与否，主要看收集提取的视频数据是否合法、可靠，与犯罪是否有关联。如果获取过程中数据出错或程序不合法，或者获取了过多与犯罪无关甚至是与犯罪毫无关联的视频数据，那么这样的手段就是不合理的。所谓的先进也是相对的，先进只是针对当时、当地、当时的情境而言，针对某一情景，用到了当时、当地最先进的技术，那就是技术手段先进了。当然，要做到真正的先进，平时就必须进行基础建设。

2. 依照技术规范实现对视频数据的收集提取和审查判断

2006 年 12 月，公安部正式发布了国内第一个指导性国家行业标准——《城市监控报警联网系统通用技术要求》（GA/T 669—2006）。2008 年，GA/T 669 标准修订发布。随后，城市监控报警联网系统的其他技术标准、管理标准以及合格评定标准相继发布。2010 年 12 月，公安部正式发布国家标准《安全防范监控数字视音频编解码技术要求》（GA/T 25724—2010）。为了进一步规范系统联网的有效性，国家标准化委员会于 2011 年 12 月 30 日正式发布了由公安部一所等单位编制的国家标准《安全防范视频监控联网系统信息传输、交换、控制技术要求》（GA/T 28181—2011），于 2012 年 6 月 1 日起正式实施。此后，GA/T 669 系列标准、GA/T 25724 标准以及 GA/T 28181 标准成为"平安城市"建设的重要标准依据。为科学有序地开展视频图像信息融合与共享工作，2013 年 8 月，国家标准化委员会向公安部下达了"社会治安重要场所视频监控图像信息采集技术要求""安全防范视频监控联网信息安全技术要求"两项强制性国标制定要求，重点解决信息安全层面的视频信息安全措施及核心关键技术。这两项标准扩展了已发布的 GA/T 28181、GB/T 25724 两项国家标准的相关应用，共同构成国家视频安全标准体系。此外，为了视频联网深度应用，2012 年 10 月公安部科技信息化局批准成立了公安视频图像信息联网与应用标准体系编制组，编写完成了《公安视频图像信息联网与应用标准体系表》（GA/Z 1164—2014）。2014 年 10 月 15 日，该编制组在北京召开编制工作启动会。该标准体系的编制完成，为分析应用提供了重要依据，为今后视频信息的深度应用发挥了重要的推动作用。当然，这些技术规范也是视频数据收集提取和审查判断的重要依据。

3. 在视频数据的收集提取与使用中引入效益理念，进行费效比考核

引入效益理念，进行费效比考核就是在视频数据的收集提取和使用过程中要考虑投入与产出，要计算费用与成效比。在收集提取时不能盲目、无节制地收集提取。对侦查工作而言，并不是收集得越多越好。收集的数据有用与无用取决于数据能不能为侦查服务，能不能作为证据使用。收集提取的较佳理念应该是花较少的时间与精力却能获取可以服务侦查、可以作为证据使用、真实有价值的数据。盲目收集不仅会导致重点不突出，还会浪费时间和精力，导致费效比高。不考虑收入与产出的做法是不科学的一种具体表现。

    视频监控技术正朝着高清化、自动化、集成化方向发展，图像数据结构化问题正得以解决，视频监控系统自动预警、快速检索、人脸识别、基于人体的检索应用、步态识别技术正得以攻克。视频技术正逐步与大数据、云计算、物联网结合，在不久的将来会迎来真正的智能化时代，那时视频监控也将在侦查中发挥更大的作用。但无论在任何情况下，视频数据的收集提取都是利用视频数据开展侦查的基础工作。

第八章　侦查中其他常见电子数据的收集提取

根据本书第一章的介绍我们知道，侦查中所要面对的电子数据庞杂多样。通常而言，只要是与犯罪有关的电子数据，在侦查中都要设法获取。但是，实际情况并非如此。

侦查实践中，由于能力、技术、工具等条件的局限，往往收集提取的电子数据是有限的，通常只获取一些常见的电子数据。所谓常见的电子数据通常是指计算机数据、网络数据、通信数据、视频数据及其他常见数据。所谓的常见是相对的，一些以前常见的电子数据现在变得不再常见，一些以前不常见的电子数据现在变得十分常见。

关于计算机数据、网络数据、通信数据、视频数据在本书的其他章节作了专门论述，本章将论述一些目前常见及不久的将来将变得常见的其他类电子数据的收集收取。

一、Office 文件的收集提取

Microsoft 公司开发的 Office 系列软件是目前最流行的办公软件。Office 文件涉及 Word、Excel、Powerpoint 等系列，它们的后缀名分别是 doc、xls、ppt。2007—2010 年系列又增加使用 XML 技术的 docx、xlsx、pptx 格式。

Office 的文档信息记录了文档编辑作者、创建时间、修改时间、编辑时长、打印时间等重要信息，即使文档被加密，文档信息也会以明文的方式保存。作者是文档创建者，上次保存者指的是最后一次修改者的作者名。修订次数是调用文档保存命令的次数。文档保存时间在创建时建立，随后将不会被更改。创建时间和修改时间为内嵌时间，而存取时间与访问时间一致，是从硬盘分区表中获取的。同时每次在 Office 中打开属性，查看统计，都会对当前的字数进行重新统计，字数和字符数的数值都会相应调整。

Office 在编辑时会在后台产生若干临时文件。文件名的命名方式是 WLK ####. doc，如果文件正常关闭，这个临时文件将会被删除。如果文件被非正常关闭，这个临时文件将会被保留在硬盘中。因此，当源文件被删除或移除后，可以搜索相应的临时文件。临时文件的格式与源文件一致，可以通过 Unicode 编码查看。

Word 目录中存放的是文档正文，使用 Unicode 编码，Word 中插入的图片放置在 Word\\media 目录中。Docprops 目录的 core. xml 和 app. xml 中存放的是文档属性。[1]

二、恶意代码的收集提取

恶意代码也称 Malware，由于人们可以直接从网站获取恶意代码或通过网络交流代码，使得恶意代码的传播十分普遍。恶意代码是电子数据取证最常遇到的文件之一，其内嵌的丰富信息由于不可篡改，具有很强的证明力。

目前网络上流行的恶意代码及其变种主要有以下几类：一是计算机病毒；二是蠕虫；三是恶意移动代码；四是后门；五是特洛伊木马；六是 Rootkit；七是组合恶意代码。

恶意代码收集提取具有高度的加密性、隐蔽性、证据可靠性及取证效率高等特点。

要获取恶意代码必须对恶意代码进行分析。通过分析了解代码的行为意图，掌握其特征，这样才能为下一步的代码检测、预防和清除提供依据。分析恶意代码分为静态分析和动态分析。静态分析技术是指在不执行二进制程序的条件上进行的分析，属于逆向工程分析方法。静态分析技术主要有静态反汇编分析、静态源代码分析、反编译分析等。动态分析是指在恶意代码执行的情况下利用程序调试工具对恶意代码实施跟踪和观察，确定恶意代码的工作过程对静态分析结果进行验证。动态分析技术主要有系统调用行为分析和启发式扫描。[2]

---

〔1〕　刘浩阳，李锦，刘晓宇主编. 电子数据取证. 清华大学出版社，2015：240.
〔2〕　刘浩阳，李锦，刘晓宇主编. 电子数据取证. 清华大学出版社，2015：247.

三、网络平台发布信息的收集提取[1]

网络平台发布信息的收集提取表现为远程勘验。远程勘验是指通过网络对远程目标系统实施勘验，以提取、固定远程目标系统的状态和存留的电子数据，如网页、博客、微博客、朋友圈、贴吧、网盘等，并将生成的截图、视频或涉案文件进行固定，生成检查报告。

远程勘验对象主要有下列几种：一是远程服务器。前提是已经登录上远程终端，并且已知远程服务器的登录账号和密码。二是网站内容。包括论坛发帖页面、境外涉案网站、电子商务网站。三是邮箱内容。前提是已知犯罪嫌疑人邮箱的账号和密码。

远程勘验有四个特性：一是及时性。由于网络的开放性和电子数据的易失性，远程勘验能够及时对在线数据进行取证，避免证据丢失。二是全面性。勘验对象的计算机可能在境外或异地，不具备现场检查和扣押的条件，因此远程勘验可以全面查看计算机的状况，全面提取相关证据。三是完整性。远程勘验工作从前期准备、勘验过程、报告编写都要遵循相关操作规范，以确保证据的合法性。四是隐蔽性。远程勘验可能是在案件调查过程中开展的，远程取证时在系统日志或应用程序日志中会留下一些痕迹，以防被对象发现，勘查人员需要采取相应的去痕措施。

（一）对网络平台发布的信息收集提取的准备

对网络平台发布的信息收集提取之前需要做好相关准备：一是选择合适人员。对网络平台发布信息的收集提取应当由具备专业知识的人员实施。二是熟悉相关环境。对网络平台发布信息的收集提取应选择合适的网络接入环境和工作环境，实施远程勘验。根据远程勘验的网络环境和接入方式，远程勘验地点要能够连接勘验对象网络，能够远程访问或登录目标计算机。三是备好取证工具。为了顺利对网络平台发布的信息进行收集提取，需要准备可能用到的各种工具，对网络平台发布的信息进行收集提取的过程中需要记录具体的获取过程及关键页面等，因此收集提取前需要准备相关的录屏工具，如Camtasia、Snagit、屏幕录像专家、Screen2EXE；截图工具，如PicPick、Hy-

---

[1] 在撰写本题过程中，参阅了美亚柏科的培训课程"美课"。

perSnap、键盘 PtrSc 键；其他工具，如远程登录工具、FTP 工具、哈希校验工具、文档编辑工作等。

（二）对网络平台发布信息收集提取的步骤

1. 记录时间

如上所述，对网络平台发布信息的收集提取表现为远程勘验，在远程勘验过程中，记录勘验时间尤为重要。远程勘验是通过网络进行的，需要进行时间核对，在远程勘验开始和结束时都需要核对时间信息。通过时间信息的核对以确保远程勘验时间信息的真实性。通常做法是，侦查人员在远程勘验开始和结束时候，访问国家授时中站点（http://www.ntsc.ac.cn/），或者是在百度搜索引擎输入"北京时间"，获取当前网络服务器时间，如图 8-1 所示。

图 8-1　百度查询"北京时间"

2. 清除本机 Internet 缓存信息

由于计算机中的网页浏览器具备一定的历史记录和缓存机制，为了更加客观地说明远程勘验的页面并非本地缓存信息，需要清除浏览器的历史记录操作，如图 8-2、图 8-3 所示。

图 8-2　Internet 选项　　　　　图 8-3　删除浏览历史记录

3. 跟踪站点路由信息

为了进一步确认当前访问的网站是互联网上实时存在的站点，侦查人员需要通过跟踪路由信息的方式进行核实，该操作可以通过 Tracert（跟踪路由）命令实现。Tracert 是路由跟踪实用程序，用于确定 IP 数据包访问目标所采取的路径。Tracert 命令用 IP 生存时间（TTL）字段和 ICMP 错误消息来确定从一个主机到网络上其他主机的路由。例如，用 Tracert 命令来检测本地主机与目标主机（www. baidu. com）之间的传输路径信息，具体过程如下：

（1）单击"开始"→"运行"，如图 8-4 所示。

图 8-4　打开"运行"窗口

（2）在弹出的对话框中输入"cmd"→再单击"确定"按钮，如图 8-5 所示。

图 8-5　输入"cmd"命令

（3）在弹出来的 DOS 命令窗口输入 Tracert "ip" 或者 "域名"，如图 8-6 所示，检查本地网络到百度的联通性，其中 163. 177. 151. 109 为百度的官方网站的真实 IP。

图 8-6　使用 "tracert" 命令

4. 页面固定

在远程勘验过程中，需要固定相关必要的电子数据，如对重要页面进行截图、交易清单列表、系统运行进程信息、数据库或表等，如图 8-7 所示。

图 8-7　页面固定

5. 计算出电子数据的哈希值（md5、SHA-1 等）

保存完毕后要对数据进行 md5 计算，确定其唯一性，记录在电子数据证据清单中，如图 8-8 所示。

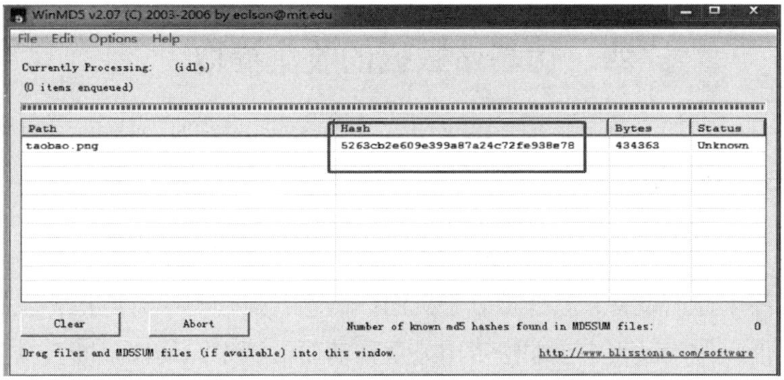

图 8-8　计算 md5 值

（三）制作对网络平台发布信息收集提取的报告

对网络平台发布信息的收集提取结束后应当及时制作勘验工作记录。此记录属于远程勘验报告。所作的报告包括《远程勘验笔录》《固定电子证据清单》《勘验检查照片记录表》《远程勘验记录签名》等。

《远程勘验笔录》一般包括三个方面内容：一是基本情况。包括记录编号、远程勘验起始时间、勘验人员的姓名职务、勘验的对象等。二是勘验过程。包括勘验使用的工具、勘验的方法与步骤、收集提取数据的方法。三是勘验结果。包括通过勘验发现的案件线索、目标系统的状况、目标网站的内容等。

远程勘验过程中收集提取的目标网站状态信息、目标网站内容及其他电子数据应计算其完整性效验值并制作《固定电子证据清单》。通过远程勘验提取的电子数据一般情况下应单独刻录成光盘，作为检查笔录的附件。《固定电子证据清单》中应填写数据、数据来源、完整性校验值三个项目的内容，其中数据项主要是记录数据提取后在光盘中的存储位置。如果将数据转换成书证而不作为电子数据提供，那么可以将其打印出来的附件名字填入。来源项主要填写来源的数据在网络中的网址或生成该数据的方法。完整性校验值项填写提取出来的证据文件的哈希值，确保后期分析的数据就是当时勘验的原始数据。

远程勘验中应采用录像、照相截获计算机屏幕内容等方式记录远程勘验过程中提取生成的电子数据等关键步骤，并制作《勘验检查照片记录表》，备注照片内容，并编号入卷。

四、伪基站数据的收集提取[1]

（一）伪基站基础

伪基站设备是指未取得电信设备进网许可和无线电发射设备型号核准的非法无线电通信设备，具有搜索手机用户信息、强行向不特定用户发送短信息等功能，使用过程中会非法占用公众移动通信频率，局部阻断公众移动通信网络信号。设备一般由笔记本电脑和无线发送设备组成。

1. 伪基站软件结构分析

伪基站以 PHP + MySQL 实现与用户的交互，底层采用 OpenBTS 软件实现对数据的处理。其中，OpenBTS 是 Github 上的一个开源软件项目，由 C + + 编写，主要负责通信协议以及数据包的处理。

OpenBTS 框架简述：伪基站以 PHP + MySQL 实现与用户的交互，底层采用 OpenBTS 软件实现对数据的处理。

当 OpenBTS 通过 PBX 收到手机发送的数据包，会到用户注册服务器请求更新手机位置信息，注册服务器处理完之后，OpenBTS 发送命令与手机通信，并将发送短信的相关信息暂时保存在短信队列中。

图 8-9　OpenBTS 框架

2. 伪基站工作原理分析

伪基站操作界面如图 8-10 所示，其中包含了开启设备、还原设备、添

---

[1]　在撰写本题过程中参阅了来自"美亚柏科"微信公众号之《伪基站取证分析》一文。

加删除暂停发送等操作，同时也会将数据库中的任务记录展示在界面上。

（1）打开桌面上的 gsms 图标之后进入主界面，此时程序会查询 gsms 数据库中的短信发送任务并将查询到的结果显示在界面上，之后就可以进行勾选操作了。

（2）设置各参数，然后单击"开启"按钮，程序会调用底层 OpenBTS 软件完成一系列初始化工作，之后伪基站进入待机状态。

图 8-10　伪基站操作页面

图 8-11　设置参数

（3）编辑"显示号码""业务名称"和短信内容，然后单击"添加"按钮，可以添加一条短信息发送任务以供后续发送短信选择。此时，程序会向 gsms 数据库写入该条任务。

图 8-12　编辑内容

（4）勾选列表中的短信发送任务可以进行"删除"、"暂停"和"发送"操作。同样的，删除时会清除界面和数据库中相对应的短信发送任务同时删除 OpenBTS 内部短信队列中的对应短信；暂停时会通知 OpenBTS 来暂停发送任务同时更新界面中发送任务的任务状态；发送时程序会将任务 ID、发送号码、短信内容交给 OpenBTS 进行发送操作。

	添加		删除		暂停		开始发送		刷新
	业务名称		显示号码	计数		短信内容		任务状态	
	204		10091	0		mytest5		暂停	
	203		10090	0		mytest4		暂停	
	202		10089	0		mytest3		暂停	
	201		10088	0		mytest2		暂停	
	200		10087	0		mytest1		暂停	

图 8-13　发送内容

（5）还原操作会删除 send. data、gsms 数据库记录以及 TMSI. db 数据库，使伪基站系统恢复到初始状态。

图 8-14　还原操作

（二）伪基站涉案数据收集提取

1. 取证目的

目前，不法分子非法使用伪基站发送诈骗、骚扰、广告等信息让大规模的移动用户受到干扰。根据《最高人民法院关于审理破坏公用电信设施刑事案件具体应用法律若干问题的解释》的相关规定，"造成二千以上不满一万用户通信中断一小时以上，或者一万以上用户通信中断不满一小时的"，以破坏公用电信设施罪处三年以上七年以下有期徒刑。

显然，导致用户中断有两种情况：一是用户收到伪基站发送的短信；二是用户接入伪基站。因此，伪基站取证的目的在于获取该伪基站影响的用户数、短信内容等信息。

2. 关联文件

伪基站一般使用 ubuntu 操作系统，文件系统使用 EXT4 可读写文件系统，或者 squashfs 只读文件系统。如果使用只读文件系统，掉电后数据丢失，需要在开机状态下进行取证。伪基站在运行的时候会产生一些数据库文件和日志文件。表 2-1 列出了伪基站运行时产生的一些文件和作用，通过这些文件的解析，获取关键证据信息。

表 8-1　伪基站数据保存信息

文件名称	文件描述	文件存储位置
ibdata1	用于记录伪基站发送的短信	\\var\\lib\\mysql\\
OpenBTS. log	伪基站软件运行日志,用于记录伪基站发送的短信	\\var\\log
send. data	用于记录 IMSI 与相对应的时间戳	\\var\\usr\\OpenBTS
TMSI. db	用于记录任务 ID 和接受短信手机的 IMSI	\\etc\\OpenBTS\\TMSI. db
rcS	记录系统时区信息	\\etc\\default

3. 伪基站数据收集提取流程

（1）现场伪基站设备的拍照固定。到达现场后，需对现场伪基站的电脑及其硬盘等设备情况进行拍照固定，并进行唯一性编号登记，而后再进行数据的采集和提取。

（2）检材硬盘克隆或镜像。一般有两种方法，即盘对盘的方式和盘到镜像的方式。在对检材硬盘进行克隆或者镜像时采用 GA/T 756—2008《数字化设备证据数据发现提取固定方法》，通常使用的工具有硬盘复制机、只读接口 + 镜像软件。

校验码的计算方法是：通常硬盘复制机支持 MD5、SHA1 和 SHA256 三种校验方式计算原盘和复制件的校验码。但是，如果采取的是盘对盘的克隆方式，需要在检验报告和检验过程记录中注明，复制盘是偏移地址"0000000000"至"××××××××××"位的校验值，与原盘校验值相同。

（3）仿真和数据检验。对检材硬盘进行克隆或镜像后，也需对系统时间、控制软件、MySQL 数据库、MISI 记录、发送短信内容及硬盘、计算所有导出文件的校验码进行检验。

伪基站的数据检验可分为开机检验和关机检验，即检验是否需要启动检材，如系统时间和控制软件的检验均需启动检材才能进行。开机检验的方式也有两种：一种是将复制盘替换原盘后启动检材进行检验；另一种是使用虚拟仿真软件（如 VFC）对镜像文件或复制盘进行系统仿真后进行检验。

在检验过程中，搜索采用的标准为 GB/T 29362—2012《电子物证数据搜索检验规程》，数据恢复采用的标准为 GB/T 29360—2012《电子物证数据回复检验规程》，数据提取采用的标准为 GA/T 756—2008《数字化设备证据数据发现提取固定方法》。

（4）完成报告。在获取导出文件和检验时的截图文件后，计算它们的校验码进行固定，并用不可擦写的空白光盘刻录所有涉案数据而后封盘，最终完成报告。

4. 伪基站数据收集提取

（1）伪基站设备的检验工具。按照伪基站设备数据收集提取的步骤，可将检验工具分为校验码计算工具、搜索工具、系统仿真工具、图像制作工具和数据库工具。其中，校验码计算工具有 HashCalc、Karen's Hasher 和 md5summer；搜索工具有 UltraEdit、WinHex/Xways Forensics 和 Encase；镜像制作工具有 FTK Imager、WinHex/Xways Forensics、硬盘复制机和只读接口；数据库工具有 MySQL、Navicat、sqlite 数据库浏览工具。

（2）伪基站设备系统时间的校准。有时候犯罪嫌疑人只是租用伪基站设备，或者存在多人团伙作案的情况，使得伪基站设备有多个使用者，这时候就需要区分是否由不同犯罪嫌疑人造成的手机用户通信中断，因此有对伪基站设备系统时间进行校准的必要。

为避免破坏电子数据证据的原始性和完整性，一般不能直接开机查看设备操作系统的时间，而需要拔出伪基站设备电脑的硬盘，进入 BOIS 系统，查看 BIOS 时间，或者通过只读接口连接伪基站设备电脑硬盘，查看操作系统时间配置文件（/etc/default/rcS）来获取设备的操作系统时间。

（3）相关文件的检验鉴定。伪基站设备需要模拟基站的运行环境，主要采用 OpenBTS、GNU Radio 等技术。其中与检验鉴定相关的文件有：OpenBTS. log、syslog（包含：syslog、syslog. 1、syslog. 2. gz、syslog. 3. gz、syslog. 4. gz、syslog. 5. gz、syslog. 6. gz、syslog. 7. gz）、send. data、TMSI. db，以及伪基站设备控制软件后台数据库。

OpenBTS. log 文件内容记录了时间和对应 OpenBTS 的运行记录，syslog 文件内容记录了时间和对应的系统运行记录，send. data 文件内容记录了伪基站设备发送的短信任务号以及接收短信手机的 IMSI 号，TMSI. db 数据库文件包括 IMSI_ TABLE、sms_ sent 等数据库表。

仿真启用复制盘对控制软件进行检验鉴定时，开机进入名为 GSMS 的用户系统，通常只需要在桌面上点开涉案程序快捷方式即可，此时要特别关注"计数"项是否可以进行修改。但值得注意的是，无论是否能够对"计数"项进行修改，都无法将其作为认定标准。

（4）发送短信内容的获取。伪基站设备中的短信可能存放在运行软件的解码、gsm_ business 数据表、OpenBTS. log 和 syslog 系列文件中。如若存在于 OpenBTS. log 和 syslog 系列文件中，则用 addsms 作为关键字进行搜索，即可获取其后的一串二进制代码，这时候需要通过 python 语言编制的脚本代码将这串二进制代码先转换成十六进制，再转换成 Unicode，最后解析出发送的短信内容。

（5）已发送的 IMSI 的获取。通常 IMSI 由 15 位数字组成，存储在 SIM 卡中，包括 MCC、MNC 和 MSIN（移动用户识别码）三个部分，而在涉案伪基站设备存储的位置可能在 OpenBTS. log、syslog 系列文件、桌面 TXT 文件、send. data 和 TMSI. db 数据库中。对于伪基站设备文件的前期固定比较简单，但是存储 IMSI 的文件常常包含几十万条甚至上百万条的记录，如果进行手工分割再提取可能比较困难。所以，一般采用相应程序按时间来进行 IMSI 的自动提取和统计，并记录对应时间，这里 OpenBTS. log、syslog 系列文件记录的是短信发送的时间，而 send. data 记录的是短信任务创建的时间。同时标明不同 IMSI 的原文件位置，这样可以保证鉴定的准确性和证明力。

（6）被干扰手机数量的确定。伪基站设备阻塞用户手机通信信道，中断用户通信并借此接入用户手机，基本上都是采用 OpenBTS 软件完成的，在上面相关文件鉴定中，我们已经提取了记录 OpenBTS 运行情况的文件，它记录了包含由交互的手机设备 IMSI，通常一个 IMSI 对应一个手机设备，即可通过对该类型日志文件的查看对 IMSI 数据进行统计，最后确定被干扰手机数量。

（三）伪基站数据分析

通过上文的分析，可以知道伪基站一些关键数据均存在于表 8-1 所示的文件中，通过解析这些文件，可以获取到一些证据信息。接下来就对每个文件的作用及包含的信息进行分析。

1. ibdata1

ibdata1 用于记录伪基站发送的短信。ibdata1 是 mysql 数据库文件，可以使用"伪基站数据恢复工具"，如使用美亚柏科自主研发的伪基站恢复工具进行解析。在"数据库短信"恢复选项卡里，添加 ibdata1 进行恢复，即可恢复出正常的短信数据和被删除的短信数据。显示内容包括序号、任务 ID、显示号码、业务名称、发送时间、计数、短信内容、状态、是否删除等，如图 8-15 所示。

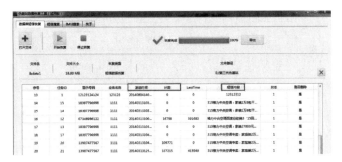

图 8-15　ibdata1 记录

2. OpenBTS. log

该文件为伪基站运行日志文件，用于记录伪基站发送短信的相关信息，从中可以获取到发送号码、发送时间、短信内容等信息。相关数据结构如图 8-16 所示。

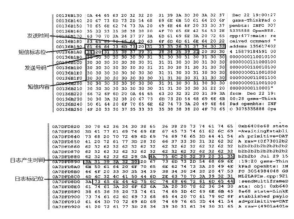

图 8-16　OpenBTS. log

3. send. data

send. data 用于记录 IMSI 与相对应的时间戳。第一列为任务 ID，是创建任务时的时间戳（跟随系统时区）；第二列为手机 IM-SI。如图 8-17 所示。

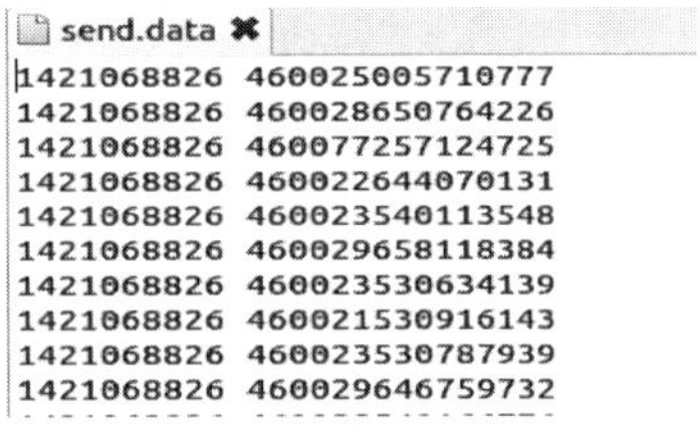

```
send.data ✖
1421068826  4600025005710777
1421068826  4600028650764226
1421068826  4600077257124725
1421068826  4600022644070131
1421068826  4600023540113548
1421068826  4600029658118384
1421068826  4600023530634139
1421068826  4600021530916143
1421068826  4600023530787939
1421068826  4600029646759732
```

图 8-17　send. data

4. TMSI. db

TMSI. db 用于记录任务 ID 和接收短信手机的 IMSI，IMSI 即国际移动用户识别码，TMSI 即临时移动用户识别码。TMSI. db 为 sqlite 数据库文件，其中包含 TMSI_ TABLE（当前 TMSI 与 IMSI 的对应关系）、sms（数据为空）、

sms_ sent（发送短信的相关信息，该表可能为空）三张表。TMSI_ TABLE 表的主要作用为鉴权使用，如图 8-18 所示。

RecNo	TMSI	CREATED	ACCESSED	APP_FLAGS	IMSI	IMEI	L3TI	A5_SUPPORT	POWER_CLASS	OLD_TMSI	PREV_MCC	PREV_MNC	PREV_LAC	DE
						Click here to define a filter								
1	1	1356158985	1356158985	0	460020070812054	<null>	0	<null>	<null>	3192105388	460	0	26909	
2	2	1356158986	1356158986	0	460023708229946	<null>	0	<null>	<null>	3192088916	460	0	26908	
3	3	1356158986	1356158986	0	460024881975444	<null>	0	<null>	<null>	2303005713	460	0	26909	
4	4	1356158986	1356158986	0	460029070869001	<null>	0	<null>	<null>	675702222	460	0	26909	
5	5	1356158986	1356158986	0	460021801255697	<null>	0	<null>	<null>	608607494	460	0	26909	
6	6	1356158986	1356158986	0	460007081954676	<null>	0	<null>	<null>	3124908276	460	0	26909	
7	7	1356158986	1356158986	0	460007959201812	<null>	0	<null>	<null>	709278854	460	0	26909	
8	8	1356158987	1356158987	0	460021801371917	<null>	0	<null>	<null>	3192102020	460	0	26909	
9	9	1356158988	1356158988	0	460006010748251	<null>	0	<null>	<null>	662567318	460	0	26909	
10	10	1356158989	1356158989	0	460028706165807	<null>	0	<null>	<null>	709260534	460	0	26909	
11	11	1356158990	1356158990	0	460028706078086	<null>	0	<null>	<null>	3192102452	460	0	26909	
12	12	1356158990	1356158990	0	460007959201838	<null>	0	<null>	<null>	709269998	460	0	26909	
13	13	1356158990	1356158990	0	460007959981782	<null>	0	<null>	<null>	709285966	460	0	26909	

图 8-18　TMSI. db

5. rcS

rcS 记录系统时区信息，在取证中如果需要对犯罪时间进行判别，那么就需要判断该系统的时区，以获取正确的时间信息。若该文件中有标志位"UTC = no"，说明系统时间即为本地时间。若为 yes，则需要获取\\etc\\lo- caltime 文件中的内容，结合\\usr\\share\\zoneinfo 文件夹下的时区文件信息判断具体为哪个时区，如图 8-19 所示。

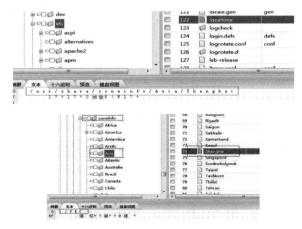

图 8-19　rcS

五、谷歌眼镜数据的收集提取[1]

谷歌眼镜（Google Project Glass）是由谷歌公司于 2012 年 4 月发布的一

---

[1]　在撰写本题过程中参阅了"美亚柏科"微信公众号之《谷歌眼镜取证技术研究》一文。

款"拓展现实"眼镜，它具有和智能手机一样的功能，可以通过声音控制拍照、视频通话和辨明方向，以及上网、处理文字信息和电子邮件等。

Google Project Glass 的重量只有几十克，内存为 682MB，使用的操作系统是 Android 4.0.4，版本号为 Ice Cream Sandwich。该平台下最常使用的文件系统为 EXT3/4 和 YAFFS2，所使用的 CPU 为得克萨斯州生产的 OMAP 4430 处理器，这块晶片 2011 年曾被用在摩托罗拉生产的两款手机 Droid Bionic 和 Atrix 2 上。音响系统采用骨导传感器，网络连接支持蓝牙和 Wifi-802.11b/g，总存储容量为 16GB，与 Google Cloud 同步。配套的 My Glass 应用需要 Android 4.0.3 或者更高的系统版本，My Glass 应用需要打开 GPS 和短信发送功能。

谷歌眼镜最新的软件版本为 XE12，该版本在没有 ROOT 权限的情况下禁止用户获取所有的目录数据。因此，谷歌眼镜的取证流程一般是：获取 ROOT 权限→获取文件数据→文件数据分析。

谷歌眼镜 ROOT 权限的获取可使用 Android 开发工具或者 ADT 工具，通过向系统中刷入镜像的方式获取 ROOT 权限后使用 Shattered script（V1.3）工具从谷歌眼镜中获取文件数据或者驱动信息。下面就来分析一下谷歌眼镜的文件系统以及对应信息存储的位置。

1. 文件系统结构

图 8-20 文件系统结构

2. 电量信息

信息所在目录：image/fs/system/dropbox。

可获取的信息：不同时间段的电量信息、设备开机时间。

3. 执行的声音命令

信息所在目录：Image/fs/data/com. google. glass. voice。

可获取的信息：执行的命令内容和执行时间。

4. Timeline 信息

谷歌眼镜中有时间线的显示功能，用于展示最近的一些存储，如网站结果、谷歌搜索、最近拍摄的图片和其他用户的活动数据。这些信息存储在一个数据库中，数据库路径为：image/fs/data/com. google. glass. home/databases/timeline. db。该数据库可获取如下内容：

可获取导航信息：导航的地址、坐标、时间等信息，可区分成功达到、被停止、被删除等信息类型。

可获取照片和视频信息：拍摄时间、保存的文件名称、缩略图等。

Timeline 信息还可以和 Image/fs/private-cache 缓存信息进行关联分析获取浏览过的网站数据、上网记录等信息。

5. 媒体数据库分析

媒体数据库用于管理和组织设备上的媒体数据，存储了图片、声音导航、录制视频、图片等的路径信息、创建时间等信息，路径为：Image/fs/data/com. android. providers. media/databases/external. db。

6. 蓝牙的配对信息

Image/fs/misc 目录中的文件记录谷歌眼镜配对的蓝牙信息以及连接的Wi-Fi 信息。Image/fs/misc/bluetooth/bluetoothd 记录的信息有：配对设备的MAC 地址、设备名称、最后一次使用时间等信息。

7. 最后一次使用时间分析

与最近活动记录一样，谷歌眼镜对用户的一些行为进行了最后一次触发时间的记录，包括：最后一次连接 Wi-Fi 的时间、最后一次使用 GPS 导航的时间、最后一次成功通过 GPS 导航到达目的地的时间、最后一次 Web 访问时间、最后一次蓝牙配对时间、最后一次语音检索的时间、最后一次录制视频和拍摄图片的时间等。路径为：Image/fs/system/usagestats/usage-history. xml。

六、Apple Watch 数据的收集提取[1]

（一）Apple Watch 简介

苹果公司在 2015 年 3 月正式发布了智能手表 Apple Watch，包括 Apple Watch、Apple Watch Sport 以及 Apple Watch Edition 三种版本。

图 8-21　Apple Watch 的三个版本

Apple Watch 采用 Apple S1 处理器，内置 512MB RAM 和 8GB Flash 存储，通过 Wi-Fi 和蓝牙与 iPhone 进行同步，与其同步的 iPhone 必须使用 iOS 8.2 及以上版本。

目前，Apple Watch 使用 Watch OS 1.0 系统，手表中所有 App 均来源于与之配对的 iPhone 手机，开发者可将自己的 App 进行 Apple Watch 适配并发布在 App Store，在 iOS 安装后，可在 iPhone 手机上的 Apple Watch 应用中选择推送安装至 Apple Watch，这是目前 Apple Watch 唯一的应用安装方式；Apple Watch 系统的升级和还原也仅能通过配对的 iPhone 手机进行，现在市面发售的 Apple Watch 仅有的一个物理接口是未公开的调试接口，无法进行利用。此外，Apple Watch 应用程序的数据多数来源于 iPhone 手机上对应的程序，且这些程序的通信和数据存储都依赖于配对的 iPhone 手机（iMessage 例外，Apple Watch 上的 iMessage 服务可脱离 iPhone 独立连接 Wi-Fi 进行通信），Apple Watch 内部存储主要用于保存手机同步的数据。

---

[1]　在撰写本问题过程中参阅了微信公众号"美亚柏科"之《Apple Watch 取证浅析》。

（二）Apple Watch 的取证思路

结合上述特点，可以初步确定对 Apple Watch 的取证思路：与多数智能可穿戴设备取证类似，对 Apple Watch 的取证工作实际上还是要基于对应的 iPhone 手机，而目前 iPhone 手机的取证依赖于 iTunes 备份进行，故此对 Apple Watch 的取证将主要利用 iPhone 的备份进行分析。

首先，将 Apple Watch 与 iPhone 手机进行配对，并安装支持的应用程序，这里测试选取的是 Apple Watch 标准版 42mm，使用运行 iOS 8.3 的 iPhone 6 进行配对。

其次，使用 iTunes 为配对的 iPhone 进行备份，将备份文件导出。

最后，使用取证软件对备份文件进行解析。需要注意的是，如果备份进行了加密，还应先进行解密操作。

（三）结果分析

1. Apple Watch 的基本信息

（1）Apple Watch 信息：所有人、版本、区域和语言信息。

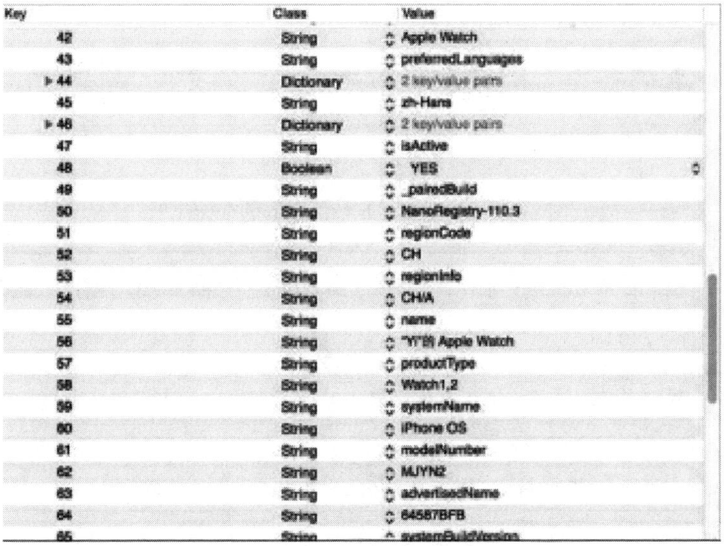

Key	Class	Value
42	String	Apple Watch
43	String	preferredLanguages
▶ 44	Dictionary	2 key/value pairs
45	String	zh-Hans
▶ 46	Dictionary	2 key/value pairs
47	String	isActive
48	Boolean	YES
49	String	_pairedBuild
50	String	NanoRegistry-110.3
51	String	regionCode
52	String	CH
53	String	regionInfo
54	String	CH/A
55	String	name
56	String	"YY"的 Apple Watch
57	String	productType
58	String	Watch1,2
59	String	systemName
60	String	iPhone OS
61	String	modelNumber
62	String	MJYN2
63	String	advertisedName
64	String	64587BFB
65	String	systemBuildVersion

图 8-22 Apple Watch 的基本信息

（2）配对时间：使用 NSDate 存储，转换后需按照时区增加 8 小时。

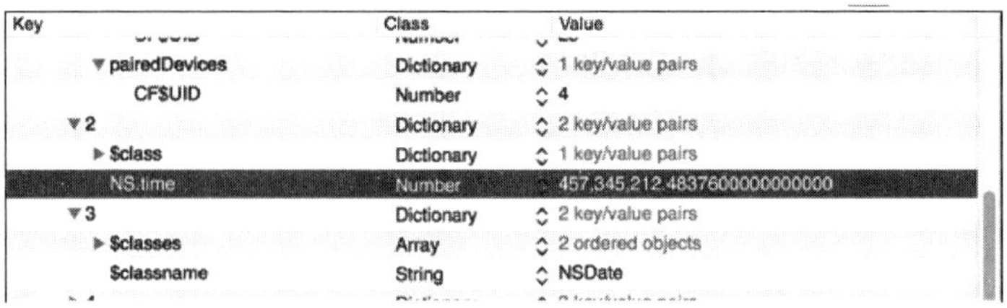

图 8-23 Apple Watch 与 iPhone 的配对时间

（3）Apple Watch 的配对手机的版本，此处 8.2.1 指 iOS 8.3。

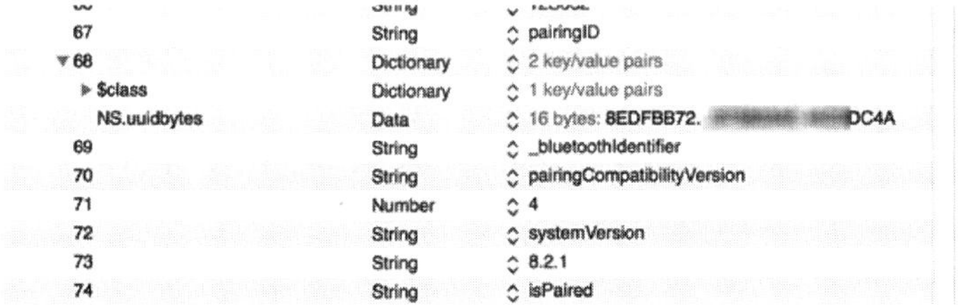

图 8-24 Apple Watch 配对 iPhone 的版本信息

（4）Apple Watch 数据在 iPhone 备份中的存储位置。

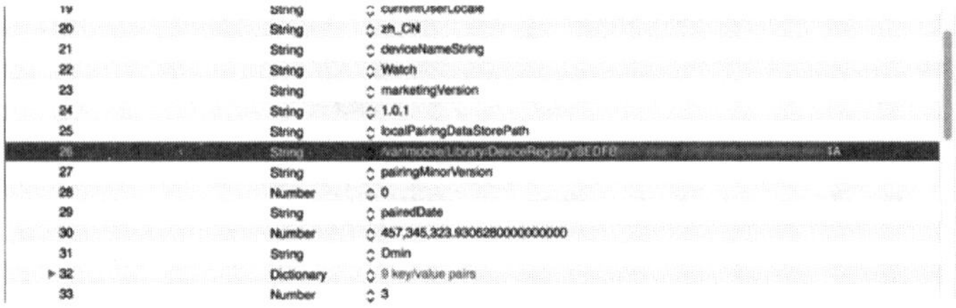

图 8-25 Apple Watch 备份数据的存储位置

（5）Apple Watch 序列号、UDID、Wi-Fi 适配器 MAC 地址、蓝牙 MAC 地址及存储容量信息。

图 8-26 Apple Watch 序列号等信息

2. Apple Watch 所同步的手机数据

通讯录和个人收藏联系人。Apple Watch 数据文件夹中映射手机 Address-Book 数据库中的 guid 字段，但并不直接存储通讯录信息；Apple Watch 按下按钮调出的个人收藏联系人也被同步到了手表之中。

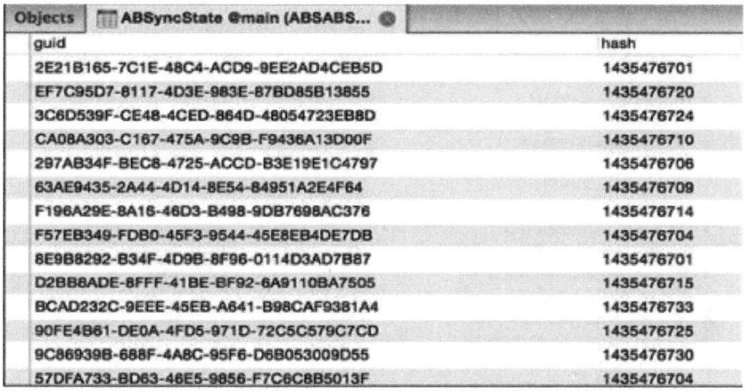

图 8-27　Apple Watch 中存储的联系人对应 guid

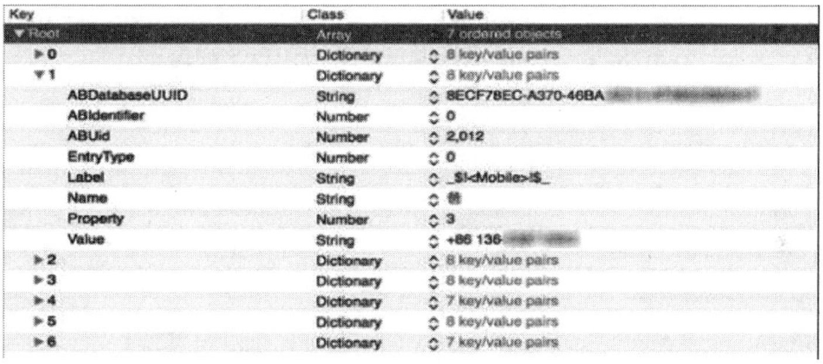

图 8-28　Apple Watch 中的"个人收藏"联系人

（1）iPhone 中所有 App 列表。

图 8-29　Apple Watch 所配对 iPhone 的应用程序列表

（2）Apple Watch 中已安装的 App 列表。

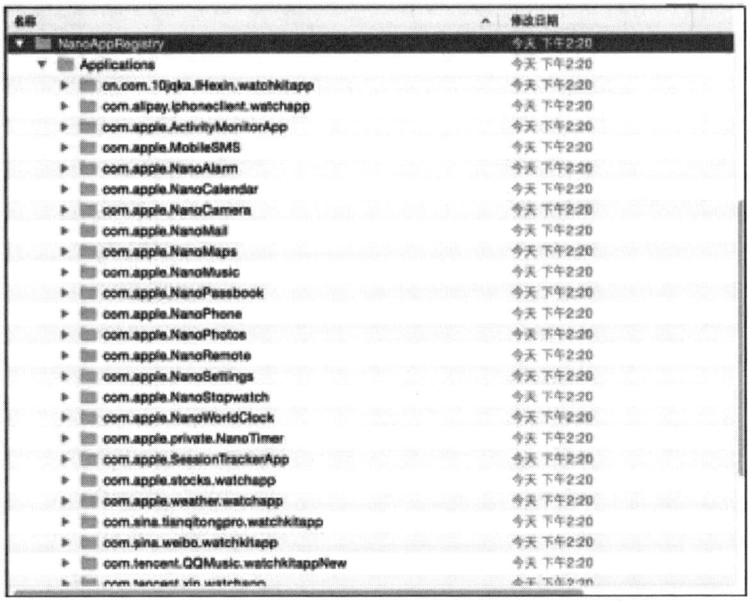

图 8-30　Apple Watch 已安装应用程序列表

（3）Apple Watch 中同步的 Passbook 信息。

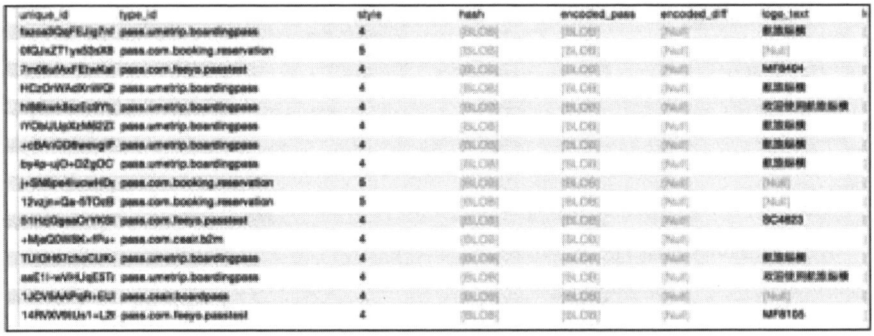

图 8-31　Apple Watch 上的 Passbook 信息、图像等数据采用 BLOB 存储

（4）Apple Watch 中同步的邮件账户和邮件 ID。

ID	DISPLAY_NAME
84846245-88EE-44C5-8EB8-82845BAFBACF	Gmail
515A9013-4825-455F-9156-FBE4CD3EE85F	iCloud

图 8-32　邮件账户及对应 ID

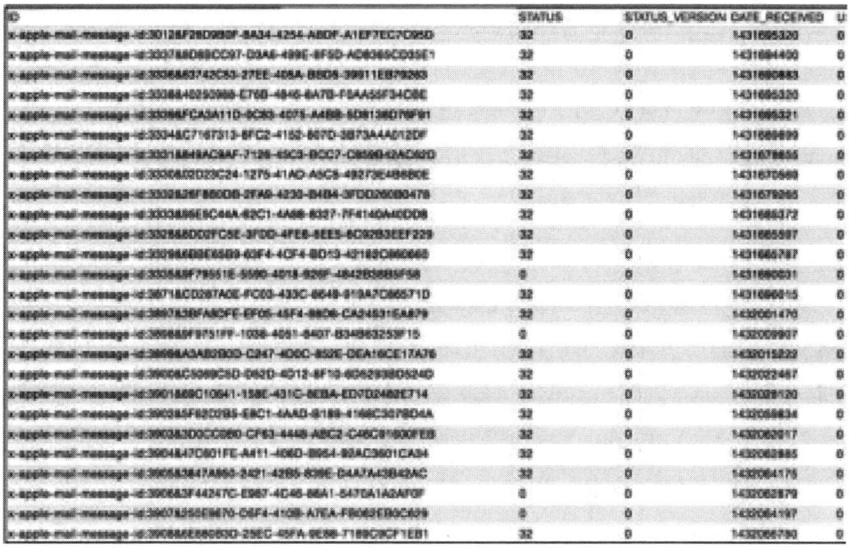

图 8-33　Apple Watch 上所保存的邮件 ID

3. Apple Watch App 数据

目前市面上使用 WatchKit 开发的程序，在 Apple Watch 上安装后，配对的 iPhone 手机中均会生成独立的文件夹，并单独保存数据，除非程序额外定义存储位置。

以微信为例，使用 Apple Watch 的用户在收到微信消息后，iPhone 端保存数据并推送给 Apple Watch，在 Apple Watch 对应的数据文件夹下也会保存所有 Apple Watch 上使用过的表情、语音信息和文本聊天记录，乃至所发送的位置信息。

图 8-34　Apple Watch 版微信好友列表

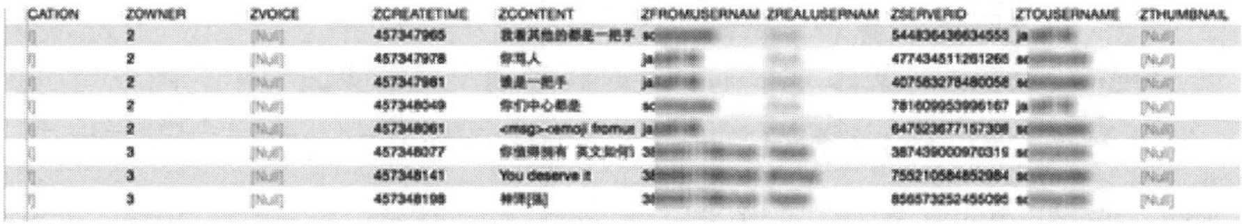

图 8-35　Apple Watch 版微信聊天记录

（四）Apple Watch 取证未来走向

由于 Apple Watch 上的 iMessage 可脱离所配对的 iPhone 手机使用，说明 iPhone 中已认证的 Wi-Fi 网络鉴权信息也存储在 Apple Watch 上，其至部分 keychain 信息也被同步到 Apple Watch，在有条件的情况下，可以通过 Apple Watch 提取 Wi-Fi 鉴权信息。

Apple Watch 上的"信息"应用与 iPhone 手机上的"信息"进行同步，但就从目前的研究来看并非实时同步，iPhone 手机删除的部分信息仍存在于 Apple Watch 中，同时，存储在服务器的 iMessage 信息即使在 iPhone 删除后仍然保留在 Apple Watch 上或由苹果服务器推送至 Apple Watch；如能实现针对 Apple Watch 的完整提取将可以找到较多手机中已被删除的有价值数据。部分 Apple Watch 上安装的第三方 App 所保存的数据，在 iPhone 端删除后并不会在 Apple Watch 上同步删除，可以作为 iPhone App 数据删除恢复的来源。

七、Edge 浏览器取证[1]

（一）Edge 浏览器简介

Edge 浏览器是随 Windows 10 系统推出的新一代浏览器，是微软推广 Windows 10 系统的重点和亮点之一，取代了 IE 浏览器，成为 Windows 10 系统的内置浏览器。

Edge 浏览器采用全新 Edge 渲染引擎，支持语音控制，支持安装各种功能拓展插件，以带给用户更加快捷友好的上网体验。Edge 浏览器暂时只能运行在 Windows 10 环境。

Edge 浏览器有新增一些值得关注的独特功能。

Edge 浏览器的"Web 笔记"功能是将当前浏览的页面当作"画板"，可以编辑文字、涂鸦、注解和记录日记等，并保存到"阅读列表"、"书签/收藏夹"或 OneNote 上，及分享给好友等。

---

〔1〕 在撰写本问题过程中参阅了微信公众号"美亚柏科"之《新一代浏览器 Edge 取证分析》。

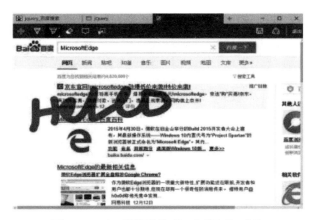

图 8-36　Edge 浏览器的"Web 笔记"功能

　　Edge 浏览器的"浏览记忆恢复"功能是在下次计算机开机或者启动 Edge 浏览器时，将 Edge 浏览器上次最后浏览的页面恢复显示。Edge 浏览器用于实现"浏览恢复"功能的数据存放在目录 AC/MicrosoftEdge/User/Default/Recovery 中，如图 8-37 所示。

图 8-37　Edge 浏览器的"浏览记忆恢复"功能

　　微软的 Windows 10 系统是跨设备的，其上面的应用可能涉及生活和工作的方方面面。随着 Windows 10 的推广普及，无论是手机、平板还是 PC 等，对 Edge 浏览器上网记录的提取将会是计算机取证的重要对象之一。

（二）Edge 浏览器用户上网数据的存放

　　Edge 浏览器用户的上网数据一般存放在以下位置：

（1）Users/XXX/AppData/Local/Packages/Microsoft. WindowsEdge_ XXX。

这个目录基本上存放了 Edge 浏览器大部分的上网记录数据，但数据存放相对零散，关键数据会加密，如图 8-38 所示：

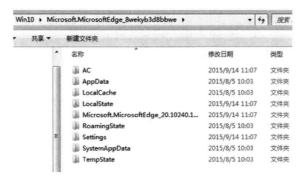

图 8-38　上网记录路径

（2）AppData/Microsoft/Windows/WebCache/WebCacheV01. dat。这个文件存放了 Edge 浏览器的历史记录、缓存索引信息、Cookie 索引信息以及下载记录等信息，是提取 Edge 浏览器大部分上网历史信息的关键文件。

图 8-39　上网记录文件

（3）Users/XXX/AppData/Local/MicrosoftEdge。这个目录存放了部分 Edge 浏览器的缓存实体文件、Cookie 实体文件等信息和文件。

（三）Edge 浏览器上网历史数据

Edge 浏览器上网历史数据通常包括以下内容：

1. 历史记录

Edge 浏览器的历史记录记录了用户浏览的网站地址、浏览时间以及访问

频率等信息，是体现用户活动情况的重要方面之一。历史记录主要存放在
AppData/Microsoft/Windows/WebCache/WebCacheV01.dat，其存放格式和数
据提取结果如图 8-41、图 8-42 所示。

图 8-40　上网历史记录

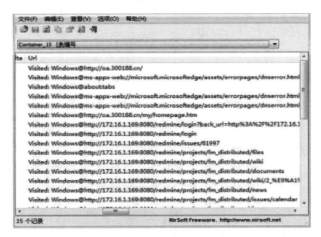

图 8-41　存放格式

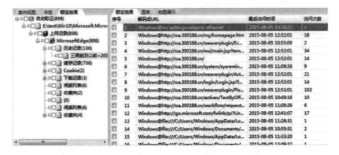

图 8-42　数据提取结果

2. 下载记录

Edge 浏览器的下载记录是记录用户下载的网站地址、所下载文件大小和文件存放位置等信息。下载记录主要存放在 AppData/Microsoft/Windows/WebCache/WebCacheV01. dat，其存放格式和信息提取结果如图 8-43 所示。

图 8-43　下载记录

3. 书签/收藏夹记录

Edge 浏览器的书签/收藏夹记录展示了用户比较喜欢或经常访问的网站地址或文件 URI 等信息，是体现用户喜好和习惯的重要方面之一。书签记录主要存放在 AC/MicrosoftEdge/User/Default/Favorites 目录，Edge 浏览器的书签按照名称进行排序显示，其存放格式和数据提取结果如图 8-44、图 8-45 所示。

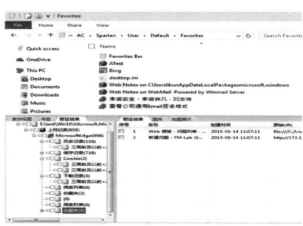

图 8-44　收藏夹

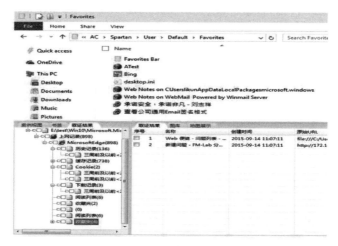

图 8-45　数据提取结果

4. 阅读列表

Edge 浏览器的阅读列表保存了用户阅读的文件、访问的网站地址以及阅读进度等信息，一定程度上呈现了用户的行为习惯。阅读列表主要存放在AC/MicrosoftEdge/User/Default/DataStore/Data/nouser1/xxx-xxx/DBStore/spartan.edb，其存放格式和数据提取结果如图 8-46 所示。

图 8-46　阅读列表

5. Cache 记录

Edge 浏览器的 Cache 缓存记录保存了用户访问过的网站的离线信息，一定程度上能够还原用户最近的上网现状。Cache 缓存记录主要存放在 Users/

XXX/AppData/Local/MicrosoftEdge/WebCacheV01. dat、AC/MicrosoftEdge/Cache
以及 AC/#! 001/MicrosoftEdge/Cache，其存放格式和数据提取结果如图 8-47
所示。

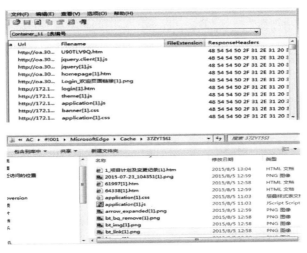

图 8-47　Cache 记录

6. Cookie 记录

Edge 浏览器的 Cookie 记录记录了用户以某种身份登录网站时的信息（一
般都会加密），据此有可能获取到用户登录某个网站的用户名和密码。Cookie
记录存放在 Users/XXX/AppData/Local/MicrosoftEdge/WebCacheV01. dat、AC/
MicrosoftEdge/Cookies 以及 AC/#! 001/MicrosoftEdge/Cookies，其存放格式和
数据提取结果如图 8-48 所示。

图 8-48　Cookie 记录

八、其他将变得常见的电子数据取证[1]

由于汽车、家居的智能化和无人机的广泛使用，在不久的将来，汽车数据取证、智能家居数据取证、无人机取证将成为常见的电子数据取证类别。

（一）汽车数据取证

汽车工业正进入汽车与互联网融合的新阶段。汽车正在通过智能互联和自动驾驶技术进入新的发展阶段。车联网、人工智能和自动驾驶是公认的智能互联汽车的三大技术，自动驾驶是三者融合的方向。在未来 3～5 年内，汽车能够借助物联网中的种种重要讯息，进而预测并免除许多危险。这些新技术连同云端及边缘嵌入分析，在 3～5 年后将使汽车更为智慧化，既能降低驾驶人技术的要求，又能增加安全性。Frost & Sullivan 研究机构报告预估，到 2028 年时，约有 620 万辆汽车配备自动驾驶功能。在美国，汽车已经继传统的取证介质——计算机、手机后，成为第三大取证介质。因此，针对车辆取证进行研究既具有前瞻性，又符合实际的需求。

随着车联网技术的发展，人们和车辆交互更加紧密，取证需求也越来越迫切。汽车数据取证的最大难点是由汽车厂商繁多、汽车制造技术各异所带来的。

因此，通过车载记录仪、行车电脑以及电子控制单元（ECU）等系统提取电子数据，为辅助案件侦查提供有效的数据证据，是汽车取证的主要研究内容。

（二）智能家居数据取证

智能家居是目前国内物联网重要应用途径之一。利用网络或者其他连接形式，把传感器、控制器、机器和人以一种新的方式连接在一起，形成人与物、物与物的互联，实现信息的传送和远程操控。根据相关研究机构 Statista 的统计数据显示，2016 年全球智能家电市场的规模已达 168 亿美元。并且，伴随着人工智能、大数据以云计算等技术的成熟，智能家电的大爆发可以说

---

〔1〕　在撰写本问题时参阅了微信公众号"电子数据取证与鉴定"之《未来取证篇系列》。

是指日可待。由于语音已经成为了目前公认最好的人机交互方式，因此智能家居发展正是朝着这样的方向，于是近几年各大科技巨头公司都推出了"智能管家"（智能音箱）。

在国外，目前最成功的生态模式是亚马逊的 Echo 模式，Echo 也成了许多智能音箱厂商效仿以及追赶的对象。Echo 通过 Alexa 开放开发平台实现上万项智能家居功能，仅用 3 年便笼络了上千万家庭消费者，占有声控扬声器市场份额的 70%。Google 紧随其后，推出智能音箱 Google Home，凭借其海量软件用户与先进 AI 功能，目前占有声控扬声器市场份额的 23.8%。苹果在布局 HomeKit 平台三年之后，近期在 WWDC 大会上公布了智能音箱 Home-Pod，虎视眈眈地盘算着未来高端智能家居生态圈。微软也牵手三星电子在 2017 年秋天推出一款可以用来打电话的智能音箱 Invoke。似乎所有智能家居的概念都开始向智能音箱上转移。

物联网在给人们的生活带来便利的同时，也会给人们带来种种安全隐忧。近几年来，针对智能家居产品入侵的案件屡屡发生。之前亚马逊 Echo 已经出现了录音悄悄上传，后被作为凶杀案的新闻。近日，英国安全研究人员发现，亚马逊智能音响 Echo 面临被黑客攻击的风险，黑客可以在 Echo 上安装恶意软件，并将设备上的语音指令发送到服务器上，造成用户隐私泄露。因此，人们在享受物联网带来的方便快捷的同时，也面临着物联网带来的安全问题。

而在国内，针对智能家居进行取证这一话题虽然屡有提及，但真正进行深入研究的机构屈指可数。

（三）无人机取证

无人机是无人驾驶飞机（Unmanned Aerial Vehicle）的简称，是利用无线电遥控设备和自备的程序控制装置的不载人飞机。从某种角度来看，无人机可以在无人驾驶的条件下完成复杂空中飞行任务和各种负载任务，可以被看作是"空中机器人"。

目前我国无人机发展迅猛，已成为备受关注的新兴行业。据统计，2015年，我国无人机销量约 9 万架，消费级无人机产品销售规模达到 23.3 亿元。据预测，到 2018 年，我国民用无人机市场规模将达到 110.9 亿元，到 2020年，年销量预计达到 65 万架，呈现"井喷式"增长。7 月 20 日，国务院印发《新一代人工智能发展规划》，无人机赫然在列。

虽然无人机已经在全球范围内展现出极高的发展潜力，但是它也在全世界造成了许多上自国家安全、下至个人隐私的事故——无人机侵入军事地域、干扰军用飞行器正常飞行、航拍"偷窥"国防设施、泄露国防机密等事件不断增多……

随着无人机技术、市场、监管和空域管理的不断发展，各国对于无人机的管控正在不断趋向成熟。对于恶意使用无人机侵犯他人权利的行为，各国也制定了相应的法律法规进行追责。

第九章　电子数据的鉴定与检验

2005 年 2 月 28 日颁布的《关于司法鉴定管理问题的决定》提到："司法鉴定是指诉讼活动中鉴定人运用科学技术或者专门知识对诉讼涉及的专门性问题进行鉴别和判断并提供鉴定意见的活动。"《刑事诉讼法解释》第八十七条规定："对案件中的专门性问题需要鉴定，但没有法定司法鉴定机构，或者法律、司法解释规定可以进行检验的，可以指派、聘请有专门知识的人进行检验，检验报告可以作为定罪量刑的参考。"以上是对鉴定和检验的定义或解释。鉴定和检验都是将事实或者数据形成证据链，并使这个证据为法庭所理解。其实，鉴定和检验没有质的区别。对于案件中的专门性问题，有法定司法鉴定机构的，由司法鉴定机构实施鉴定，没有法定司法鉴定机构的，便进行检验。可以认为检验是鉴定的一种有力补充。在不违背人大决定和法律法规的前提下，检验可以填补鉴定的空白。

一、电子数据鉴定、检验的法律依据

鉴定的种类有多种。从大的分类说，鉴定涉及刑事鉴定、民事鉴定和行政鉴定。从具体类别说，常见的鉴定有法医类、物证类、声像资料类三大类。此外，还有大量其他类鉴定，如会计鉴定、建设工程鉴定、精神病鉴定、电子数据鉴定等。电子数据鉴定属于鉴定的一种，从实践情况看，电子数据的鉴定有些可以称为鉴定，有些只能称为检验。也就是说，对电子数据有的可鉴定，有的只能检验。因此，当论及电子数据鉴定时，通常要说电子数据鉴定、检验。

电子数据鉴定、检验的法律依据除了本章绪论中提到的法律、法规、司法解释外，还有由全国人大及其常委会通过的《刑事诉讼法》《民事诉讼法》

《行政诉讼法》，由司法部发布的《司法鉴定机构登记管理办法》《司法鉴定程序通则》，由公安部发布的《公安机关鉴定机构登记管理办法》《公安机关鉴定人登记管理办法》《公安机关鉴定规则》《公安机关电子数据鉴定规则》，由最高人民检察院发布的《人民检察院鉴定机构登记管理办法》《人民检察院鉴定人登记管理办法》《人民检察院鉴定规则（试行）》《人民检察院电子证据鉴定程序规则》，由国家安全部发布的《国家安全机关司法鉴定机构登记管理办法》《国家安全机关司法鉴定人管理办法（试行）》，由最高人民法院发布的《关于办理网络犯罪案件适用刑事诉讼程序若干问题的意见》，由最高人民法院、最高人民检察院、公安部、国家安全部、司法部发布的《关于做好司法鉴定机构和司法鉴定人备案登记工作的通知》，由中央政法委员会发布的《关于进一步完善司法鉴定管理体制遴选国家级司法鉴定机构的意见》，由最高人民法院、最高人民检察院、公安部联合发布的《收集提取和审查判断电子数据问题规定》等。

因为本书论及的鉴定、检验发生在侦查中，所以这里提及的法律依据主要是《刑事诉讼法》《关于司法鉴定管理问题的决定》《公安机关办理刑事案件程序规定》《刑事诉讼法的解释》《收集提取和审查判断电子数据若干问题的规定》《公安机关电子数据鉴定规则》《人民检察院电子数据鉴定程序规则》等。这些法律、法规、司法解释从不同的角度对电子数据的鉴定和检验作出了规定，提出了法律要求。

2012 年《刑事诉讼法》第四十八条第八项将"电子数据"与"视听资料"并列为一类证据类型。《公安机关办理刑事案件程序规定》第二百三十至条第二百四十八条对鉴定目的、鉴定人资格、鉴定条件要求、送检要求、鉴定规则、鉴定意见出具、鉴定审查、鉴定异议处置、补充鉴定、重新鉴定、鉴定人出庭作证、鉴定时限等问题作了规定。在这些条款中，并没有关于电子数据鉴定、检验的专门规定。《关于司法鉴定管理问题的决定》也没有为电子数据的法律应用提供具体的指导。关于电子数据鉴定、检验的具体依据只在《收集提取和审查判断电子数据若干问题的规定》《刑事诉讼法解释》中体现。

《收集提取和审查判断电子数据问题规定》第十七条第一款规定："对电子数据涉及的专门性问题难以确定的，由司法鉴定机构出具鉴定意见，或者由公安部指定的机构出具报告。对于人民检察院直接受理的案件，也可以由最高人民检察院指定的机构出具报告。"

这里提及的报告当属检验报告，检验报告由公安部指定的机构或最高人民检察院指定的机构出具，具体出具办法由公安部、最高人民检察院分别制定。当然，对此规定中提及的报告从证据地位看属于司法鉴定还是属于检查笔录，在实践中是存在争议的。我们支持将报告归属于司法鉴定。

《刑事诉讼法解释》第六十五条第一款规定："行政机关在行政执法和查办案件过程中收集的物证、书证、视听资料、电子数据等证据材料，在刑事诉讼中可以作为证据使用；经法庭查证属实，且收集程序符合有关法律、行政法规规定的，可以作为定案的根据。"第九十三条规定："对电子邮件、电子数据交换、网上聊天记录、博客、微博客、手机短信、电子签名、域名等电子数据，应当着重审查以下内容：（一）是否随原始存储介质移送；在原始存储介质无法封存、不便移动或者依法应当由有关部门保管、处理、返还时，提取、复制电子数据是否由二人以上进行，是否足以保证电子数据的完整性，有无提取、复制过程及原始存储介质存放地点的文字说明和签名。（二）收集程序、方式是否符合法律及有关技术规范；经勘验、检查、搜查等侦查活动收集的电子数据，是否附有笔录、清单，并经侦查人员、电子数据持有人、见证人签名；没有持有人签名的，是否注明原因；远程调取境外或者异地的电子数据的，是否注明相关情况；对电子数据的规格、类别、文件格式等注明是否清楚。（三）电子数据内容是否真实，有无删除、修改、增加等情形。（四）电子数据与案件事实有无关联。（五）与案件事实有关联的电子数据是否全面收集。对电子数据有疑问的，应当进行鉴定或者检验。"

可见，侦查中电子数据鉴定、检验的法律依据主要是《收集提取和审查判断电子数据问题规定》与《刑事诉讼法解释》。侦查中电子数据鉴定、检验必须根据《收集提取和审查判断电子数据问题规定》与《刑事诉讼法解释》的相关规定进行。

二、电子数据鉴定、检验的特点

电子数据鉴定既有与其他类别鉴定相同的特点，也有与其他类别鉴定不同的特点。法律性、中立性、专业性是所有鉴定共有的特性，电子数据鉴定当然也具有这些特性。此外，电子数据鉴定还具有设备依赖性、多出具检验报告等特点。

（一）法律性

法律性是指电子数据鉴定、检验必须依法进行。这些法包括具有不同法律效力的法律、法规和司法解释。"法律性是评判鉴定、检验过程合法和鉴定结论具备证据效力的前提。"[1]

电子数据鉴定、检验的法律性体现在主体、材料、程序、步骤方法、标准、结果等方面。所谓鉴定、检验合法，指的是鉴定的主体、材料、程序、步骤方法、标准、结果等要素的合法。如果某一要素不合乎法律要求，就是鉴定、检验违反了法律。

尽管电子数据鉴定、检验的法律并不十分健全，法律依据并不是十分充分，相关的法律规定也不十分合理，但现在毕竟是有法可依，因此也必须依法进行鉴定、检验。

电子数据鉴定机构必须是依法取得鉴定资质的机构，电子数据鉴定人必须是获得鉴定人执业许可证的自然人。对于没有法定司法鉴定机构的，或者依法可以进行检验的，可以指派公安部指定机构或最高人民检察院指定机构中的有专门知识的人进行检验。

材料是鉴定、检验的根本。电子数据鉴定、检验的材料是电子数据，电子数据一般保存在硬盘、闪存盘或网盘中，要读取、分析电子数据需要专用设备。同时，电子数据还具有动态性和易失性的特点，因此对电子数据鉴定、检验的送检材料的真实性和完整性都有很高的要求，必须保证送检的电子数据来源和接收等环节符合相关法律规定，电子数据不能被污染或篡改。

电子数据鉴定、检验的启动、受理、实施、补充鉴定检验、重新鉴定检验等都必须符合相关法律、法规的规定。

电子数据鉴定、检验的步骤方法必须是经过法律确认的、有效的。

电子数据鉴定、检验标准要符合国家法定标准或部门（行业）标准。

电子数据鉴定、检验的结果要通过一定的形式体现，体现的形式必须是合乎法律、法规要求的。制作的文书必须具备法律规定的文书格式和各项内容。鉴定、检验结论必须符合证据要求和法律规范。

---

〔1〕　刘浩阳，李锦，刘晓宇主编. 电子数据取证. 清华大学出版社，2015：339.

（二）中立性

和其他的鉴定检验相同，电子数据鉴定机构、鉴定人必须独立进行鉴定、检验，不受任何一方的影响。鉴定、检验机构接受委托，不是为哪个诉讼主体服务，无论是当事人还是司法行政机关。鉴定、检验机构应当秉承公正的原则，为法律服务。鉴定活动需要二名或二名以上的司法鉴定人员进行，每名鉴定人必须根据鉴定材料和检查结果发表各自的鉴定意见，其鉴定意见必须是独立的、不受他人干扰的。另外，中立性还要依靠制度加以保障。鉴定检验机构应完善内部管理制度，依据《司法鉴定法庭科学机构能力认可准则》来保证鉴定、检验过程不受人为干扰。

（三）专业性

电子数据的鉴定、检验必须由特定的专业人士、依靠特定的设备技术、依据国家和行业标准进行。特定的专业人士指的是具有特定的专业知识、技能、能力，且具备资质或得到公安部或最高人民检察院授权的技术人员。特定的设备技术是指得到认证、认可的软硬件设备工具、手段方法。依据国家和行业标准是指鉴定、检验必须符合国家和行业标准，或符合经过确认的标准。鉴定、检验从接受委托、分析论证到出具鉴定意见、检验报告都要遵循相关的标准、流程。专业性是电子数据鉴定、检验的特点，也是电子数据鉴定、检验的要求。只有高度的专业性才能保证鉴定、检验结果的真实性和客观性。科学的鉴定、检验，其结果通常是可重复、可验证的。与其他类鉴定比，电子数据鉴定、检验的专业性要求更高。

（四）设备依赖性

与其他类鉴定、检验相比，电子数据鉴定、检验对设备的依赖性更大。电子数据鉴定、检验设备的依赖性是由电子数据的无形性、脆弱性、潜在性、分离性等决定的。电子数据的特性决定了必须借助专用设备、工具才能读取电子数据，才能对电子数据进行分析。在"大智移物云"年代，单纯地依靠人才、肉眼已很难实现对电子数据的鉴定、检验。电子数据的鉴定、检验必须依靠特定的设备技术才能得出科学的结论。

（五）多出具检验报告

实践中，电子数据的鉴定、检验多以出具检验报告的形式出现。目前，具有电子数据鉴定资质的鉴定机构极少，司法鉴定尚无法覆盖所有的电子数据。电子数据的鉴定、检验多由公安部指定的机构或最高人民检察院指定的机构出具检验报告。

三、电子数据鉴定、检验的资质与范围

（一）电子数据鉴定、检验的资质

《关于司法鉴定管理问题的决定》没有将电子数据归于"三大类"（法医类、物证类、声像资料类）中。在司法实践中，有的按照三大类中的"声像资料"进行管理，有的按照"三大类"外进行管理。但是，根据司法诉讼的需要，在加强管理的同时赋予社会服务类的鉴定机构以鉴定电子数据的资质。

在侦查中，对电子数据进行鉴定、检验变得越来越普遍。有些案件，电子数据鉴定、检验意见成了侦查破案的极为重要的依据，也成了诉讼最为重要的证据。在此背景下，职权鉴定部门也加大了电子数据鉴定、检验机构的建设和管理力度。但是，由于对法律法规理解的差异，由于公安机关内部各部门对电子数据认识的不一致，导致公安机关内部对电子数据资质问题存在不同的意见。为此，相关部门出台了一系列司法解释和规定，以完善和规范电子数据的鉴定、检验资质问题。

上文已提及的《刑事诉讼法解释》第八十七条规定："对案件中的专门性问题需要鉴定，但没有法定司法鉴定机构，或者法律、司法解释规定可以进行检验的，可以指派、聘请有专门知识的人进行检验，检验报告可以作为定罪量刑的参考。"2014年7月20日发布的《最高人民法院关于办理网络犯罪案件适用刑事诉讼程序若干问题的意见》第十八条规定："对电子数据涉及的专门性问题难以确定的，由司法鉴定机构出具鉴定意见，或者由公安部指定的机构出具检验报告。"

以上司法解释对电子数据鉴定、检验资质作出了规定，也在法律层面赋予了相关部门或机构以司法鉴定资质。比如，公安机关网络安全保卫部门并未取得电子数据鉴定资质，但它们具备电子数据鉴定、检验的各种条件。这样，可以通过公安部的指定，赋予网络安全部门电子数据鉴定、检验的资质。通过司法解释，电子数据司法鉴定的地位和适用范围得以明确。在司法实践中，电子数据检验成了电子数据鉴定的必要补充。通过电子数据检验，电子数据鉴定、检验体系得到初步完善。当然，电子数据检验也须比照鉴定要求，做到主体程序、步骤、方法、标准和结果符合法律规定。

（二）电子数据鉴定、检验的范围

根据国家发展改革委、司法部制定的《司法鉴定收费管理办法》的规定，电子数据鉴定、检验的范围是：

（1）硬盘检验。包括台式机硬盘、笔记本硬盘、移动硬盘。

（2）服务器检验。包括磁盘阵列柜、网络硬盘等。

（3）CD 及 DVD 光盘检测鉴定。

（4）U 盘及存储卡检测鉴定。含 SIM 卡。

（5）软盘检测鉴定。

（6）电子设备检验鉴定。包括录音笔、传真机、电子秤等同类电子设备。

（7）存储介质物理故障排除。包括调换磁头、电机；更换 PCB 板；坏扇处理等。

（8）手机机身检验。

（9）注册表检验鉴定。

（10）软件一致性检验鉴定。

（11）软件功能检验。

（12）文件一致性检验鉴定。

（13）数据库数据恢复。

（14）数据库一致性检验鉴定。

（15）其他电子数据检验鉴定，包括网络数据包等。

（16）密码破解。

（17）现场数据获取。

（18）网络数据获取。

（19）光盘溯源检验。

（20）光盘刻录机检验。

（21）电子物证鉴定文证复审。

随着声像资料的数字化，声像资料鉴定检验中的一些鉴定检验也可列入电子数据鉴定、检验的范围。比如，录音资料的真实性完整性鉴定、语音分析检验、录像资料同一性认定、录像资料的真实性完整性鉴定、图片资料同一性认定、图片资料的真实性完整性鉴定等其实可以归入电子数据鉴定、检验。

四、电子数据鉴定、检验的流程

《司法鉴定通则》《公安机关电子数据鉴定规则》《人民检察院电子数据鉴定程序规则（试行）》对鉴定、检验流程都有相关规定。根据鉴定、检验服务对象的不同，鉴定、检验流程包括启动、受理、实施，整个流程受到鉴定时限、回避制度和质量控制等制度的约束。根据电子数据鉴定、检验的特点，其流程通常包括以下环节：

（一）电子数据鉴定、检验的启动

启动分三个环节：一是申请；二是决定；三是委托。

1. 申请

申请分两种情形。一是诉讼参与人的申请。本书中的诉讼参与人申请特指刑事案件诉讼参与人向执法部门、检察机关、审判机关提出案件中涉及电子数据进行鉴定、检验口头或者书面的请求。诉讼参与人的申请可分为初次鉴定、检验申请，补充鉴定、检验申请和重新鉴定、检验申请。二是执法部门的司法鉴定申请。在侦查阶段，刑事案件需要进行鉴定、检验的，申请部门制作《申请鉴定报告书》，报县级以上公安机关负责人批准。本级公安机关鉴定机构有鉴定、检验能力的，实行本级申请；超出本级公安机关鉴定、检验能力范围的，向上级公安机关逐级申请。特别重大案件的鉴定或者疑难鉴定，经拟委托鉴定、检验机构同意，可以选择委托。

2. 决定

根据相关法律法规的规定，刑事案件的鉴定、检验，在侦查阶段由执法部门决定，在起诉阶段由检察机关决定，在审判阶段由审判机关决定。侦查阶段的鉴定、检验经过审查后，经过县级以上公安机关负责人批准，直接送交委托。面向社会的鉴定、检验，司法机关根据法律规定，对鉴定、检验的要求进行审核后，有权作出是否鉴定、检验的决定。

3. 委托

面向社会的鉴定、检验与执法部门的鉴定、检验的委托流程大致相同。委托时，委托单位应当向鉴定、检验机构提交《鉴定/检验委托书》；证明送检人身份的有效证件；委托鉴定、检验的检验材料；鉴定、检验所需的其他材料。同时，委托鉴定、检验单位应当指派熟悉案件情况的人员送检。委托单位送交的检材，应当是完好的原始检材。有条件的，委托单位应当对原始存储媒介或原始电子设备进行封存或固定。

（二）电子数据鉴定、检验的受理

受理分审查，检材接收和签订鉴定、检验协议几个环节。

1. 审查

电子数据鉴定、检验机构接到鉴定、检验委托时，应当审查以下内容：(1) 委托主体和有关手续是否符合要求。(2) 送检材料有无鉴定、检验条件。(3) 送检材料的名称、数量。(4) 鉴定、检验材料完整性校验值是否正确。(5) 封存清单中记载的内容与送检的原始电子设备或原始存储媒介的封存状况是否一致。

2. 检材接收

电子数据鉴定、检验中的检材是指保存有与鉴定、检验事项有关的电子数据的存储介质或者相关资料。电子数据鉴定、检验的对象通常被容纳在其他物品之中。一般来说，存储介质是检验对象，称为检验材料，简称检材。

检材的接收是一个复合性环节，包括接收、标识、流转、储存、保护、清理等。为了实现检材的完整性和原始性，保证保管链记录的完整性和可追溯性，检材的接收要有制度的支持，并严格按照规定的流程实施。

接收检材时，应当进行如下检查：(1) 送检的材料有无分析条件；(2) 送检材料的名称、数量，检材的完整性；(3) 检材的完整性校验值是否正确；(4) 检票封存状态是否完好。

对符合条件的检材，应进行登记、标识和拍照记录，并填写送检物品清单。同时，要对检材进行复制，记录完整性校验值。复制检材的方法有两种：一是位对位复制；二是制作镜像文件。

另外，还需对检材的详细信息进行记录，主要记录以下信息：

（1）检材品牌、型号、数量、序列号、校验值等；

（2）对破坏性程序检材，应在存储介质上注明破坏性程序标识；

（3）其他信息。

检材应进行唯一性标识识别。唯一性识别标志应始终伴随检材在实验室流转，以确保检材在实际工作中、在记录或其他文件中提及时，不会被混淆。

在受理登记后，检材应及时入库，应将检材放置在符合存储条件的空间内存储。检材出入库都应履行手续。

进行鉴定、检验时应保证检材的完整性：在条件允许的情况下，应对送检的存储设备进行完整备份，并只在副本上进行处理与分析；在没有替代方法而只能直接操作检材时，应避免对检材造成永久性改变；如不可避免可能对检材造成永久性改变的，必须评估对检材的影响，并以书面和录像方式记录操作过程。

3. 签订鉴定、检验协议

对资质和检材核查无误后，与委托方签订鉴定、检验协议，约定鉴定、检验的方法、期限等。[1]

（三）电子数据的鉴定、检验

鉴定、检验机构受理委托后，需在规定的时间内启动鉴定、检验程序。鉴定、检验通常要经历以下环节：

1. 指定鉴定、检验人

电子数据鉴定、检验应当由两名以上的鉴定、检验人员参加。必要时，可以指派或者聘请具有专门知识的人协助鉴定。从事电子数据鉴定的鉴定、检验人员应具有计算机科学与技术等相关专业大学以上学历，并具备电子数据鉴定执业资格。

---

〔1〕　刘浩阳，李锦，刘晓宇主编．电子数据取证．清华大学出版社，2015：344.

2. 领取检材

鉴定、检验人员在领取检材时，应仔细清点，注重检材"保管链"的完整性，要在相应的记录文件上登记并签字确认。鉴定、检验人员应采取技术手段保证鉴定、检验过程中不变动原始存储媒介和电子设备中的数据。鉴定、检验人员在使用检材时应对检材进行特别保护：应对检材进行标识；把不同检验状态的检材分区存放；严格遵守有关检材的使用说明；避免检材受到非鉴定、检验性损坏；防止检材丢失、损坏。

3. 领取设备

鉴定、检验人员根据检材的性质和数量，领取相应的设备。在使用设备之前，鉴定、检验人员应对设备进行检查，保证设备正常，还要考量设备使用中能否保证数据的原始性，会改变数据原始性的设备不能用。在鉴定过程中，鉴定、检验人员应随时关注设备的状态，以防设备故障造成鉴定、检验结果的偏差与失误。

4. 确定鉴定、检验方法

鉴定、检验人员应优先选用国家、行业标准进行鉴定、检验，对于公司制定的标准、自行制定的标准应当进行方法确认后才能使用。

5. 实施鉴定、检验

电子数据鉴定、检验机构应当在 14 个工作日内完成鉴定、检验。法律法规另有规定或者情况特殊的，经鉴定机构负责人批准后可以适当延长鉴定、检验期限。延长期限的，应及时向鉴定、检验委托单位说明原因。

6. 出具鉴定、检验文书

鉴定、检验完毕后，鉴定、检验人员应当出具鉴定、检验文书。

7. 做好鉴定、检验的善后工作

检验完毕、撤销委托或委托中止等情况，应当履行检材交接手续，由专人负责检材出入库，并与委托方共同确认检材状态，做好记录。

五、鉴定、检验文书的制作

鉴定、检验文书有两类，如果是鉴定的，制作《电子数据鉴定意见》；如果是检验的，制作《电子数据检验报告》。鉴定、检验文书一式三份，一份交委托鉴定、检验单位，另两份存档。鉴定、检验文书包含以下内容：

（1）委托单位、委托人、送检时间；（2）案由、鉴定或检验要求；（3）论证报告；（4）鉴定意见或检验报告；（5）受理鉴定、检验清单；（6）提取电子证据清单；（7）鉴定过程中生成的照片、文档、图表等其他材料。

《电子数据鉴定意见书》或《电子数据检验报告》至少应由两名鉴定人、检验人签名，鉴定意见加盖鉴定专用章。《电子数据鉴定意见书》或《电子数据检验报告》为两页以上的，应当在鉴定意见、检验报告正面右侧中部加盖骑缝章。

鉴定意见与检验报告的法律地位不同。鉴定意见是《刑事诉讼法》规定的法定证据种类，检验报告是《最高人民法院关于适用〈中华人民共和国刑事诉讼法〉的解释》根据刑事案件办案需要而规定可以作为参考的证据材料。《最高人民法院、最高人民检察院、公安部〈关于办理网络犯罪案件适用刑事诉讼程序若干问题的意见〉》（以下简称《网络犯罪刑事诉讼程序意见》）出台后，侦查中便面临着如何认定鉴定意见与检验报告的权重问题。根据《网络犯罪刑事诉讼程序意见》的规定，对电子数据既可以进行鉴定，也可以进行检验。鉴定意见与检验报告的法律效力不能按照主观理解来判断，而应当根据《刑事诉讼法》关于证据的审查规定进行综合判断。

六、鉴定意见、检验报告的审查

关于电子数据鉴定、检验报告的审查，《刑事诉讼法解释》第八十四条规定：“对鉴定意见应当着重审查以下内容：（一）鉴定机构和鉴定人是否具有法定资质；（二）鉴定人是否存在应当回避的情形；（三）检材的来源、取得、保管、送检是否符合法律、有关规定，与相关提取笔录、扣押物品清单等记载的内容是否相符，检材是否充足、可靠；（四）鉴定意见的形式要件是否完备，是否注明提起鉴定的事由、鉴定委托人、鉴定机构、鉴定要求、鉴定过程、鉴定方法、鉴定日期等相关内容，是否由鉴定机构加盖司法鉴定专用章并由鉴定人签名、盖章；（五）鉴定程序是否符合法律、有关规定；（六）鉴定的过程和方法是否符合相关专业的规范要求；（七）鉴定意见是否明确；（八）鉴定意见与案件待证事实有无关联；（九）鉴定意见与勘验、检查笔录及相关照片等其他证据是否矛盾；（十）鉴定意见是否依法及时告知相关人员，当事人对鉴定意见有无异议。”

同时第八十七条规定："对案件中的专门性问题需要鉴定，但没有法定司法鉴定机构，或者法律、司法解释规定可以进行检验的，可以指派、聘请有专门知识的人进行检验，检验报告可以作为定罪量刑的参考。对检验报告的审查与认定，参照适用本节的有关规定。"因此，无论是电子数据鉴定意见还是检验报告，无论是内部审核还是检察院和法院审核，都需要按照上述规定认真审查真实性、关联性和合法性。同时，将电子数据检验机构、检验人、检验过程、检验方法赋予与电子数据鉴定同样的要求，使其具有同等的法律效力。[1]

七、电子数据鉴定面临的困难

随着电子数据取证的常态化，电子数据鉴定也将和法医类、物证类等其他类鉴定一样，变得十分常见。由于电子数据鉴定在法律依据、鉴定主体及定位上存在问题，导致当前的电子数据鉴定面临着一些困难。

（一）电子数据鉴定的法律依据不甚明晰

在我国，关于鉴定有明确的法律依据。从全国人大及其常委会通过的《刑事诉讼法》《民事诉讼法》《行政诉讼法》《全国人民代表大会常务委员会关于司法鉴定管理问题的决定》到司法部、公安部、最高人民检察院、最高人民法院、国家安全部、中央政法委员会及各部委联合发布的法律解释或部门规章都有对鉴定的具体规定。然而，关于侦查中电子数据鉴定却缺乏明确的法律依据。《刑事诉讼法》《关于司法鉴定管理问题的决定》《办理刑事案件程序规定》等均无电子数据鉴定的具体规定。关于电子数据鉴定的主要依据有《公安机关电子数据鉴定规则》《人民检察院电子证据鉴定程序规则》，最高人民法院发布的《刑事诉讼法解释》《网络犯罪刑事诉讼程序意见》以及由最高人民法院、最高人民检察院、公安部联合发布的《收集提取和审查判断电子数据问题规定》等。即便在以上规章及法律解释中，也只有《公安机关电子数据鉴定规则》《人民检察院电子证据鉴定程序规则》，最高人民法院《刑事诉讼法解释》对电子数据的鉴定作了一些规定。至于最高人

〔1〕 刘浩阳，李锦，刘晓宇主编．电子数据取证．清华大学出版社，2015：327.

民法院、最高人民检察院、公安部联合发布的《收集提取和审查判断电子数据问题规定》也无电子数据鉴定的具体规定。因此，尽管关于鉴定的法律规定很多，但鉴定的具体法律依据却很不明确，尤其是电子数据鉴定的法律依据更是如此。由于缺乏权威的法律依据，甚至出现了对"电子数据"一词称呼的不一致，有的称电子数据鉴定，有的称电子物证鉴定，有的称电子证据鉴定。尽管 2016 年 9 月 20 日最高人民法院、最高人民检察院、公安部联合发布了《收集提取和审查判断电子数据问题规定》，但电子数据鉴定的法律依据仍然不甚明晰。

（二）电子数据鉴定主体量少质弱

电子数据鉴定主体量少质弱表现在以下几个方面：一是具备电子数据鉴定资质的鉴定机构很少，电子数据的鉴定很多时候只能由公安部指定的机构出具检验报告。二是电子数据鉴定检验人员水平不高。鉴定人员或者缺乏电子数据鉴定的专业知识、能力，或者缺乏司法鉴定应有的其他知识。三是电子数据鉴定、检验的技术不够先进。由于起步晚，对电子数据鉴定的前沿问题缺乏应有的了解和把握，相关的电子数据鉴定机构只能应用非一流的设备、技术进行鉴定或检验。四是电子数据鉴定、检验的方法、标准有待科学化。有些鉴定、检验机构尚未掌握先进、科学的电子数据鉴定、检验方法，因此，在鉴定、检验中只能采用非先进、非科学的方法进行鉴定、检验。有些电子数据鉴定并未制定部门或行业标准，而有些电子数据鉴定虽然制定了部门或行业标准，但有些鉴定机构并未按照国家法定标准或部门、行业标准开展鉴定、检验。

（三）对电子数据与电子数据鉴定的认识与定位不明晰

对电子数据认识与定位的不明晰说的是对声像资料与电子数据联系与区别的正确认识。随着声像资料的数字化，很多声像资料其实也是电子数据，与电子数据之间没有什么区别，因此，关于声像资料的鉴定与电子数据的鉴定出现了趋同。但现行的法律将声像资料与电子数据并列，这样就导致对电子数据的认识与定位不明晰。

关于电子数据认识与定位的不明晰涉及的另一个问题是对鉴定与检验地位的认识。"虽然鉴定和检验在《刑事诉讼法》及法律解释中处于并列的地位，具备同等的法律地位，但是仍然需要对关于鉴定和检验的相关法律问题加以研究，出台具体措施进行规范。这主要有两个方向：一是将电子数据归入鉴定项目中，赋予其资质，加强管理；二是建立健全检验的资质和管理体系，加强'三大类'以外的证据管理。"[1]

---

〔1〕 刘浩阳，李锦，刘晓宇主编.电子数据取证.清华大学出版社，2015：341.

第十章 电子数据的移送展示与审查判断

收集提取的存储介质、电子数据要成为证明犯罪的证据有一个移送展示的过程。移送展示的方式方法恰当，才能保证电子数据的证据能力与证明力被认可；如果移送展示的方式方法不当，可能导致具有真实性、关联性、合法性的电子数据不被采信。电子数据的审查判断也是保证电子数据具有证据能力与证明力的重要环节，只有经过审查判断，即经过全方位的鉴真，才能保证电子数据的证据能力和证明力。在现有的法律环境中，电子数据移送展示与审查判断的法律依据主要是《收集提取和审查判断电子数据问题规定》和《刑事诉讼法解释》。

一、电子数据的移送展示

电子数据的移送展示主要依据《收集提取和审查判断电子数据问题规定》的有关规定执行。

（一）电子数据移送展示的形式

电子数据通常存储在存储介质之中，电子数据与存储介质密切相连。《收集提取和审查判断电子数据问题规定》第十八条对收集提取的存储介质及电子数据该通过何种形式移送展示作了规定："收集、提取的原始存储介质或者电子数据，应当以封存状态随案移送，并制作电子数据的备份一并移送。对网页、文档、图片等可以直接展示的电子数据，可以不随案移送打印件；人民法院、人民检察院因设备等条件限制无法直接展示电子数据的，侦查机关应当随案移送打印件，或者附展示工具和展示方法说明。对冻结的电子数据，应当移送被冻结电子数据的清单，注明类别、文件格式、冻结主体、证据要点、相关网络应用账号，并附查看工具和方法的说明。"

本规定包含封存、备份、打印、展示工具、方法说明、冻结电子数据等要点。收集提取的电子数据应当封存后才能随案移送，同时还要制作备份一并移送。对此处提及的备份，不应直接理解为涉案原始存储介质或者电子数据的"全备份"，而应理解为与案件相关部分的电子数据的备份。能够直接展示的，可以不随案移送打印件，人民法院、人民检察院缺乏条件、无法直接展示的，侦查机关应当随案移送打印件。侦查机关如果不随案移送打印件的，应当附上展示工具和展示方法说明。对冻结的电子数据另有专门的规定。

另外，《收集提取和审查判断电子数据问题规定》第十九条对无法直接展示的电子数据应如何展示作了规定："对侵入、非法控制计算机信息系统的程序、工具以及计算机病毒等无法直接展示的电子数据，应当附电子数据属性、功能等情况的说明。对数据统计量、数据同一性等问题，侦查机关应当出具说明。"该条确立了电子数据的说明制度。由于电子数据具有无形性、潜在性、分离性等有别于其他证据的特性，说明制度较好地解决了电子数据书面审查的困难。当然，这里的说明该归属于何种证据，说明的地位如何，并不明确。而且这里的说明是由侦查人员作出的，侦查人员的说明会不会与鉴定检验人员的认识发生冲突也是未知的。因此，"说明"证据及其可靠性会成为法庭对抗的焦点。

《收集提取和审查判断电子数据问题规定》第二十一条对电子数据的具体展示形式作出了规定："控辩双方向法庭提交的电子数据需要展示的，可以根据电子数据的具体类型，借助多媒体设备出示、播放或者演示。必要时，可以聘请具有专门知识的人进行操作，并就相关技术问题作出说明。"

本条提出了电子数据展示的出示、播放或演示等具体形式，还明确提出了举证阶段的专家辅助人制度。

（二）电子数据的庭前补正

关于电子数据的移送与补正问题，《收集提取和审查判断电子数据问题规定》第二十条作了规定："公安机关报请人民检察院审查批准逮捕犯罪嫌疑人，或者对侦查终结的案件移送人民检察院审查起诉的，应当将电子数据等证据一并移送人民检察院。人民检察院在审查批准逮捕和审查起诉过程中发现应当移送的电子数据没有移送或者移送的电子数据不符合相关要求的，应当通知公安机关补充移送或者进行补正。对于提起公诉的案件，人民法院发现应当移送的电子数据没有移送或者移送的电子数据不符合相关要求的，应当通知人民检察院。公安机关、人民检察院应当自收到通知后三日内移送电子数据或者补充有关材料。"

《收集提取和审查判断电子数据问题规定》的规定与《刑事诉讼法》及司法解释规定的证据补正规则不同。《收集提取和审查判断电子数据问题规定》第二十条创建了证据庭前补正规则。由于庭前补正发生在法庭庭审之前，而法院发现证据不符合相关要求"应当"通知人民检察院。这一规定，即庭前补正规则的建立意味着法庭之中证据抗辩的削弱。

二、电子数据的审查判断

我国当前理论界关于电子数据的审查判断大都是从证据能力和证明力两个方面展开的。有的学者认为："应该将电子数据的审查判断体系化。将证据能力、形式证明力和实质证明力纳入这个体系。根据它们的内在联系，遵循一定的逻辑顺序进行判断。"[1]

首先，判断电子数据的证据能力。自此开始本段介绍的均是"电子数据的证明力"，经判断电子数据具有证据能力后才进行证明力判断，对证明力的判断首先判断其形式证明力。"电子数据的形式证明力主要解决的是电子数据的真实性问题，也从两个方面进行判断：制作者真实和意思表示真实。对电子数据的形式证明力进行判断的结果有三种：第一，制作者和意思表示都真实，这样的电子数据具有完全的形式证明力，即形式证明力为100%，可以直接进入到下一步骤即实质证明力的判断。第二，制作者和意思表示都不真实。这样的电子数据不具有形式证明力，即形式证明力为零，也没有必要判断其实质证明力了。第三，介于前两者之间，即制作者和意思表示存在不真实的部分，但又不是全部不真实，即形式证明力介于0～100%之间。这类电子数据只对具有形式证明力的那部分进行实质证明力的判断。"[2]其次，判断电子数据的实质证明力。经过前面证据能力和形式证明力的筛选，对具

〔1〕 柴静. 电子数据的证明力研究. 成都理工大学学报（社会科学版），2017（2）：42.
〔2〕 柴静. 电子数据的证明力研究. 成都理工大学学报（社会科学版），2017（2）：42.

有证据能力与形式证明力的电子数据将进行实质证明力判断，这是电子数据审查判断的最后一步。电子数据的实质证明力主要解决的是其关联性问题。由法官依据自由心证判断。只有同时具有证据能力、形式证明力和实质证明力的电子数据才可以最终作为定案依据。因此，为了省时省力，在对电子数据进行审查判断时应该依据这一主线展开：证据能力—形式证明力—实质证明力。[1]

关于电子数据证据能力和证明力的审查判断在本书第二章已进行了论述。本部分将重点从法律及其他角度对电子数据的审查判断展开论述，作为第二章的补充。

对侦查中电子数据审查的重点内容，《刑事诉讼法解释》作了规定。该解释第九十三条规定："对电子邮件、电子数据交换、网上聊天记录、博客、微博客、手机短信、电子签名、域名等电子数据，应当着重审查以下内容：（一）是否随原始存储介质移送；在原始存储介质无法封存、不便移动或者依法应当由有关部门保管、处理、返还时，提取、复制电子数据是否由二人以上进行，是否足以保证电子数据的完整性，有无提取、复制过程及原始存储介质存放地点的文字说明和签名；（二）收集程序、方式是否符合法律及有关技术规范；经勘验、检查、搜查等侦查活动收集的电子数据，是否附有笔录、清单，并经侦查人员、电子数据持有人、见证人签名；没有持有人签名的，是否注明原因；远程调取境外或者异地的电子数据的，是否注明相关情况；对电子数据的规格、类别、文件格式等注明是否清楚；（三）电子数据内容是否真实，有无删除、修改、增加等情形；（四）电子数据与案件事实有无关联；（五）与案件事实有关联的电子数据是否全面收集。对电子数据有疑问的，应当进行鉴定或者检验。"

《收集提取和审查判断电子数据问题规定》第二十二条至第二十八条就电子数据真实性、完整性、合法性、关联性审查的重点内容和方法作了具体的规定。

（一）电子数据真实性的审查判断

《收集提取和审查判断电子数据问题规定》第二十二条规定："对电子数

---

[1] 柴静．电子数据的证明力研究．成都理工大学学报（社会科学版），2017（2）：42.

据是否真实，应当着重审查以下内容：（一）是否移送原始存储介质；在原始存储介质无法封存、不便移动时，有无说明原因，并注明收集、提取过程及原始存储介质的存放地点或者电子数据的来源等情况；（二）电子数据是否具有数字签名、数字证书等特殊标识；（三）电子数据的收集、提取过程是否可以重现；（四）电子数据如有增加、删除、修改等情形的，是否附有说明；（五）电子数据的完整性是否可以保证。"

本条第（一）项规定了举证形式的审查，如果举证形式不符合本项规定便会影响该电子数据的真实性。第（二）项和第（五）项规定看似是对电子数据完整性的审查，其实仍然是关于电子数据真实性审查的规定。如果电子数据按规定要有数字签名而没有签名的，应该有数字证书标识而没有标识的，该电子数据的真实性就会受到质疑。如果因某种原因电子数据的完整性无法保证的，便会影响该电子数据的真实性。第（三）项规定了取证过程审查。如果需要重现某电子数据的收集提取过程，该重现应该是可以实现的。如果重现无法实现就会影响该电子数据的真实性。第（四）项规定了电子数据内容本身的审查。电子数据是不能随意增加、删改的，如果增加、删改了就会影响该电子数据的真实性。电子数据取证过程中，有时需要对电子数据进行增加、删除、修改等，对这些不得不进行的行为，必须附有说明。不作说明，该电子数据的真实性就会受影响。

另外需要指出的是，电子数据与书证、物证等证据有所不同，电子数据具有复制的精确性特点，其真实性并不主要依赖于载体是否为原件。"形式主义要求不适合用于判断电子数据的真实性。首先，电子数据具有易于精确复制的特点，原件与复制件在物理特性上并无本质区别。其次，电子数据在生成、发送、传输、接收、储存、复制的每个阶段都在发生形式和载体的变化。电子数据的原始出处很难判断。第三，计算机硬盘等电子数据载体的自然寿命有限。载体上的电子证据必然会被周期性地复制到其他载体上，故电子数据的原件必定会消失。第四，很多电子数据的载体不便移动，无法向法庭提交，只能提交复制件，而且电子数据属机读信息，必须依赖一定的设备来显示或打印才能被认识。因此提交法庭质证的通常是打印件等复制件。"[1]

电子数据还具有容易修改的特性，同时也很脆弱。尽管正确的复制其复制品与原件很难区分，但复制的过程仍然伴随着失真的风险。操作的失误、

---

[1]　谢勇. 论电子数据的审查和判断. 法律适用，2014（1）：118.

外界因素的影响等都会导致原件与复制品的差异。在电子数据生成、传播、复制、保管的过程中还会添加必要的附属信息，附属信息的添加与电子数据的增加、删改不同，它不会损害电子数据的完整性，反而是电子数据是否完整、真实的一种证明。

因此，原件与复制件的区别仍然是有意义的，并且这一区别与传统书证、物证的原件与复制件的区别是不一样的。对于电子数据的原件要求，许多国家的做法是对原有的证据规则进行修正，将真实可靠的电子数据的复制件视为原件予以采信。

在认定电子数据的真实性时，不能固守形式主义标准。"目前除了针对数据电文的功能等同原则外，还可遵循系统可靠性原则。所谓系统可靠性原则是指电子数据及其打印、输出物的真实性和完整性取决于电子数据生成、传播、存储及复制的计算机及类似系统的可靠性。系统可靠性不仅受计算机等硬件影响，还受电子数据管理制度、从业人员素质、系统运行环境等因素影响。"[1]

（二）电子数据完整性的审查判断

《收集提取和审查判断电子数据问题规定》第二十三条规定："对电子数据是否完整，应当根据保护电子数据完整性的相应方法进行验证：（一）审查原始存储介质的扣押、封存状态；（二）审查电子数据的收集、提取过程，查看录像；（三）比对电子数据完整性校验值；（四）与备份的电子数据进行比较；（五）审查冻结后的访问操作日志；（六）其他方法。"

本条是对电子数据完整性的技术性审查规定，并且涉及完整性审查的一些具体方法。这一审查过程除了对电子数据来源、收集、提取、保全、出示等保管链条的审查外，还要审查电子数据特有的校验值、备份、日志等。只有来源可靠、收集合法、提取科学、保管完善、出示完整的电子数据才具有所谓的完整性。

（三）电子数据合法性的审查判断

《收集提取和审查判断电子数据问题规定》第二十四条规定："对收

---

〔1〕 谢勇. 论电子数据的审查和判断. 法律适用，2014（1）：119.

集、提取电子数据是否合法，应当着重审查以下内容：（一）收集、提取电子数据是否由二名以上侦查人员进行，取证方法是否符合相关技术标准；（二）收集、提取电子数据，是否附有笔录、清单，并经侦查人员、电子数据持有人（提供人）、见证人签名或者盖章；没有持有人（提供人）签名或者盖章的，是否注明原因；对电子数据的类别、文件格式等是否注明清楚；（三）是否依照有关规定由符合条件的人员担任见证人，是否对相关活动进行录像；（四）电子数据检查是否将电子数据存储介质通过写保护设备接入到检查设备；有条件的，是否制作电子数据备份，并对备份进行检查；无法制作备份且无法使用写保护设备的，是否附有录像。"

电子数据合法性主要指其获取手段的合法性。由于电子数据及其生成系统具有较强的技术性，因此，明确电子数据收集的法定操作规程十分重要。本条从取证主体、取证方法、笔录制作、见证人见证、收集提取记录、写保护、数据备份等方面对电子数据合法性的审查内容作了规定。如果取证方法不符合相关技术标准，将可能导致证据丧失合法性。

（四）电子数据关联性的审查判断

《收集提取和审查判断电子数据问题规定》第二十五条规定："认定犯罪嫌疑人、被告人的网络身份与现实身份的同一性，可以通过核查相关 IP 地址、网络活动记录、上网终端归属、相关证人证言以及犯罪嫌疑人、被告人供述和辩解等进行综合判断。认定犯罪嫌疑人、被告人与存储介质的关联性，可以通过核查相关证人证言以及犯罪嫌疑人、被告人供述和辩解等进行综合判断。"

证据的关联性是指证据应当与待证案件事实存在内在联系。电子数据的关联性与其他类型证据基本相同，但很多时候电子数据必须与系统环境相结合才能与案件事实发生实质性关联。电子数据关联性审查表现出一种特殊性。

由于电子数据的分离性、发散性、潜在性、无形性等特点决定了电子数据关联性审查判断的困难。与其他证据相比，电子数据的关联性审查既多样，又复杂。从学理上讲，传统证据是属于"人—行为"的证明过程，而电子数据则属于"人—机（含各种电子设备）—数据—行为"的证明过程。这意味着，从司法证明上讲，侦查机关必须从"人—机—数据—行为"各个环节建立起关联性证明的锁链。然而本条规定却过于简单，忽视了对证据关联性的保障。电子数据取证中涉及的相关人特别复杂。有电子设备的所有人、电子数据的持有人、电子设备的保管人、电子设备的使用者、上网终端归属者、IP 地址归属者、犯罪行为的实施者等。这些人有时可能是一个人，有时可能是许多人。《收集提取和审查判断电子数据问题规定》中提取的 IP 地址、网络活动记录，其证明价值具有一定的局限性，至多只能从表面上证明"机—数据"的关联性，在大多数情况下不足以最终认定身份的同一性。而上网终端归属只能用以证明电子设备的所有者或管理者而非行为人的身份。因此，侦查实践中，应当尤其注意避免形成"唯 IP 论""唯设备论"的错误导向。对关联性的审查，特别要注意进行综合判断。

（五）电子数据鉴定异议的认定

《收集提取和审查判断电子数据问题规定》第二十六条规定："公诉人、当事人或者辩护人、诉讼代理人对电子数据鉴定意见有异议，可以申请人民法院通知鉴定人出庭作证。人民法院认为鉴定人有必要出庭的，鉴定人应当出庭作证。经人民法院通知，鉴定人拒不出庭作证的，鉴定意见不得作为定案的根据。对没有正当理由拒不出庭作证的鉴定人，人民法院应当通报司法行政机关或者有关部门。公诉人、当事人或者辩护人、诉讼代理人可以申请法庭通知有专门知识的人出庭，就鉴定意见提出意见。该电子数据涉及的专门性问题的报告，参照适用前三款规定。"

该条对鉴定人出庭作证作了规定。确切来说，应该是对鉴定、检验人员出庭说明情况作了具体规定。对电子数据既有鉴定，又有检验，无论是鉴定人员还是检验人员，都可能被要求出庭，出庭的目的是作为专家辅助人到庭说明情况，即接受质证。

另外，本条还规定，公诉人、当事人或者辩护人、诉讼代理人可以申请法庭通知有专门知识的人出庭，就鉴定意见提出意见。这是从另外一个角度对鉴定意见与检验报告进行质证。

（六）电子数据的瑕疵补正

《收集提取和审查判断电子数据问题规定》第二十七条规定："电子数据的收集、提取程序有下列瑕疵，经补正或者作出合理解释的，可以采用；不能补正或者作出合理解释的，不得作为定案的根据：（一）未以封存状态移送的；（二）笔录或者清单上没有侦查人员、电子数据持有人（提供人）、见证人签名或者盖章的；（三）对电子数据的名称、类别、格式等注明不清的；（四）有其他瑕疵的。"

此补正规定，尤其是兜底条款，赋予法官对证据补正的极大自由裁量权。

（七）电子数据的排除

《收集提取和审查判断电子数据问题规定》第二十八条规定："电子数据具有下列情形之一的，不得作为定案的根据：（一）电子数据系篡改、伪造或者无法确定真伪的；（二）电子数据有增加、删除、修改等情形，影响电子数据真实性的；（三）其他无法保证电子数据真实性的情形。"

本条第（二）项的规定有些不好理解。电子数据的增、删、改是经常会发生的，从逻辑上讲，有增加、删除、修改等情形的，都会影响电子数据真实性或对其真实性的判断。但是，影响电子数据的真实性不一定导致案件事实的不明。例如，有些案件中电子数据存在增加、删除、修改等情形，但是侦查实践中完全有可能进一步查明其增加、删除、修改的具体内容和方式，以至于还原出增加、删除、修改之前的状态，最终还原事实的真相。因此，电子数据存在增加、删除、修改等情形，不一定导致电子数据真实性的不可采信。

当然，如果说以电子数据存在增加、删除、修改等情形作为侦查人员的禁止性规则，从合法性角度加以规制，倒不失偏颇。

（八）电子数据的调查

调查通常是指法院对电子数据的调查，是指在公诉机关或当事人举证和质证的基础上，由法官对证据的可采性和关联性进行鉴别、核实并最终确认其效力的诉讼行为。

电子数据的调查时间主要有两种：一是当庭调查。当庭调查又称庭审中调查，是指法庭调查中通过公诉机关或当事人的举证和质证，由法官在证据调查阶段公开认定特定电子数据的效力。二是庭外调查，是指法院对当事人在审理过程中提出的电子证据不能当庭认定其效力时，独任庭的审判员或合议庭的审判长应宣布庭后调查或指令当事人在指定的期限内补充相关证据后再予以认定。

电子数据调查的具体方式有三种，分别是个别审查、比较印证和综合分析。个别审查是对单个电子数据是否具有证据能力以及证明力的审查；比较印证是对同类电子数据或者证明同一事实的不同电子数据的对比分析；综合分析是对全部证据进行总体分析并据此得出整个案件事实的结论。

电子数据调查的内容包括电子数据的可受性、电子数据的可靠性、电子数据复制件的效力等。[1]

---

〔1〕　刘显鹏. 电子证据认证规则研究——以三大诉讼法修改为背景. 中国社会科学出版社，2016：226-232.

后 记

关注电子数据证据有相当长一段时间了。当然，电子数据早期并不被称作电子数据。2001 年我们撰写《网络犯罪防控对策》的时候，便提出要组建网络警察，指出在现场勘验时，要关注"网络证据"的勘验。那时提到的"网络证据"就是现在所说的电子数据证据。2005 年，我们研究数字化侦查，同年出版的《数字化侦查》一书中单列了"数字证据"一章，对数字证据的概念、特征，收集数字证据的工具，收集数字证据的步骤、方法等作了专门论述。那时提出的数字证据就是现在所说的电子数据证据。

近几年，研究电子数据的人越来越多，涉及电子数据的著作也在不断面世。在这样的情况下我们为什么还要研究电子数据呢？答案是：电子数据已经成为了一种十分常见的证据。侦查过程中，侦查人员在各种各样的空间里都可能"遇到"电子数据，当侦查人员"遇到"电子数据时需要他们自己动手去处置。由于电子数据在侦查中出现率的急速提升，使得电子数据的收集提取不再仅仅是少数计算机专业技术人员的工作了。以前，侦查中电子数据的出现率较低，那时"遇到"电子数据，侦查人员可以把电子数据交给网络安全部门或特定的技术人员去处置，但当电子数据就像手印、脚印、生物检材一样在侦查中随处可遇时，把电子数据的处置再交给网络安全部门或特定的技术人员就不合适了。当然，如果刑事侦查部门的侦查技术人员无法自己解决电子数据的收集提取问题，要达到公安部刑侦局提取的"一长四必"要求也是不可能的。因为侦查人员需要自己动手去处置电子数据，所以要求他们了解掌握电子数据收集提取的相关知识和能力。而侦查人员要了解掌握电子数据收集提取的知识和能力就需要理论的指导和知识的普及。《侦查中电子数据取证》一书正是基于这样的目的而出版的。

另外，我们在阅读现有的与电子数据取证有关的书籍时发现，大量相关书籍都定位于计算机专业人员取证，而非定位于侦查人员取证。技术、法律、侦查三者的结合很不密切，或者只注重技术与法律，忽视了侦查，或者只注重技术，忽视了法律与侦查，或者只注重法律，忽视了技术与侦查。三者有机融合的书甚少，立足于侦查的书甚缺。如上所述，当电子数据取证成为一种常态化工作后，几乎所有的侦查人员都要承担起电子数据的取证任务。因此，以一般的侦查人员为切入点去研究电子数据取证，论述电子数据取证的工具、技术、步骤、方法就显得很有必要。基于此，我们重新研究电子数据取证问题。

本书由李双其、林伟共同完成。李双其撰写前言、第一章、第二章、第三章、第四章、第七章、第九章、第十章和后记，林伟撰写第五章、第六章和第八章。本书比较系统、全面地论述了电子数据取证的若干基本问题。普通的侦查人员通过学习本书并加以一定的实践，基本上能够初步掌握电子数据取证的基础知识和基本能力。

在完成本书的过程中，我们参阅了一些现有论著，并采纳了一些论著中的观点，在此致以深深的谢意！

在本书撰写过程中，厦门市美亚柏科信息股份有限公司、上海蓝灯数据科技有限公司、福建中锐电子科技有限公司为我们提供了电子数据取证最新的工具资料。他们的帮助使本书对电子数据取证工具的介绍保持了最大的先进性。厦门市美亚柏科信息股份有限公司总经理申强在百忙之中对本书进行了审定，技术权威的审定保证了本书最强的科学性。另外，厦门市美亚柏科信息股份有限公司、福建中锐电子科技有限公司还给予经费支持资助本书出版。在此，对各方的支持与帮助表示衷心的感谢！

在书稿的后期编辑过程中，知识产权出版社编辑室主任庞从容女士及其他参与相关工作的人员，工作极为认真和专业，充分体现了出版社很高的出书质量和编辑人员的职业素养，在此也表示真挚的谢意！

由于水平所限，书中难免存在缺点和不足，尚祈读者指正！

李双其

2018 年 5 月

致　谢

美亚柏科

美亚柏科是厦门市美亚柏科信息股份有限公司的简称，成立于1999年，是国内电子数据取证领域龙头企业、网络空间安全专家，主要服务于国内各级司法机关以及行政执法部门。目前拥有1家北京分公司，3家全资子公司，7家控股子公司、10家参股公司，在全国建立了24个分支机构（16个办事处、8个售后服务点），为全国客户提供技术支持服务。

美亚柏科将大数据和人工智能这两大主流技术融入公司持续钻研的电子数据取证技术、互联网搜索技术、网络安全技术，提升这三大技术所涉及业务的数据提取、处理能力和智能化，进而推动"四大产品"和"四大服务"提档升级。

"四大产品"包括电子数据取证、网络空间安全、大数据信息化产品及专项执法装备，分别由四个研究院负责。"四大服务"在四大产品的基础上衍生发展而来，即存证云＋、搜索云＋、数据服务及信息安全服务。

美亚柏科于2002年成立了美亚柏科信息安全学院，为各类政法机关、高校、企业提供专业的电子数据取证及网络信息安全教学和技术服务，截至目前已举办了两千余期培训班，培养了国内外学员8万余人次。

信息安全学院积极与国内知名高校及警院合作，提供信息安全等相关专业建设服务，探索高水平、创新型、复合型电子数据取证和网络信息安全专业人才的联合培养。2010年5月，学院正式推出MCE考试及认证服务，随后于2013年与人力资源和社会保障部教育培训中心共同推出电子数据调查分析技术培训项目，并于2015年推出网络舆情分析技术培训项目。该培训体系具有行业和官方的双重权威认证。

美亚柏科积极研发课程，编写教材。对美亚柏科编出的教材，2012年2月15日，时任国务委员、公安部部长孟建柱评价说："教材很前瞻，教育与科技相结合，很有生命力。"

在这个移动互联时代，学习模式要求高效、与时俱进！

美亚柏科在线学习互动平台"美课"，汇聚了美亚柏科信息安全学院十几年的产业资源和技术优势，并拥有美亚技术专家，还有精品课程，专业教学。通过美课，可以利用碎片化的时间随时随地学习电子数据取证、综合取证、网络信息安全等各类专业技能课程、美亚柏科最新产品使用教程，全面了解美亚柏科最新动态！

作为上市企业，公司将秉承以"为客户创造价值，为员工创造机会，为股东创造利益，为社会承担责任"的企业使命，不懈努力，将自身打造成为国际领先的电子数据取证与网络空间安全专家！

扫描二维码下载美课 APP

中锐电子

中税电子是福建中锐电子科技有限公司的简称，是一家以图侦、智慧足迹、电子数据取证、语音云系统为核心，着力大数据雕刻还原行为模型研究的高新技术企业。公司运用全球最先进的服务工具，建立了全面从事产品研发、信息化系统集成、计算机网络、电子数据取证鉴定等方面的专业服务体系，专门为各级党委政府、公检法司、武警部队、大型企事业单位提供设备、信息、数据和技术服务。

公司不断进行科技服务城市的研究，专注于推动相关特种装备的革新，并将核心科技用于服务民生，为民生提供"专业的技术、优质的产品、卓越的服务", 做到不只忠诚于客户, 更期待每一座城市赢得安全、秩序与稳定。

公司不断强化创新实力, 培育和研发自主知识产权软件系统和产品, 近年来, 获得数十项专利与软件著作权。

公司下设福建锐眼司法鉴定所和福建锐眼数据研究院。锐眼司法鉴定所是国内为数不多的、福建省第二家具备电子数据鉴定资质、电子数据取证技术和应用服务的重要机构。锐眼数据研究院专门从事大数据技术研究, 其研究成果——利用大数据雕刻还原行为模型处于行业领先水平。

中锐电子科技微信公众号